·彩图版·

龚书铎⊙主编

第十卷·明史

编话二十四史

巴蜀书社

白话精编二十四史 第十卷 明史

图书在版编目（CIP）数据

白话精编二十四史／龚书铎主编 .—成都：巴蜀书社，2016.10

ISBN 978-7-5531-0739-4

Ⅰ．①白… Ⅱ．①龚… Ⅲ．①中国历史－古代史－纪传体②二十四史－译文 Ⅳ．① K204.1

中国版本图书馆 CIP 数据核字（2016）第 231862 号

白话精编二十四史　第十卷	龚书铎　主编

策划组稿	林建
责任编辑	施维　张照华　肖静　封龙　童际鹏　张亮亮
出　版	巴蜀书社
	成都市槐树街2号　邮编610031
	总编室电话：（028）86259397
网　址	www.bsbook.com
发　行	巴蜀书社
	发行科电话：（028）86259422　86259423
经　销	新华书店
制　作	E読图书（www.rzbook.com）
印　刷	天津市光明印务有限公司
版　次	2016年10月第1版
印　次	2016年10月第1次印刷
成品尺寸	165mm×230mm
印　张	160
字　数	3000千字
书　号	ISBN 978-7-5531-0739-4
定　价	298.00元（全十卷）

前 言

　　鲁迅先生曾说："历史上写着中国的灵魂，指示着民族的未来。"中国的历史，无疑是我们国家和整个华夏民族的灵魂所在。从有文字以来，中国人就对历史的记述有着浓厚的兴趣。"左史记言，右史记事"滥觞于前，孕育了中国几千年来持续不断的历史记述制度，不仅"世有史官"，而且设立专门的著史机构；除了国家专门组织的著史工作之外，大量的私人著史活动也是风起云涌，从不同的角度，以不同的观念并在不同的深度和广度上反映了历史的真实，从而形成了一股汹涌澎湃的文化思潮，影响深远。

　　在这样的制度和文化背景下，几千年来，中国产生的历史著作可谓汗牛充栋，为了有所区别，于是产生了"正史"和"野史"之分。在浩如烟海的历史著作中，就正史而言，"二十四史"无疑是其中的佼佼者，是中国历史文化遗产中的璀璨明珠。

　　作为正史总集的"二十四史"是中国史学主干，由清乾隆帝钦定后，正史遂成为"二十四史"的专有名称。它从《史记》（司马迁著）至《明史》（张廷玉等著）共计24部、3243卷，约4000万字。"二十四史"的著作年代前后相差计1800年，是世界图书史上独有的巨著。

　　"二十四史"全部按照纪传体的形式，采取以人物为中心、以时间为顺序的方式记事，完整、系统地记录了从传说中的黄帝到明朝末年四千多年间中华民族形成、发展、融合、兴旺的历史轨迹，全面展示了历代王朝的兴亡盛衰规律，翔实而细致地记载了各个历史时期的经济、政治、文化、科技、军事、疆域、民族、外交等多方面内容以及宝贵的历史经验教训。

　　为了让读者能够轻松阅读这一皇皇巨著，我们编撰出版了这部《白话精编二十四史》，从24部史书中选取具有代表性的精华篇章编译为白话，遵循"信达雅"的原则，保持原书风貌，浓缩原著精华。为了适应现代读者的审美需求，本书打破了传统正史读物的条条框框，版式设计新颖别致，书中插配了近千幅与史书内容相关的绘画、书法、建筑、陶瓷、金银器等精美图片，通过这些元素的完美结合，将读者带进一个真实而多彩的历史空间，让读者全方位、多角度地去感受中华文明和华夏民族智慧之所在。

明史

明史

明史

原中华书局编审
刘德麟

  《明史》是"二十四史"的最后一部,共332卷,包括"本纪"24卷,"志"75卷,"列传"220卷,"表"13卷。该书是一部纪传体明代史,记载了自元末农民起义至明朝灭亡二百多年的历史。

  从顺治二年(1645)五月开史馆任命明史撰修官,到清乾隆四年(1739)大学士张廷玉等正式向乾隆皇帝进呈刊行,《明史》经过95年的修撰,方告成功。这是中国历代官修史书中纂修时间最长的一部书。其修纂时间之久、用力之勤、反复修改次数之多都大大超过了以前诸史。《明史》修成之后,得到史家的好评,被誉为官修正史中的上乘之作。史评家赵翼在《廿二史札记》中,曾将辽、宋、金、元诸史和《明史》作了比较,认为"未有如《明史》之完善者"。

  在《明史》中,"本纪"所占文字量不足1/25,是作为全史之纲,使人在阅读这部史书之时,首先了解明代的历史概况,而不是在读阅本纪时便事无巨细,尽览尽知。这应该算作《明史》修纂整体设计上的一个独特之处。

  《明史》编纂得体,叙事清晰,评论公允,行文简洁,不仅史料比较翔实丰富,在体例上亦有所创新(如在列传中专列"阉党"、"流贼"和"土司"三"传","表"中增《七卿表》,《历志》中加图等),这反映出编者对史实的考订、史料的运用、史事的贯通、文字的驾驭以及体例的把握等都达到较高的水平。虽然它的篇幅在二十四史中仅次于《宋史》,但读者并不感到冗长而生厌。

太祖本纪

朱元璋是明朝的开国皇帝，在中国历史上，除汉高祖之外，他是唯一一个出身平民的皇帝。他率领农民起义军，最终平定天下，建立了明朝。他即位之后，实行了重大改革，并采取了一系列措施，促进了明朝社会的发展。和历代皇帝相比，他的种种经历，尤其显得不平凡，其本身也就更多了一分传奇色彩。

【降生离奇，投靠子兴】

太祖名元璋，字国瑞，姓朱。他的祖籍是江苏沛县，几经迁徙，到了父亲朱世珍这辈才迁徙到濠州钟离（今安徽凤阳临淮镇）。朱世珍有四个儿子，朱元璋是最小的。母亲陈氏刚怀朱元璋的时候，梦到有一位神仙给她一粒药丸，放在手掌上闪闪发亮，她就吞了下去。醒来之后还口有余香。到了分娩的时候，只见红光满室。自此之后，夜里曾经多次有亮光闪现。邻里乡亲看到，十分惊恐，以为是着了火，每次跑来救火，到了跟前却发现没有着火。等到朱元璋长大的时候，英姿雄伟，奇骨贯顶，志向远大，人们都难以猜度。

元至正四年（1344），由于旱灾和蝗灾，他的家乡发生了一场严重的饥荒、瘟疫，灾难也降到了朱元璋家。当时朱元璋十七岁，他的父母兄长相继命归黄泉，家里一贫如洗，无法将他们埋葬。后来，多亏乡人刘继祖给了他一块土地，才得以下葬，这就是凤阳的皇陵。朱元璋孤苦伶仃，走投无路之时就进了皇觉寺为僧。一个多月后，他便被长老打发到合肥当游方僧去化缘，而这实际上是过一种逃荒讨饭的日子。不幸的是，他在路上又生了病，这时一直有两个紫衣人伴随他左右，悉心地看护他。病好了之后，紫衣人就不知去向。此次出行，他共到过光（今河南潢川）、固（今湖北云梦）、汝（今河南汝州）、颍（今安徽阜阳）诸州。三年后，他又回到了皇觉寺。

这时，元朝政事紊乱，变乱四起。刘福通拥戴韩山童在颍州（今属安徽阜阳）起兵，徐寿辉紧随其后在蕲州（今湖北蕲春西南）起兵，李二、彭大、赵均用在徐州起兵，部属各有数万人，都设置将帅，杀吏卒，掠郡县。方国珍已先在海上起兵，其他乱民则拥兵占地，烧杀劫掠，一时之间，天下大乱。

至正十二年（1352）春季二月，

定远郭子兴和他的党羽孙德崖在濠州起兵，元朝将领彻里不花由于害怕而不敢攻打他们，便想出了每天擒获良民去请赏的办法。当时，朱元璋二十五岁，他想要谋求逃避兵祸的方法，便向神灵占卜，占卜的结果是：逃走和留在当地都很不吉利。朱元璋说道："莫非应该发动大事吗？"以此来占卜，大吉，朱元璋十分高兴。于是便前往濠州，拜见郭子兴。郭子兴看他相貌不凡，便留他做亲兵。之后，朱元璋也不负郭子兴的期望，打仗总是获胜。郭子兴见朱元璋虽然年纪轻轻，却如此精明能干，便将自己所抚养的马公的女儿嫁给了他，这就是后来的高皇后。

【乱世崛起】

不久，义军队伍中发生了内讧。郭子兴与孙德崖因意见不合，双方发生了激烈的冲突。孙德崖暗中谋划，等郭子兴外出时，将他抓起来，戴上镣铐，扣押在家，想要将其杀掉。此时朱元璋刚好在淮北，听说郭子兴有难，便招呼亲兵持盾冲入孙德崖的屋中，让人把郭子兴背出，命悬一线的郭子兴得以大难不死。从此朱元璋愈发受到郭子兴的信任，他在军中的威望

也越来越高。

同时，通过这一事件，朱元璋也看到，濠州城中的五个元帅之间存在很大的矛盾，长期发展下去，不会有什么出路。当时，彭大和赵均用率领的队伍强暴蛮横，而郭子兴的力量则十分薄弱，朱元璋认为不值得再追随他了，于是就将士兵托付给其他将领，从自己招募的新兵中挑选了心腹徐达、汤和、费聚等向南攻打定远（今属安徽）。后来在路上又遇到了定远人李善长，朱元璋和他相谈甚欢，于是便同他一起攻下滁州（今属安徽）。

至正十五年（1355）春季正月，郭子兴采用朱元璋的计策，派张天祐等攻克和州（今安徽和县），下发檄文给朱元璋，让他统领这些人的军队。朱元璋顾虑到众将互不服气，就没有公布那檄文，约定第二天早上众将在厅堂会集。当时，以右为尊，众将先进去，都坐在右边，朱元璋故意后到，而坐在左边。等到处理公事的时候，朱元璋迅速如流水地分析决断，众将听得目瞪口呆，不发一言，渐渐地有些服他了。议定

❀ 朱元璋像

朱元璋的画像版本众多，主要集中在一美一丑之上，相传朱元璋对写实的画像不满，杀掉了画师，而留下了经过美化的画像。

完毕，决定众将分头负责用砖加固城墙，大家约好以三天为期。后来，朱元璋按时完工了，众将都超过了期限。这时，朱元璋拿出檄文来，朝南而坐，说："我奉命统领众位的军队，如今你们加固城墙都过了期限，可是谁又能奈何得了军法呢？"众将诚惶诚恐地向朱元璋谢罪。从此，朱元璋所率军队的纪律也更加严明。

至正十五年（1355）三月，郭子兴死去。当时，刘福通已经拥立韩林儿为帝，国号为宋。不久，韩林儿就发下檄文，任命郭子兴的儿子郭天叙为都元帅，张天祐、朱元璋为副元帅。朱元璋感慨地说："大丈夫哪里能受制于人呢！"便推辞不接受任命。但是他觉得韩林儿势力强大，尚能倚靠，便在军队中使用韩林儿的"龙凤"年号。

至正十五年五月，朱元璋谋划渡过长江，但是苦于没有船只，只能望江兴叹。就在这时，巢湖统帅廖永安、俞通海带领水军一千艘船只前来投奔朱元璋，朱元璋十分高兴。可是，现在依然无法渡江，这是因为元朝中丞蛮子海牙扼守桐城闸（今安徽和县桐城闸镇）、马场

河各险要处，巢湖水军难以出战。这可急坏了朱元璋等人。忽然天降大雨，朱元璋高兴地说："天助我也！"于是，他们就趁水势上涨从小港放船返回，并袭击蛮子海牙，把他们打得大败。接着，朱元璋就制订计划顺利渡过长江。

至正十六年（1356）三月，朱元璋又率兵攻克集庆（今江苏南京），改集庆路为应天府，以示其起义是"上应天命"之意。

【削陈平张】

此后，朱元璋就以应天府为根据地，开始向江南一带发展，其声势也渐渐扩大。但是，此时朱元璋也面临着强大的威胁，他担心江左、浙右各郡都被张士诚和徐寿辉这两个劲敌给吞并，于是他就派徐达攻克了镇江（今属江苏），接着朱元璋又率兵先后攻下了金坛、丹阳、江阴、常州、常熟、扬州等地。

🔥 **凤阳明中都皇故城午门**
始建于明洪武二年（1369），后来的南京故宫和北京故宫就是以它为蓝本修建的。

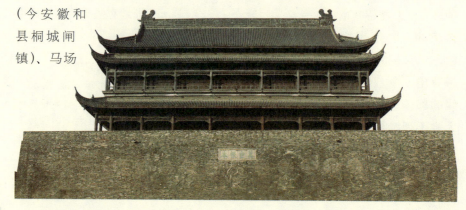

至正二十年（1360），朱元璋的一大威胁——徐寿辉被陈友谅杀害，接着陈友谅自称皇帝，国号为"汉"，占据了江西、湖广之地。同时，陈友谅还约张士诚联合进攻应天府，一时之间，应天大为震动。朱元璋就给胡大海传令，让他攻克信州（今江西上饶）以牵制陈友谅的后方，又命康茂才给陈友谅写了书信，骗取他的信任，说自己在此接应他，让他快来攻克应天府，陈友谅收到康茂才的信之后，果然率兵前来。于是常遇春就在石灰山设下埋伏，徐达在南门外布下阵势，朱元璋亲自督军于卢龙山。后来，陈友谅到达龙湾，众人想要开战。朱元璋说道："天快要下雨了，赶快吃饭，趁着下雨的时候再攻击他。"过了一会儿，果然下起了大雨，士兵奋力抗战，将陈友谅的军队打得落花流水，陈友谅就乘别的船逃走了。而如朱元璋所料，张士诚果然没有出兵。

至正二十三年（1363），不甘心失败的陈友谅再次反击。他趁着朱元璋营救小明王韩林儿，就率兵进攻洪都（今江西南昌）。朱文正（朱元璋的侄子）率领将士坚守八十五天。后来，朱元璋率兵进发洪都，陈友谅听说朱元璋到了，就解除对洪都的包围，在鄱阳湖迎战。双方在水上交战，死伤大致相等。后来，陈友谅出动巨船作战，朱元璋众将士的船小，因此进攻屡屡受挫。恰到黄昏的时候，刮起了大风，朱元璋就让不怕死的勇士驾着七艘船，采取火攻，烧了陈友谅的船只，一时之间，烟雾弥漫，火光映红了湖水。陈友谅的军队大败。之后，再次交战，陈友谅又大败。后来，陈友谅的很多将士都投靠了朱元璋，陈友谅后来中流矢而死。

而张士诚则静观朱元璋和陈友谅打得你死我活，他自己倒乐得轻松，还自立为吴王。岂不知，陈友谅既死，朱元璋的下一个目标将是他。

至正二十四年（1364），朱元璋在李善长等人的劝说下，也即了吴王之位。至正二十五年（1365），朱元璋下令讨伐张士诚，一举攻下兴化、泰州、高邮、淮安、徐州等地。朱元璋多次招降张士诚，张士诚均拒绝投降，于是朱元璋率军包围平江（今江苏苏州），最后张士诚被徐达俘获，自缢而死。

【建立明朝】

削陈平张之后，朱元璋又率兵南征北战，取得了连续的胜利，于是于洪武元年（1368）春季正月乙亥，在应天府南郊祭祀天地，登上帝位，国号为明，年号洪武；立马氏为皇后，世子朱标为皇太子，任命李善长、徐达为左、右丞相，其他有功之臣也都得到了封赏。后来，各地州县官前来朝见朱元璋，他告谕他们说："国家

🔖 南京明城墙

南京明城墙不仅是中国现存的第一大城墙，而且是世界第一大城墙。

刚刚安定，百姓的财力物力都十分匮乏，因此，当前的首要任务在于休养生息，只有清正廉洁的人才能够约束自己而为别人谋福利。大家为此而勉力吧。"

洪武元年（1368）二月，太祖朱元璋下诏制定了郊祭、社祭以及宗庙礼仪，并规定衣冠的样式，这与唐代的制度相仿。三月，命儒臣编纂关于妇女的规诫，告诫后妃不得干预朝政。八月，定应天为南京，开封为北京，并制定六部官职。洪武二年（1369），在鸡笼山设立功臣庙，并下诏修《元史》。四月，编《祖训录》，制定分封众王的制度。七月，太祖朱元璋下诏制定宦官的官职，告谕群臣说："宫内之臣只是用来使唤的，不需要太多。自古以来他们这类人专权的事，当引以为戒。要想驾驭他们，就应当使他们惧怕法纪，不要让他们有功劳，有了功劳自然就会放纵起来。"十月，太祖朱元璋下诏书命令全国郡县设立学校。洪武三年（1370）四月，封皇子朱樉为亲王，朱棡为晋王，朱棣为燕王，朱橚为吴王，朱桢为楚王，朱榑为齐王，朱梓为潭王，朱杞为赵王，朱檀为鲁王，侄孙守谦为靖江王。洪武三年（1370）五月，设立科举以选拔士人；洪武四年（1371），命令开科取士连续举行三年，以后每三年举行一次。洪武八年（1375），设立纸币之法。洪武十四年（1383）九月乙巳，这一天是太祖朱元璋的生日，他开始接受群臣的朝见庆贺，并在谨身殿赐宴，以后以此作为通例。

朱元璋称帝后，担心自己的政权不稳，于是就开始大规模地清除权臣。他先后除掉了胡惟庸（当时的丞相）、李善长（开国功臣）、蓝玉（开国大将）等人，一时之间，被杀掉的大臣有几万人。除掉胡惟庸之后，洪武二十八年（1395），太祖朱元璋下令废除丞相一职，他说："我废除丞相一职，设置府、部、都察院分别治理各种政务，处理的权力都归朝廷。以后继位之君也不得再设立丞相。臣下若有请求设立的，则以重法处之。皇家亲属只有谋反罪不赦免，其他的罪，由宗室亲属聚会讨论，而由皇上最后裁定。掌管司法刑狱的官署只许举报陈奏，不得擅自逮捕。将这些记载到法典中，永远作为遵循的模式。"九月，太祖朱元璋向全国颁布《皇明祖训条章》，说："后代有谈论变更祖宗法制的，按奸臣治罪。"

洪武三十一年（1398）闰五月，七十一岁的朱元璋驾崩。他下诏书将皇位传于皇太孙朱允炆。辛卯，将太祖朱元璋葬于孝陵，谥号为高皇帝，庙号太祖。

论赞

赞曰：太祖凭借聪慧机智、英明神武的资质，抱着救世安民的志向，顺应天命，一时之间，豪杰如影随形般纷纷归附，平定了叛乱，打败了强敌，十五年就建立了王朝。太祖本是一介布衣，后来却平定了全中国，这是西汉之后所没有的。他以元朝政事的废弛为教训，治国崇尚严厉。但是，他也能以礼对待那些年老的儒者，稽考礼仪，制定音乐，彰明揭示经书义理，推崇儒家学说，使得吏治由混乱趋于清明，整治人伦风纪，重视风俗教化，正后宫的名分，宫内的治理清平，禁止宦官干预朝政，各级官员相互配合，军队设卫实行屯田，这样一来，兵源与粮饷都十分充足。在武功方面，太祖朱元璋能平定祸乱；在文治方面，他又能获得太平，可谓是以一身而兼有二者。至于他崇尚气节，竟至听任蔡子英返回北方。太祖晚年对于百姓更为忧虑，曾经在一年之中掘开河流分支与塘堰几万处以利于农业。因此，他的子孙们继承他的基业达到两百多年，士人重视名分道义，平民富足。至今他的后代也都蒙受恩泽，还如东楼、白马一般，世代敬奉祖先的祭祀，这是有原因的啊。

卷四

恭闵帝本纪

建文帝朱允炆可以说是一个具有悲剧色彩的皇帝。他成在仁柔温和，也败在仁柔温和。他的父亲朱标英年早逝，建文帝朱允炆因仁明孝友即帝位。身为温和的天子，他继位之后施展改革，创立了"建文新政"。可惜，好景不长，这位温和天子仅仅做了四年皇帝。就在朱允炆即位的次年，他的叔叔朱棣就起兵造反，发起"靖难之役"，而他则因优柔寡断，用人不当，导致屡战屡败，最终燕王朱棣带兵攻陷南京。而这位柔弱天子则下令焚烧皇宫，从此下落不明。一说是他自焚而死，一说是他从地道逃出为僧，至于他究竟所到何处，已经成为永远的谜了。

▶【仁明孝友即帝位】

恭闵帝名允炆，是明太祖朱元璋的孙子，懿文太子朱标的二儿子。当初，朱元璋登上帝位之后就立了长子朱标为皇太子，并请了宋濂等人担任太子之师，希望可以将他培养成一代明君。不幸的是，洪武二十五年（1392）四月，年仅三十八岁的皇太子朱标就英年早逝，谥号"懿文太子"。按照朱元璋所定的嫡长子继承制，懿文太子的长子朱雄英是首选继承人，但他十年前就死了，因此，朱元璋就把目光放到了朱允炆的身上。朱允炆天生聪颖好学，又十分孝顺。在他十四岁的时候，他的父亲懿文太子病重，他在一旁侍奉，昼夜都不离开一会儿。两年之后，懿文太子薨，朱允炆在守孝的时候因哀伤过度而形销骨立。太祖朱元璋看了十分欣慰，同时也感到

十分心疼，于是抚慰他说："你真是个孝顺的孩子，但你也应该考虑考虑年迈的我啊。"

经过一番深思熟虑，朱元璋最终下定决心，在洪武二十五年（1392）九月，立朱允炆为皇太孙。考虑到诸王都是长辈亲属，朱元璋便于洪武二十九年（1396）重新设定诸王拜见皇太孙的礼仪制度，朝见后在内殿行自家人礼。当初，太祖朱元璋命令皇太子朱标察看裁决奏章，皇太子朱标生性仁爱宽厚，免除或减轻了很多人的刑罚。此时，朱元璋又命太孙朱允炆去办，朱允炆也同样给予宽大处理。他还曾经向太祖朱元璋请求，遍考记载礼的经书，参考历朝刑罚，改定洪武《律》中偏重的七十三条，天下人为此都对他感恩戴德。

洪武三十一年（1398）闰五月，

太祖朱元璋驾崩。辛卯，朱允炆继位，成为明朝第二代皇帝，以第二年为建文元年。这一天，孝顺至极的建文帝朱允炆把高皇帝安葬在孝陵，下诏行三年丧礼。群臣见此纷纷请求行丧礼的时间用月代替日，朱允炆说道："朕并非效法古人居丧期间不说话。上朝就穿麻做的冕服，退朝就穿齐衰、执丧棒、系麻带，吃的则是稠粥，祭天地及宗庙按照通常的礼仪。"于是，朱允炆就下令制定礼仪献上。之后，又下诏书让百官推举贤才，减少并合并州县，革除冗员。任命兵部侍郎齐泰为本部尚书，翰林院修撰黄子澄为太常卿，共同参与军国事务。

【仁柔温和建新政】

洪武年间，经过太祖朱元璋的整治，当时国家统一，社会安定，经济也得到了一定程度的发展。然而由于太祖朱元璋生性多疑好杀，屡次兴起大狱，动辄杀戮，政治气氛十分紧张，文武百官人人自危。

初登帝位的朱允炆对此有着深刻的认识，因此自继位伊始，就着手进行改革，改变太祖朱元璋的一些弊政，史称"建文新政"。

和太祖朱元璋尚武的政风有所不同的是，朱允炆即位后就大力加强文官在国家政事中的作用，因此人称当

时的朝廷为"秀才朝廷"。他征召汉中府教授方孝孺为翰林院侍讲。同时，下诏书向天下征求向朝廷直言进谏政事得失之人，推举山野中有才德的人士。

太祖朱元璋在位期间，以严刑峻法驾驭臣下，他当时使用了很多恐怖的刑罚，如抽筋、剥皮、阉割、凌迟等，很多人都被杀害。朱允炆意识到太祖朱元璋用刑过猛，因此，他即位仅一个多月，就下诏全国实行宽政，平反冤狱。

建文元年（1399）春正月癸酉，朱允炆接受朝见，不演奏音乐。下诏书诏告天下："推举未被发现的贤才。年事高迈的百姓，赐给他们米肉絮帛；鳏夫、寡妇、幼而丧父、老而无子及残疾有病的人，官府赡养他们。重视耕织，兴办学校，考察官吏，赈济受

🔹 **明惠帝朱允炆**
朱允炆以皇太孙成为明朝第二代皇帝，但最后被四叔朱棣夺走皇位，他的下落不明，成为明史上的一大悬案。

灾的贫民，旌表有节操和孝义之人，掩埋暴露在野外的尸骨，蠲免荒田的赋税。卫所军户绝后代的，除其名而不要勾补他人。诏令众王不得指挥管辖文武官员和属吏士兵，重新制定朝廷内外大小官制。"

此外，朱允炆还下令减轻江浙地区的田赋，力求减轻赋税。明初以来，江浙地区的赋税就比其他地方要重，这是因为朱元璋十分憎恨江浙地区的缙绅当年依附于张士诚，为此而对他们加以惩治。于是，朱允炆下诏书说："国家只有公正的供给，但江、浙赋税特别重，而苏、松官田全都按私租簿定税额标准征收，这种做法只能用来惩戒一时，哪里可以作为固定的原则！如今全部给予减免，每亩不得超过一斗。苏、松人仍得按户部规定的官田税额征收。"

朱允炆的这些措施赢得朝野的一片赞赏，但是，他的命运却即将迎来下一个转折点。

【锐意削藩隐祸患】

朱元璋在位时期施行了分封宗藩的政策，分封自己的子孙为藩王，分镇全国各地。朱元璋在位的时候就已经有人认识到宗藩的弊端，他们纷纷上奏章向太祖朱元璋进谏，要求废除分封宗藩的政策。但是刚愎自用的朱元璋认为自己的威严高于一切，他绝对不允许有人质疑自己所制定的这项政策，因此，一些进谏之人的奏章不但没能被太祖朱元璋所采纳，甚至还

惨遭杀戮。

朱允炆即位之后，就一直认为那些拥兵自重、分据一方的藩王乃是自己的心头大患，于是，他依赖齐泰、黄子澄等人，将削藩付诸实施。他的第一个目标就是周王朱橚，建文帝将其废黜为平民，放逐到云南。朱橚之所以会成为建文帝削藩的第一个目标，名义上是因为周王次子告发他"异谋"，实际上则是为了"杀鸡儆猴"。周王朱橚乃是燕王朱棣的同母弟弟，关系最为密切，因此建文帝此举有警示燕王朱棣之意。随后，建文帝又以迅雷不及掩耳之势，先后削除了诸王的权力。湘王朱柏自焚而死；齐王朱榑、代王朱桂有罪，被废黜为平民；打发燕王世子高炽及他的弟弟高煦、高燧回北平；岷王朱楩有罪，被废黜为平民，放逐到漳州。建文帝朱允炆的这一系列措施使得其他藩王震恐，一时之间人人自危，而他的目标也正一步步直指燕王。

不久，燕山护卫百户倪谅便向朝廷密报谋反之事。建文帝朱允炆下诏书责备燕王朱棣，并逮捕了燕王府的官吏。燕王朱棣见大事不妙，便佯装疯癫，走上街头大声呼喊，乃至抢他人酒肉饭菜，最后他甚至还传出了身

染重病、卧床不起的消息。但是，此时朱允炆已经掌握了燕王朱棣谋反的确凿证据，因此严令布政使张昺、都指挥使司谢贵和北平都指挥张信逮捕朱棣。但是，百密一疏，不料张信却将朝廷密旨密报燕王朱棣，使得燕王朱棣得以谋划下一步该如何行事。

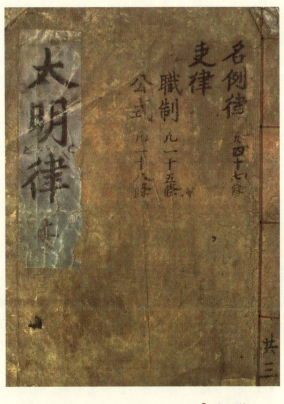

建文元年（1399）七月癸酉，燕王朱棣毅然起兵谋反，杀死了布政使张昺、都司谢贵等人，参政郭资、副使墨麟、佥事吕震等则向燕王投降。丙子，燕兵攻陷蓟州（今河北蓟县），马宣战死。己卯，燕兵攻陷居庸关。甲申，攻陷怀来，宋忠、俞瑱被处死，都指挥彭聚、孙泰竭力作战而死，永平指挥使郭亮等叛变，向燕王投降。壬辰，谷王朱橞从宣府（今河北宣化）逃往京城。建文帝朱允炆任命长兴侯耿炳文为征虏大将军，驸马都尉李坚、都督宁忠为左、右副将军，率领军队讨伐燕王。建文帝朱允炆向天地宗庙、社稷祭告，在宗室的谱籍上将燕王除名，他还诏告天下："国家不幸，骨肉至亲屡屡图谋越礼犯上。去年，周庶人朱橚违礼做出超越常规不守法度之事，供辞牵连到燕、齐、湘三王。朕因为亲爱自己亲属的缘故，只治了朱橚的罪。今年齐王朱榑图谋犯上，又与朱棣、朱柏同谋，朱柏伏罪自焚而死，朱榑已被废黜为平民。朕因为在亲属中和朱棣最为亲近，不曾忍心彻底处理那件事。如今竟然举兵作乱，图谋危害宗庙与社稷，得罪了天地祖宗，道义上不容许赦免。因此选发大兵，前去惩罚他。你们这些朝廷内外的臣民军士，各人要怀忠心守礼义，与国家一条心，扫除这叛逆的凶气，使国家长治久安。"

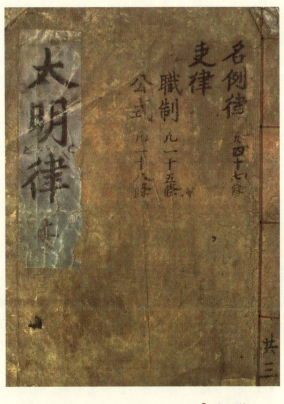

🔴 **大明律**

《大明律》在中国法制史上具有划时代的意义，它是中国明代以前各个朝代法典文献编纂的历史总结，而且还开启了清代乃至近代中国立法活动的发展。

朱允炆与燕王朱棣之间的皇位争夺战就此爆发。

【靖难之役】

建文元年（1399）八月，朱允炆命耿炳文率兵伐燕，军队驻扎真定（今属河北）。壬戌，耿炳文与燕兵在滹沱河北面作战，大败。李坚、宁忠、顾成被捉，耿炳文退守真定。燕兵攻真定没有攻克，也不敢恋战，很快就撤回北平了。

但是，这次失败却使得朱允炆十分担心，于是他临阵换将，任命曹国公李景隆为征虏大将军，取代耿炳文。岂知，双方几个回合下来李景隆就遭遇大败，逃奔德州，各军全部崩溃。

之后，盛庸、铁铉击败了燕兵，并收复了德州。朱允炆为了嘉奖盛庸，便封他为历城侯，提拔铁铉为山东布政使，协助谋划军务，不久晋升为兵部尚书。任用盛庸为平燕将军，都督陈晖、平安辅佐他。盛庸驻扎在德州，平安与吴杰驻扎在定州（今属河北保定），徐凯驻扎沧州（今河北沧州）。

十月，朱允炆下诏命李景隆回朝，并赦免其死罪。不久，燕兵就开始偷袭沧州，徐凯被捉。燕兵乘胜侵犯济南，进逼东昌，后来被盛庸所击败，并将他的将领张玉斩首示众。之后，双方再次展开激战，盛庸又把燕兵给击败了，燕兵逃往馆陶（今属河北）。盛庸军队士气大振，用文书命令各驻军合力攻打燕兵，断绝他们的退路。

建文三年（1401）三月，盛庸在夹河打败了燕兵，斩了燕军将领谭渊。然而再战他并没有取胜，都指挥庄得、楚智等竭力作战而死。之后，双方再次展开激烈交锋，盛庸大败，于是他便逃往德州。自此之后，燕兵就势如破竹，攻城略地，掠取了真定、广平、大名（今均属河北）等地。

建文四年（1402），四月，

何福、平安在小河打败燕兵，斩了他们的将领陈文。徐辉祖等在齐眉山打败燕兵，斩了他们的将领李斌，燕兵害怕，打算回北方。恰逢朱允炆听到谣言，以为燕兵已回北方，就征召徐辉祖回朝，何福的军队也就孤立了。众将与燕兵在灵璧大战，大败，陈晖、平安、礼部侍郎陈性善、大理寺卿彭与明被捉。

五月，盛庸的军队在淮河溃败，燕兵得以渡过淮河，直逼扬州。指挥王礼等向燕兵投降，御史王彬、指挥崇刚被杀害。

六月，盛庸率领水军在浦子口将燕兵打败，但再战并未取胜。都督佥事陈瑄率领水军投降燕王。于是燕兵便乘胜渡江。盛庸和他们在高资港展开激烈的战斗，已经难以阻挡燕兵的步伐。燕兵一路直下，侵犯金川门，左都督徐增寿想要在内部起事接应，被处死。谷王朱橞及李景隆叛变，打开城门放燕兵进城，南京城陷落。

▶【惠帝的失踪】

当燕王朱棣攻入南京城时，皇宫中已经燃起熊熊烈火，朱允炆也在这场大火中不知所终。

而朱允炆的下落，则引起人们的各种猜测，可谓是众说纷纭，莫衷一是。有人说，朱允炆由密道逃出南京。正统五年（1440），有位僧人从云南到广西，诡称自己是朱允炆。思恩知府岑瑛向朝廷奏报此事，经过一番审讯，才知这位九十多岁的老人并非朱允炆，而是钧州人杨行祥，朝廷将他关入监狱，年迈的他在监狱中待了四个月就死了。他的同谋僧人共十二人，也都被发配到辽东。从此以后，滇、黔、巴、蜀间便相传有朱允炆做和尚时的踪迹。正德、万历、崇祯年间，诸臣请求续封朱允炆的后代，并为其加庙号谥号，把此事都交给部里讨论，但最终并没有实行。大清乾隆元年（1736），乾隆帝下诏命朝中大臣商议，追谥其谥号为恭闵惠皇帝。

论赞

赞曰：惠帝天性仁爱宽厚，初登帝位之时，亲近贤臣，十分好学，并征用方孝孺等人。在典章制度方面，锐意复古。朱允炆曾经因病上朝迟到，尹昌隆进谏，他就感到十分愧疚，并把那份奏章公诸朝野。朱允炆在位之时，还免除了军卫中的独子从军，减轻了苏、松地区的重赋，这些都是惠及百姓的大事。然而，在靖难之役后，明成祖又改惠帝的纪年建文为洪武，从此以后皇家子孙后代与群臣百姓都嫌忌记载这一时期的史事，草野传疑，不无讹谬。再到清朝，得以经过讨论评定，将其尊号统一于"惠"，他作为君主的德行便因此而得以彰明了，真是美好啊！

成祖本纪

明 成祖朱棣，是明太祖朱元璋的第四个儿子，被封为燕王，驻守北平（今北京），在朱元璋去世后，发动"靖难之役"，把侄儿建文帝赶下皇位，自己登基为明朝第三代皇帝。朱棣是中国历史上杰出的皇帝之一，在他的统治下，郑和七次下西洋、设立奴儿干都司、编纂《永乐大典》、五征漠北、浚通大运河、迁都北京，这一时期，明朝经济发达、军事强盛、国家富强，被后世称为"永乐盛世"。

▶【封燕王镇守北平】

明成祖名朱棣，是太祖朱元璋的第四个儿子，他的母亲是孝慈高皇后。洪武三年（1370），被封为燕王。洪武十三年（1380），朱棣就藩北平（今北京）。朱棣相貌奇特伟岸，胡须很好看，睿智且很有谋略，能够识别挖掘人才并且人尽其才。洪武二十三年（1390），燕王、晋王一起讨伐元军将领乃儿不花，晋王胆怯不敢进攻，朱棣反倒加速赶往迤都山，最终擒获全部元军胜利回师，明太祖朱元璋知道后非常高兴。此后便经常让朱棣率领将士出征，并且让他管辖边境的人马，燕王朱棣的声名大振。

洪武三十一年（1398），朱元璋去世，朱允炆即位。太祖遗诏让各诸侯王在封国内凭吊，不许前往京师。燕王从北平前往奔丧，收到诏书便停了下来。那时，朱元璋的各个儿子被封各地为王，位高权重且都有兵权，经常做出不法的事情。建文帝朱允炆采纳齐泰、黄子澄的计谋，计划以各种缘由依次将各藩王削除。当时燕王既有功劳又有地位，掌握的兵马最多，权力最大，也最受建文帝的忌惮。建文帝先废掉了周王朱橚，以此来牵制燕王。不久，各地藩王被大臣状告，湘、代、齐、岷等藩王都因为各种罪名被废掉。朱棣觉得自己也很危险，于是装疯说是自己病了。齐泰、黄子澄私下

☯ 朱棣像

朱棣雄才大略，励精图治，发展经济，提倡文教，使得天下大治，并且宣扬国威，大力开拓海外交流，将大明推向了一个新高峰。

劝建文帝除掉燕王，建文帝没有同意。朱允炆任命张昺为北平布政使，谢贵为北平都指挥使司，以控制北平，又屯兵开平（今河北唐山）、临清（今属山东）、山海关一带，以各种措施防备燕王，燕王就说自己的病越来越厉害了。谢贵、张昺又派兵围住燕王宫殿。燕王和谋士僧道衍密谋，秘密派遣张玉、朱能率领八百多名勇士到燕王府内守卫。七月，朱棣假意邀请张昺、谢贵进入燕王府，将他俩抓住并杀掉，夺下北平九门，占据了北平（今北京）。朱棣上书建文帝朱允炆，指责齐泰、黄子澄都是奸臣。他援引祖训称"朝廷里没有正直的臣子，反倒有奸恶的臣子在皇上身边，那么藩王就可以起兵等待天子的命令，一旦天子有诏书命令，各藩王就要带领自己镇守的兵马去讨伐奸佞"，于是起兵。他把自己的队伍称作"靖难"。

▶【夺得帝位】

朱棣率兵一路向南攻城拔寨，不久之后，兵力就达到了数万人。建文帝先后以耿炳文、李景隆率重兵征讨燕王朱棣，均被燕王击败。燕王智勇兼备，多次以少胜多。在燕王出征的时候，李景隆曾派兵突袭北平，燕王世子朱高炽命人坚守不出战，确保朱棣的根基不失。十一月，燕王抵达孤山，巡逻的骑兵探路回来报告说白河水流凶猛，无法渡河。燕王向神明祷告，大军到达河边时河上就结成了厚厚的冰层，军队得以通过。李景隆派

兵追击，朱棣分出兵马回头追击敌人，就在敌人争相渡河的时候，河上的冰突然破裂，正在渡河的敌人被淹死无数。靖难军一路向南攻城拔寨，所向披靡，屡败李景隆，占领了河间、德州。之后，建文帝以盛庸为将，燕王在与之交战的时候，互有胜负。就这样朱棣一直在外征战了三年多，他屡屡身先士卒、冲锋在前，经常能够乘胜攻到很远，但是也经常陷于极其危险的境地。占领的城池在退兵不久后就又被朝廷占领，三年下来也只占领着北平、开平、永平府（今属河北）。

朱棣听朝中被罢免的官员说京师空虚，就决定不再反复征战，谋划直捣京师。建文三年（1401）冬，朱棣再次出兵，多次大战后，攻取徐州（今江苏徐州）、泗州（今属安徽），舍凤阳（今属安徽）、淮安而直取扬州（今江苏扬州），攻下镇江（今属江苏），途中建文帝两次派人求和，朱棣都不同意。建文四年（1402），守将投降，京师（今南京）被朱棣占领。他派兵在城内护卫各处，安抚民众，又将齐泰、黄子澄、方孝孺等五十余人以"奸臣"名义抓起来，张榜昭告天下。不久，朱棣在祭祖后登基即位。拥护建文帝的齐泰、黄子澄、方孝孺等"奸臣"被杀，并株连族人，很多人因连坐而被处死。

▶【改革官制，重视民生】

朱棣在夺取南京，祭拜孝陵之后，于奉天殿继位登基，改年号永乐，并

采取各种措施恢复民心，轻徭薄赋，让人民休养生息。在朝廷里他大肆封赏跟随自己的功臣，起用顺从自己的建文旧臣，杀掉不顺从的。同时，朱棣继续"削藩"，以各种借口和措施削减藩王的权力。自太祖废除了丞相制度，六部直接听从皇帝的领导，事无巨细都要皇帝亲自处理，所以皇帝非常累。明成祖朱棣改革和完善了明朝的文官制度，内阁制度的雏形在朝廷中逐渐形成。但是明朝内阁品级并不高，一般都要先作为翰林院庶吉士锻炼之后才能升至内阁，到明末基本形成了"不是庶吉士不能进内阁"的不成文规定。明朝的内阁逐渐发展，到明末权力已极大。明成祖朱棣还建立了厂卫等制度，监视官员和人民。他不仅改革了明初的吏治，还重视农业、发展经济。朱棣严格要求官员，

太和殿

俗称"金銮殿"，"东方三大殿"之一，位于北京紫禁城南北主轴线的显要位置，明永乐十八年（1420）建成，称奉天殿。明嘉靖四十一年（1562）改称皇极殿。清顺治二年（1645）改今名。

必须深入了解民情，并随时向朝廷反映民间疾苦。永乐十年（1412），朱棣还命令五百多名地方官吏各自陈述当地的民情，规定"如果说不出来就要受惩罚，说得不对、不合适的官员也不追究责任"。朱棣还宣布，凡是地方官或中央派出的民情观察员，如果看到民间疾苦而不如实上报的，要逮捕依法严办。经过明初建国的战争和靖难之役，农民贫困，他下令国家铸造农具送给遭受靖难战祸的农民，在全国免除新开荒地赋税。

【文治武功】

在对外军事方面，从永乐八年（1410）开始，明成祖朱棣亲自率领明军进行北伐，以彻底解决蒙元贵族的残余势力。第一次北伐，明军大破五万蒙古铁骑，迫使蒙古本部的"鞑靼"称臣纳贡，鞑靼大汗被封为"和宁王"。永乐十年（1412）第二次北伐，击败了瓦剌，瓦剌遣使谢罪。永乐十七年（1419），朱棣第三次北伐，大败兀良哈蒙古。蒙古势力此后数十年都无法对明朝构成威胁。他还派大

军攻取安南（今越南），安南自此向中央称臣，一直到清末。

永乐七年（1409），明朝设立了奴儿干都司，屯驻军队，管辖今天黑龙江、乌苏里江、松花江流域和库页岛等地。朱棣在位期间，四方臣服，差不多有三十多个国家向朝廷称臣纳贡的。

朱棣的另一个伟大功绩就是派郑和下西洋。永乐三年（1405），明成祖朱棣派遣宦官郑和为使，率近三万人，乘六十二艘"宝船"，远航西洋。舰队到占城（今越南南部）、马来西亚的马六甲、印度尼西亚的爪哇、苏门答腊及锡兰等地，经印度西岸折回返国。此后二十多年间，先后七次出海远航，经过三十多个国家，最远曾达非洲东岸、红海和伊斯兰教圣地麦加。

▶【迁都北京】

北平是朱棣王兴之地，他作为燕王在此经营三十多年，建立了稳固的政权基础。朱棣即位后，即开始准备迁都。永乐元年（1403），诏以北平为北京，改北平府为顺天府。永乐四年（1406），北平方面开始正式营建宫殿。作为皇城的北京紫禁城，筹建于明成祖永乐五年（1407），兴建至十八年（1420），集中全国匠师，征调了二三十万民工和军工，花了十四年，建成了这组规模宏大的宫殿组群。其平面布局、立体效果，以及形式上的雄伟、堂皇、庄严、和谐，都可以说是世上罕见的。

永乐十三年（1415）五月，平江伯陈瑄等开凿淮安附近之清江浦，使久废的运河重新畅通；他不顾群臣的激烈反对，坚持从南京迁都到北京。十八年（1420）九月，诏自明年改京师为北京。十九年（1421）正月，朱棣在北京奉天殿正式处理政务，接受百官的朝拜，在南郊祭祀。迁都至此基本完成。

永乐二十二年（1424），明成祖朱棣在出征途中病故，享年六十五岁，死后葬于北京明十三陵的长陵。

论赞

赞曰：成祖文皇帝从小就学习军事、兵法，据有幽燕这样地形险要的地方，利用建文帝的孱弱，率兵长驱直入，之后就成了拥有四海的皇帝。即位以后，躬行节俭，一旦遇到洪水或者干旱就立即赈济百姓，从来没有拖延的。他能发掘人才，并且能够很好地让他们发挥自己的才能。他具有雄才大略，是难得的君主。几次派兵出征，威权和品德传播到各地，各国臣服，近三十个国家向大明称臣纳贡。幅员广袤，远超汉朝、唐朝。他的成就功绩，已经达到了顶峰。然而在除去建文帝继位称帝的时候，倒行逆施，党同伐异，德行上的不足是遮掩不了的。

英宗本纪

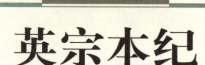

英宗朱祁镇，明朝的第六代皇帝。他是大明第一个少年登基的皇帝，也是唯一一个被俘的皇帝，唯一一个在位有两个年号的皇帝。他被俘一年，皇位被弟弟取代；被幽七年，又复辟为皇帝。他宠信宦官王振，诛杀名臣于谦。土木堡之变，五十万明军被瓦剌打败，是他心中永远的痛。

▶【正统朝】

英宗名祁镇，他是宣宗的长子，他的母亲是贵妃孙氏。生下来四个多月，就被册立为皇太子，他的母亲孙贵妃也被立为皇后。宣德十年（1435），他的父亲宣宗驾崩，刚刚九岁的朱祁镇即位为帝，改第二年的年号为正统元年。朱祁镇成为明朝第六代皇帝。也是在这一年，英宗朱祁镇封自己的弟弟朱祁钰为郕王。

英宗朱祁镇是大明朝第一位幼年皇帝，因此宣宗遗诏，所有朝廷大事先请示皇太后张氏之后再行事，朝政由经验丰富的经历永乐、洪熙、宣德三朝的元老杨士奇、杨荣、杨溥（"三杨"）来主持。后被尊为太皇太后的张氏是英宗朱祁镇的祖母，很有才智，在正统朝前期政治活动中起了非常重要的作用。

英宗朱祁镇即位初期，继续推行仁、宣朝的各项政策，此时国家经过五位皇帝近七十年的经营，社会稳定，经济也有所发展，呈现出繁荣昌盛的态势。他裁撤多余官员和花销，免除修陵的民工徭役，及时赈济灾民，减免灾区的税赋，在国家的卫所建立学校，还命地方官灭蝗救灾等，实行了一系列"仁政"，取得了一定效果。即位第一年，有一次，户部上报皇帝说浙江、江苏一带开垦荒田，国家减免了二百七十七万多石的粮食，请求皇帝重新审查以增加税赋。

❧ 明英宗朱祁镇

明英宗的经历十分复杂，他信任王振"导致"土木堡之变"，夺门之变后"杀死忠臣于谦，但他被俘后保持气节，在天顺朝尚能任用贤臣，并废除了洪武以来的嫔妃殉葬制度，被后世誉为德政。

皇帝不同意，认为核实田亩数一定会增加民众负担。明朝边患严重，英宗朱祁镇即位后，先后与阿台朵儿只伯、四川思任发、广西苗族、瓦剌等爆发战争。

正统七年（1442），太皇太后张氏去世，"三杨"也先后淡出政治舞台，朱祁镇也逐渐长大成人。"三杨"后，大明朝第一位专权太监王振粉墨登场。王振本是落魄教书先生，自阉进宫，被宣宗分配到东宫，服侍年幼的太子朱祁镇，他以此取得了少年天子的信任。英宗朱祁镇对王振偏听偏信，任由他结党营私、党同伐异。投靠他的人都得到了提拔重用，许多不满他的正直官员被捉拿关到监狱里，王振大权独揽。正统十一年（1446），英宗朱祁镇甚至加封王振的弟弟、侄子等人担任锦衣卫官员。

【土木堡之变】

这时，瓦剌也越来越猖獗。瓦剌趁着正统皇帝忙于镇压西南方的叛乱、无暇顾及的时机，大肆扩大自己的势力范围，扩充实力。正统十四年（1449），瓦剌攻大同（今山西大同）。本来对军事一无所知的王振为了建立所谓的丰功伟绩以"青史留名"，极力怂恿朱祁镇御驾亲征瓦剌。吏部尚书王直率领群臣极力劝谏英宗千万不要如此仓促进军，更不能御驾亲征。但皇帝不予理会，不顾粮食不足、武器不够精良、精兵散在全国各地的不利条件，强令禁军出击，带领百余位大臣出征。此次出征，准备仓促，组织不当，凑起来的五十万大军出发不久，内部就开始惊慌忙乱。军队没走到大同就已经粮食不足，很多人饿死了，尸体铺满了道路。又赶上连日风雨，前线还未到达，已经军心不稳。随驾的官员多次请求英宗朱祁镇回京，皇帝仍旧不同意。王振仍然逼着大家继续前进。到了大同，大同监军太监郭敬向王振劝谏，不能再向前，否则会中计，大军才开始撤回。撤军途中，王振为了炫耀自己的权势，让大军不直接返回，反而绕道自己的家乡蔚县（今属河北），中途又改向宣府（今河北宣化）。瓦剌趁机追击，英宗朱祁镇派去阻拦的兵马，中伏覆没。最终全军在怀来城外的土木堡被围，数十万军马溃败，王振被明军将领杀死，英宗朱祁镇被俘。这就是历史上著名的"土木堡之变"。英宗朱祁镇被俘后，瓦剌首领也先认为英宗朱祁镇奇货可居，将英宗朱祁镇掳走，朱祁镇的性命得以保全，开始了他一年的"北狩"生活。

也先以英宗朱祁镇为人质，向明朝索求大量的金银财物，还在明朝边镇招摇撞骗。明朝上下坚决不向瓦剌屈服，在著名的忠臣于谦等朝廷大臣的坚持下，不久之后，将英宗朱祁镇的弟弟郕王朱祁钰立为皇帝，这就是明代宗。代宗改年号"景泰"，尊英宗朱祁镇为太上皇，这样朝廷上下都安定了下来。在于谦的带领下，各地军队先后到达京师。明朝成功抵御了

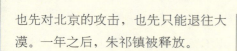

●本纪●

明史

也先对北京的攻击，也先只能退往大漠。一年之后，朱祁镇被释放。

【夺门之变，景泰变天顺】

朱祁镇被释放后回到京师，经历了短暂的仪式后就被软禁在宫内，不许和外面建立联系，每日由锦衣卫从一个小洞里送食物，不多的食物有时还被克扣，朱祁镇的元配钱皇后为补贴家用，不得不自己做一些女红，派人带出去变卖。景泰帝为了避免有人与英宗朱祁镇联系，还派人将南宫的树木全部伐光。就这样，英宗朱祁镇在惊恐与饥饿中经历了七年的幽禁生活。在此期间，代宗初登皇位时被立为皇太子的英宗朱祁镇的儿子朱见深也被代宗废掉。

景泰八年（1456），代宗病重。武清侯石亨、都督张轨、张轨、左都御史杨善、副都御史徐有贞、太监曹吉祥等人派兵迎英宗朱祁镇复位，

重新成为大明朝的皇帝，史称"夺门之变"。他废掉自己的弟弟代宗，将他贬为郕王，把兵部尚书于谦、大学士王文等抓到锦衣卫天牢里，并改景泰八年为天顺元年。不久，明代宗去世，朱祁镇将于谦等人杀掉并抄家，对拥立自己复位的功臣石亨、徐有贞等人加封高官厚禄，赏赐大批财物。英宗朱祁镇的儿子朱见深重新被立为皇太子。

天顺八年（1464），英宗朱祁镇驾崩，两次共在位二十二年，享年三十八岁，葬于明十三陵中的裕陵。庙号英宗，谥号"法天立道仁明诚敬昭文宪武至德广孝睿皇帝"。皇太子朱见深继承皇位，他就是明宪宗。

【曲折命运，功过参半】

英宗朱祁镇毕竟是受过良好的教育，经历了土木堡之变七年的软禁后，在天顺年间开始任用了李贤、王翱等

🌸 杏园雅集图·明·谢环

贤臣。拥立英宗朱祁镇复位的众人先后获罪。徐有贞因罪被处死，石亨的侄子石彪英勇善战，后来与石亨一起因作乱被处死。天顺五年（1461），太监曹吉祥及昭武伯曹钦造反，也被英宗朱祁镇平定。不管是治理朝政还是镇压叛乱等，英宗朱祁镇在天顺朝逐渐显现了英主的风采。明英宗曾经对内阁首辅李贤叙述他自己每天的起居："我每天早上起来朝拜天地和祖宗完毕，然后去上朝。上朝完毕再吃饭，饭后批阅奏章。比较容易做出决定的就马上做出批示；如果有需要大臣们一起讨论的，再送到先生（李贤）你那里考虑并做决定。"

英宗朱祁镇在位期间还做了两件后人认为有功德的事情。第一件是释放了从明成祖朱棣永乐时候就被囚禁的"建庶人"。 建庶人是建文帝次子朱文圭。明成祖朱棣攻入南京后，建文帝朱允炆和他的长子朱文奎不知所终，次子朱文圭则被幽禁起来，称为"建庶人"。到朱祁镇第二次做皇帝的天顺年间，建庶人已经被幽禁了五十多年，从幼童到了一名老翁。大概由于自己也经历过七年的幽禁生涯，英宗朱祁镇有一天突然动了恻隐之心，就想释放他的这位远房叔叔。李贤对英宗朱祁镇的这个决定大加赞赏，认为这体现了皇帝的仁慈。于是英宗朱祁镇不顾近侍的反对，派人修建房屋给建庶人居住，并供养其生活，不限制他的人身自由。第二件事情就是恢复被废的宣德朝胡皇后的称号，恢复

她下葬的礼仪。他还下旨停止帝王死后嫔妃的殉葬。明太祖朱元璋死的时候，陪葬了许多宫人。成祖、仁宗、宣宗、代宗去世都曾让宫女、妃子、太监等殉葬。英宗朱祁镇觉得殉葬太过残酷，临终前留下遗诏停止殉葬。此后明代各帝都遵从这个遗诏。

英宗朱祁镇与他的钱皇后的感情也被后人所称道。据说，英宗朱祁镇在土木堡被抓时，钱皇后日夜哭泣，睡梦中跌倒在地，伤了自己一条腿，还把一只眼睛哭瞎了。英宗朱祁镇回来被幽禁，做了所谓的"太上皇"，心情郁闷，钱皇后每天细细劝解，让英宗朱祁镇心情舒缓。钱皇后对英宗朱祁镇如此，英宗朱祁镇对自己的"患难夫妻"钱皇后也是精心呵护。古代讲求"母以子贵，子以母贵"，英宗朱祁镇的父亲就废掉了原皇后，改册立英宗朱祁镇的生母为皇后。钱皇后没有子女，英宗朱祁镇就立了周贵妃的儿子朱见深为皇太子（后来的宪宗），但是他并没有废掉钱皇后。临终前，他担心自己驾崩后钱皇后不受儿子的尊崇，会遭到周贵妃欺负，特地遗命大学士李贤："钱皇后将来去世后，一定要和我一同合葬！"明代此前的惯例是一帝一后同葬，这道遗命就等于告诉周贵妃：你的儿子做了皇帝，钱皇后的太后地位也是不能动摇的。钱皇后与英宗朱祁镇合葬的事情最后虽然受了些阻碍，但在群臣的坚持下最终还是完成了英宗朱祁镇的遗命。

白话精编二十四史

第十卷

武宗本纪

明 武宗朱厚照，堪称中国历史上最荒淫无度的皇帝，建豹房藏无数女子，却没有子嗣；他也是史上最荒唐的皇帝之一，加封自己为大将军，并乐此不疲；他宠信大宦官刘瑾却能举手间将之除去，他固执己见，敢与所有朝廷大臣作对，他亲自带兵出征边寇，还能取得罕见的大捷。他的一生充满着故事。

【宠信宦官】

武宗名朱厚照，他是孝宗的长子，他的母亲是康敬皇后张氏。他的父亲孝宗和张皇后感情很好，一生没有嫔妃，这在皇帝中非常少见。他是孝宗的嫡长子，也是唯一的儿子，按照封建礼法，他是最名正言顺的皇位继承人。朱厚照也是明朝唯一一个以嫡长子嗣位的皇帝。弘治五年（1492），他被立为皇太子。据说朱厚照还是孩子的时候，非常聪明，神采焕发，性情温和宽厚，很有帝王风范。八岁时，在大臣的请求下，朱厚照正式出阁读书，接受皇室子弟严格的教育。前一天老师教授的书目，第二天他就能合上书背诵出来。几个月的时间，他就熟悉掌握了宫廷里极其烦琐的礼节。孝宗好几次前来考问他的学业，他带领太监官员们迎来送往，十分熟练。孝宗和大臣们都相信，朱厚照将来会成为一代贤明之君。朱厚照生性喜爱骑马射箭，而他的父亲对他抱有文成

武就的期望，也不阻拦他，这造成了他尚武的习气，也为他日后喜好带兵出征、自封大将军埋下了伏笔。弘治十八年（1505）五月，明孝宗驾崩，朱厚照即位，改元"正德"。

一提到朱厚照，就不得不提到大太监刘瑾和所谓的"八虎"。刘瑾与马永成、高凤、罗祥、魏彬、丘聚、谷大用、张永合称"八虎"。刚登基的正德皇帝只有十五岁，天性爱玩，朝廷中的大臣经常上书劝诫皇帝不许做各种事情。"八虎"反倒投皇帝所好，对皇帝各种玩闹的想法百依百顺。正德皇帝对"八虎"愈加宠信，把朝政大事都交由他们来处理，对朝政造成了极大的干扰。文臣们不肯轻易善罢甘休。正德元年（1506），户部尚书韩文带领群臣向正德皇帝上书，大学士刘健、李东阳、谢迁是其中的主力，他们要求处死扰乱朝政的宦官马永成等八人，绝不妥协。"八虎"勾结大学士焦芳，向正德皇帝反复求情，获

得了皇帝的支持。皇帝否决了大臣的
上书，反倒给宦官们更大的权力，让
刘瑾掌管司礼监，丘聚、谷大用分别
提督东厂、西厂，张永总督十二团营
兼神机营，魏彬总督三千营，每个人
都占据了十分重要的地位。刘健、李
东阳、谢迁三人向皇帝请求辞官，结
果只有刘健、谢迁的辞呈被批准，李
东阳未被批准。群臣对两位大学士的
离去十分不满，再次向正德皇帝进谏，
这次二十一位上书的大臣被正德皇帝
廷杖。不久正德还宣布大学士刘健、
谢迁，尚书韩文、杨守随、张敷华、
林瀚等五十三位官员为群党，以警示
告诫大臣们。就这样，一场针对"八虎"
的运动最终以失败告终。

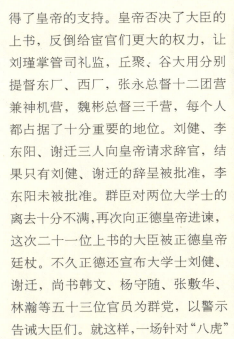

武宗朱厚照

武宗一生贪杯、好色、尚兵、无赖，所
行之事多荒谬不经；同时武宗处事刚毅
果断，弹指之间诛刘瑾，平安化王之乱，
应州大败小王子，精通佛学，懂梵文，
一生也颇有可圈可点之处。

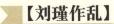

【刘瑾作乱】

以刘瑾为首的太监们为了讨小皇
帝的欢心，想方设法鼓动武宗朱厚照玩乐，无所不用其极。
每天给皇帝进献鹰犬狐兔，还偷偷带正德皇帝出宫去逛，让
小皇帝开心；在宫中模仿宫外的街市建店铺，仿效外面的市
场，让小皇帝假装富商，在其中取乐。后来甚至模拟妓院，
由许多宫女扮作歌伎等，让皇帝挨家玩乐，把整个后宫搞得
乌烟瘴气。正德二年（1507），刘瑾将本用于修葺边境长城的
钱拿来给皇帝修了后来臭名昭著的"豹房"。正德三年（1508），
武宗朱厚照就搬到了豹房。豹房原本是贵族豢养虎豹等猛兽
以供玩乐的地方，武宗朱厚照把它作为自己的玩乐窝，他在
这里除了豢养各种猛兽外，还蓄养很多女子，包括宦官进献来
的美女、自己游玩带回来的女子，甚至还有有夫之妇和寡妇。
武宗朱厚照也不经常上朝，整日在豹房过着肆意妄为的淫乱生
活。有一次，他在豹房玩老虎，被虎抓伤，几日不去上朝。

刘瑾利用皇帝的荒唐和对他的信任，趁机掌握了朝政大
权。他总是在正德皇帝玩得很开心的时候去请示，皇帝往往

 大碗口铜铳
明代的火器发展到鼎盛时期。管形火器品种颇多，结构复杂，神机营是当时世界上唯一的独立枪炮部队编制。

就说："你们处理就好了，不用所有的事情都来麻烦我。"借此，刘瑾堂而皇之地替小皇帝处理朝政。他和内阁大学士焦芳勾结，又把自己的党羽安插到六部，借此控制了朝廷，在大臣中肆意打击异己，与同党沆瀣一气。他原本就掌管北京的军队，又利用"八虎"手中的权力和特务机关，监视大臣，诬告陷害，打击报复。就这样，刘瑾权力逐渐扩大，开始了作威作福的日子。刘瑾本性贪婪，他大肆收受贿赂，向已经升迁的官员要钱，向想要升官的官员要钱，向来京的地方官员要钱，向出京考察的官员要钱，甚至"卖官"收钱。

刘瑾日渐嚣张，就觉得自己这样独揽朝政毕竟名不正言不顺，总有一天终究要还给皇帝的，人心不足蛇吞象，他动了谋反的念头。加上他自私自利，从来不肯和"八虎"中的其他人分享利益，与七人产生了矛盾，终于有一天，这些人向酒醉的正德皇帝告发了刘瑾意图谋反的事情，果然被查实。正德五年（1510）八月，刘瑾以谋反罪被凌迟处死。

▶【荒唐事迹】

正德皇帝还喜欢收义子，在豹房里还专门设立了义子府。他在位期间，一共收了义子一百多人。正德七年（1512），他一次就赐百余人国姓朱，行事之荒唐可见一斑。其中，钱宁、江彬两个义子最为得宠。钱宁，奸诈狡猾，擅长射箭。建设豹房的时候，钱宁很有功劳。据说武宗朱厚照在豹房经常和钱宁一起醉卧，百官等着上朝很长时间也见不到皇帝，只要看到钱宁走出来，就知道皇帝也快出来了。江彬，原本是名边关的将领，骁勇异常。在镇压刘六、刘七起义时，身中三箭，其中一箭更是射中面门，但他毫不害怕，拔掉箭头再战。因军功觐见皇帝，他在皇帝面前高谈阔论兵法，很是符合武宗朱厚照的心意，于是被收为义子，留在皇帝身边。正德朝自元年起就不断有鞑靼小王子部带兵骚扰，再加上各地农民起义，兵事不断。正德皇帝本就有很深的尚武情结，在义子江彬的怂恿下，他又开始在军队事情上胡闹。正德皇帝先是固执己见，不听李东阳的劝谏，违背祖训，在正德七年（1512）

将边境守军和京师守军对调，还委任江彬带领京师军营。正德九年（1514）起，正德皇帝不再仅限于宫内和豹房里娱乐了，开始微服私访，几次三番跑到边镇，还在那里"安了家"。

在宣府（今河北宣化），皇帝给自己建造的行宫，称之为"镇国府"，这也是他给"大将军朱寿"（也就是他自己）建的府邸。正德皇帝非常喜欢镇国府，称那里为"家里"。正德十三年（1518）的春节，皇帝是在镇国府度过的。照例要举行迎春仪式，这次由皇帝亲自设计，一改以往用竹木扎成架子、上面排放些吉祥图案、进献给皇帝的"进春"仪式。这一次，数十辆马车上面满载妇女与和尚。行进之时，妇女手中的彩球就与和尚的光头相互撞击，彩球纷纷落下。这次花样百出的迎春仪式，对自己的杰作甚感得意的正德皇帝始终兴高采烈。在江彬的鼓动下，武宗朱厚照下令修缮镇国府，并将豹房内珍宝、妇女运来，填充镇国府。而且，他禁止大臣们来宣府，于是他在镇国府再也不用听大臣们喋喋不休的劝谏。武宗朱厚照为所欲为，乐不思蜀。

正德九年正月十六日，宫中元宵节放烟花，不慎失火，殃及宫中重地

乾清宫。乾清宫是内廷三殿之首，象征着皇帝的权力和尊贵的地位。武宗见火起，没有下令扑救，反而跑到了豹房观看，谈笑风生，回头对左右说："好一棚大烟火啊。"

【自封大将军】

正德十二年（1517），皇帝微服私访到昌平（今属北京），臣子追上去百般请求他回京，他不听，径直到了居庸关（今属北京），守将不肯开门，他才讪讪而归。不久皇帝又从京师跑出来，这次跑到了宣府，到了阳和（今属河北），把自己封为"总督军务威武大将军总兵官"，还命人增加军费一百万两。宣府是北边重要的军镇，也是抵御蒙古军队入侵的第一道防线。这年，小王子进犯，掳掠应州。正德皇帝得知小王子来袭击宣府，非常高兴，亲自布置。这场战斗十分激烈，明军一度被小王子的军队分割包围，危在旦夕。正德皇帝亲自率领军队援救，才解了被困明军的围。双方大小交战一百多次，交战期间皇帝和普通士卒同吃同住，甚至还亲手上阵杀掉了一个敌人，不仅受到了官兵们的由衷爱戴，也极大地鼓舞了明军士气。最后，小王子看难以取胜，不得不撤兵，明军取得了一场难得的胜利，史称"应州大捷"。这是正德皇帝一生最为得意的事。

想当年明成祖朱棣击鞑靼、瓦剌，往往动员数月，劳民伤财，却所获甚微；明英宗朱祁镇率二十万精锐却在

"土木堡之变"中成了瓦剌的俘虏，三大营几乎全军覆没。而此次正德皇帝率数万普通的边军和五万辎䡅骑兵直接进行野战，却取得了军事上的胜利。应州一战后，小王子部长期不敢再进犯明朝边境。这下，正德皇帝在边镇玩得就更开心了，丝毫不理会臣子的反复劝谏，第二年回京城打了个转就又跑回了宣府，甚至太皇太后去世的时候他还在那里玩得不亦乐乎。埋葬了太皇太后就又跑回了宣府，这次给自己加封的名号就更加冗长了："总督军务威武大将军总兵官"。正德

🔄 **明长城遗址**
明代是中国古代最后一次大规模整修长城的时期。

十四年（1517），这位顽劣皇帝又把自己封为"总督军务威武大将军总兵官太师镇国公"。

【正德身死】

皇帝在宣府待烦了，又动了念头到京畿（今北京、河北境内）和山东（今山东、河南境内）巡视。这次闹的动静更大。正德十四年（1519）三月，因为劝谏皇帝打消巡幸的念头，兵部

郎中黄巩等六名官员被抓到锦衣卫天牢里，同时修撰舒芬等一百零七名官员被罚跪在午门五天。金吾卫都指挥佥事张英用刀以自尽劝谏皇帝，刀被卫士夺下，幸免于死，结果反而被皇帝治罪，用廷杖活活打死。几天后，又将寺正周叙、主事林大辂等三十三名官员关进锦衣卫天牢，杖责舒芬等一百零七位官员。四月，在宫殿台阶下杖责黄巩等三十九名官员，前后一共十一名官员被杖责致死。

之前，正德五年（1510），宁夏安化王反叛，被平定。皇帝没赶上有领兵的机会。正德十四年（1519），宁王朱宸濠造反。皇帝一看，有机会了。这次他亲自率领大军去平叛。结果大军未出发，叛乱已经被平定，拿到捷报后，皇帝就秘密把捷报藏起来，自己带军队照旧南下，一直到了南京。

正德十四年十一月，皇帝在清江浦捕鱼，正德十五年闰八月，在南京接受江西的俘虏和战利品，然后才从南京出发，在镇江，临幸大学士杨一清宅第，亲临故大学士靳贵的丧礼。

正德十五年（1520）九月，皇帝在回师途中，在池边钓鱼玩，不小心掉到了池水中，因此得病。正德十六年(1521)病逝在豹房，享年三十一岁。病重的时候下旨给司礼监说："我的病已经没办法治好了，你们把我的意思转达给皇太后，国家政事繁重，请皇太后和内阁大臣们一起认真处置。之前都是我的过错，不是你们所能干预的，过错不在你们这里。"死后留

下遗诏立兴献王长子继承皇位，撤掉了威武团营，把停留在京城里的镇守边关的军队派回原地，革除京城内外所有皇家店铺，释放豹房里的番僧和乐师。之后把遗诏公布天下，释放监狱里的囚徒，归还各地献来的妇女，停止不紧急的工程，把宣府行宫里的财物归还内库。直到世宗朱厚熜即位，才给正德皇帝上了尊谥，庙号武宗，葬在康陵。

论赞

赞曰：明朝自正统朝以后，国家的实力逐渐削弱。正德皇帝处事坚毅果断，除掉意图谋反的大太监刘瑾，还能亲身到边关抵御来犯的敌人，想要以武功名留青史。但是他沉迷于玩乐，亲近小人奸佞，甚至自己给自己加封官职，已经将皇帝和大臣的区别搞得荡然无存。幸运的是，正德皇帝还知道亲自控制用人的权力，经常下旨让大臣们为他拾遗补缺，因此虽然朝纲混乱，但不至于陷于危亡的境地。假如他能够继承孝宗的政治遗产，能够有效地控制自己，具有中兴之主的言行操守，那么一定是国泰民安、声名卓著，怎么会遭到后人的诟病呢？

明史 本纪

世宗本纪

古代皇帝高筑祭坛祈求风调雨顺，本是正常之事，但是谁又能比得上世宗朱厚熜这般痴迷呢？在明代十六个皇帝中，他在位时间之长，仅次于其孙明神宗朱翊钧。但当政的四十五年中，他基本上有一半的时间不住在宫中，而是住在他专门用来炼丹、斋醮的西苑中。真是让人啼笑皆非！但嘉靖帝也并非绝对昏君，在当政初期，他还是做出了一定成绩，只不过后期迷信道教，把精力放在寻求长生不老药上，才导致了"壬寅宫变"以及内忧外患的国难，世宗的迷信岂止毁其一人，毁掉一国也！因此他的功绩也遭到后人的褒贬不一，颇具争议，有人称颂他英勇神武可敌朱元璋，亦有人说他昏庸无能，一事无成，痴迷长生不老术的本性至死不改。

【幸运入继，登上帝位】

明世宗名朱厚熜，宪宗的孙子，父亲是兴献王朱祐杬，被册封为兴王。正德十四年（1519），兴王去世，朱厚熜承袭为兴王，他当时只有十三岁。后来，武宗朱厚照驾崩，因没有儿子也没有兄弟可以继承皇位，引发了王位继承问题，慈寿皇太后与大学士杨廷和经过再三权衡，最终确立朱厚熜继承大统。便派遣太监谷大用、韦彬、张锦，大学士梁储、定国公徐光祚、驸马都尉崔元、礼部尚书毛澄几位大臣，带着武宗朱厚照的遗诏，奔赴兴王府邸，迎请朱厚熜进京。

在当年夏季四月，朱厚熜从安陆出发。抵达京师之后便停止前进，停留在郊外。此时，负责礼仪的官员准备礼仪，让他以皇太子的身份就地行

登基礼。朱厚熜不从，他回过头对府内的长史袁宗皋说："武宗的遗诏已昭示，不是让我当皇子的，而让我继承皇帝的位子。"大学士杨廷和等人请求他按礼官准备的行礼，从东安门入住文华殿，选择时日登极，他不同意。恰巧在此时，皇太后催促命令众大臣献书劝笺进皇帝位，于是当时就在郊外接受劝笺。这一天中午，他进入皇城拜谒大行皇帝的灵座，朝见皇太后，登上皇帝位，改第二年为嘉靖元年。

【"大礼议之争"】

嘉靖帝继位之后，大臣们坚持嘉靖帝应遵循把生父作为叔父的祖制，即继承武宗的血脉，将武宗朱厚照的父亲明孝宗朱祐樘认作皇父，但这个

🌀 明显陵

明显陵是明世宗的父亲恭睿献皇帝和母亲章圣皇太后的合葬墓，显陵的奇特主要源于王墓改帝陵而形成的一陵双冢这一举世无双的孤例。被列为全国重点文物保护单位、世界文化遗产。

提议却遭到明世宗朱厚熜的极力反对，因此爆发了明朝历史上最著名的"大礼议之争"的政治事件，最后朱厚熜获胜，也巩固了他的皇位。

正德十六年（1521）秋季七月，进士张璁进言称，皇上继承皇位大统，是继承祖先，传宗接代，请尊奉、崇敬自己的亲生父母，在京城里建立兴献王庙供奉祖先。到这时，皇上把张璁的奏疏发下去，命令朝中大臣集体讨论。杨廷和等人上疏极力争辩，没有人愿意听从这种说法。嘉靖三年（1524），朱厚熜也提出要求，把他的父亲追尊为"本生皇考恭穆献皇帝"，

但是，又遭到两百余大臣的反对。起初，众多大臣商议让皇上尊孝宗为皇考，而改称兴献王为皇上的叔父，这才符合传统与朝代更替的礼制，朱厚熜誓死不答应，因此发生了史称"大礼议"的群臣权力之争的政治事件，此事件持续了三年半之久，前后两百多位文武官员受到不同处罚，其中十七人被杖死。最后，此事以朱厚熜为胜者，这巩固了其帝位，并树立了皇威。之后嘉靖帝又下令，从此以后倘若官员有亲人去世，必须丁忧，不得夺取，并把这个确定为法令。朱厚熜也得以追尊其父为帝，改献陵为显陵，按皇帝陵寝的规模扩建。嘉靖十六年（1537）冬季十月，嘉靖帝追封自己的父亲兴献王为兴献帝，皇上的祖母、宪宗的贵妃邵氏为皇太后，皇上的母亲为兴献后。

【清除弊政，处置佞臣】

明世宗朱厚熜在登基初期，确实是有所作为的，他打击了旧朝臣和皇族贵族的旧势力，把内外大政总揽于一身，皇权达到了高度集中的程度。并且，他非常重视内阁的作用，注意裁减宦官的权力，集中皇帝势力，扩大控制范围。

世宗朱厚熜采取了一些振兴纲纪的改革措施。例如在苛捐杂税方面，他赐免全国第二年一半的田租，还下令退还一些被侵占的民田，老百姓感动不已，以为遇上了英明神武的君王。

在赈灾方面，他下令赈济了江西与辽东等地的饥荒。因为南京地区、浙江、江西、湖广、四川大旱，世宗朱厚熜下诏令，要求官员尽快讨论救荒的政策，并落实救荒任务。嘉靖二年（1323）春季正月，明世宗朱厚熜组织人员在南郊祭祀天地，祈求雨水，福佑黎民百姓。四月，灾情尤其严重，他敕令各位大臣一定要修身反省，为什么灾情会如此严重，百姓如此受难。六月，因为灾荒原因，其再次下令免征嘉靖元年全国一半的税粮。嘉靖三年（1524）春季正月，南北二京、河南、山东、陕西同时发生地震。三月，世宗朱厚熜下令赈济淮扬和河南的饥荒。

世宗朱厚熜对待禽兽也比较仁慈，例如他下令释放内苑的众多禽兽，并明文规定全国不能再进贡禽兽，违纪者严惩不贷！

政治上，他除弊政，招纳贤士，如抚恤、录用正德年间被废除的众大臣，梁储被罢官。任命吏部侍郎袁宗皋为礼部尚书兼文渊阁大学士，参与机要事务。征召费宏重新进入内阁。命令礼部大臣集体商议给兴献王的封号问题。钱宁、江

剔红四真图方斗杯·明嘉靖

彬伏法被杀。又命令各边镇的巡按御史每三年检查一次军兵、马匹和器械情况。汰除军校匠役十万余人，开创了嘉靖年间的"新政"时期，得到朝野上下的拥护。

【崇尚道教，迷信丹药】

世宗朱厚熜的父母崇尚道教，这对他产生了影响。因受母亲影响，世宗朱厚熜从十六岁始就开始喜欢上道教的斋醮活动（建坛向神祈福的活动），一生乐此不疲。当上皇帝以后，采纳大臣建议撤除京城佛寺，遣散僧人，停止斋祀。但从嘉靖二年（1523）起，世宗朱厚熜又令建醮祷祀，以后更是好求长生，日夜不绝。世宗朱厚熜的斋醮活动开始受到群臣的关注与劝谏。可是，此时杨廷和已辞官归里，朝中再没有有威望的大臣能出来劝止。而敢于进言劝谏者则会落得"削职为民，枷禁狱中，重则当场杖死"的下场。

相反，为博世宗的欢心，以换取地位与权力，不少大臣绞尽脑汁地迎合世宗的癖好，其中有一位名叫顾鼎臣的，因进献了几首有关斋醮方面的诗词，大受褒奖，多次升迁官职。

此外，世宗还迷信丹药方术，派人到全国各地收集灵芝，制作丹药，还经常吞服道士们炼制的丹药。道士们利用世宗祈求长生不老的心态，对他百般愚弄，谋求官职。如方士王金、刘文彬等人假冒伪造长生不老秘籍以及丹药制作之术，得以加官晋爵。

有一次，一个预谋已久的道士，花重金收买了世宗身边的太监，让他晚上偷偷将桃子放进宫中，第二天，却装模作样对世宗说："此乃从天宫掉下来的仙桃，为仙人所赐，吃后能长生不老。"这位道士也得到了世宗的重赏。

更有道士蒙骗世宗，告诉他虐待童女可炼取长生丹药，造成后宫人心惶恐，直接导致宫女企图杀君的"壬寅宫变"。

【壬寅宫变】

嘉靖年间，世宗住在乾清宫，为了实现长生不老的愿望，总是借选秀女之名把一些十岁至十三岁的女孩招进宫里，臣民妻妾或者宫女他可以随便霸占，宫女的人身安全很难保证。并且宫女们每天清晨必须采集甘露以制作丹药，实现嘉靖帝长生不老之梦，因此一百多名宫女被累倒，终于，备受折磨的宫女们不堪忍受，密谋要把这个残暴的皇帝勒死。

嘉靖二十一年（1542），正当世宗在乾清宫西暖阁熟睡，宫女杨金英领着两名妃子和十几个宫女，溜进皇帝的寝宫。有的蒙面，有的拉胳臂，有的按腿，另几个把绳子套在世宗的脖子上使劲勒，一心想将其致死。不幸的是，因为一时慌乱，绳子结成死扣，无法勒紧，世宗被勒得气绝但没有死。两名妃子一看大事不妙，就扔下了其他宫女，向皇后报告，以为这样可以得到宽恕。皇后立即带人前往乾清宫，最后救下了差点走进鬼门关的嘉靖帝。世宗事后大为震怒，将十几名宫女及打报告的妃子截断四肢，割断咽喉，凌迟处死。其他含冤致死者多达百余人。

这就是历史上罕见的宫女弑君的"壬寅宫变"，也因此事，世宗搬出了乾清宫，住在西苑宫，一心修玄。但是值得一提的是，此次宫变并没有让世宗放弃方术，反之，宫变后，世宗认为正是神灵庇佑才得以大难不死，因此比以前更痴迷于丹药方术。从此他终日修道以求长生，至死不渝。

由于世宗痴迷于道教及方术，小人也乘机当道，朝廷上下政治昏乱。

【小人当道，政治昏乱】

自"大礼议"政治事件之后，世宗朱厚熜便日渐腐朽，不但一改当政初期的雷厉风行，而且滥用民力、铺张浪费、大力兴建，更重要的是迷信方士，尊尚道教，制造丹药，以求长生不老之术，宫中遍设坛场。嘉靖二十一年（1542），他更移居西苑，一心修道，只求长生，不多过问朝政，直接导致首辅严嵩操纵朝政二十年。

严嵩等小人当道期间，对内吞没军饷，政治腐败不堪；对外，边疆告急，倭寇频繁侵扰东南沿海地区，造成极大破坏。直到嘉靖末年，在谭纶、戚继光、俞大猷等为数不多的贤人志士的奋勇反抗下，倭寇形势才趋于缓和。但在长城以北，蒙古鞑靼部首领俺答汗仍然不断侵犯，嘉靖二十九年（1550），他们甚至发兵到达北京城下，大肆掠夺，国家安全岌岌可危。

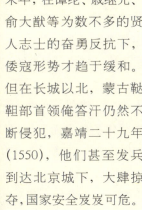

🔴 宫中图·明

杜堇绘，描绘了后宫之中嫔妃们的日常生活。她们或自弹自唱，或听乐人演奏，或由画师对人写照，或以蹴鞠、槌球为乐……全卷人物众多，场面宏大，堪称巨制。可谓是宫中生活的百态图。

在用人上，随意残杀贤士，如主张收复河套的内阁首辅夏言、总督曾铣，抗倭有功的巡抚朱纨、总督张经，均先后被害。而规劝君德的太仆寺卿杨最、弹劾严嵩的兵部员外郎杨继盛亦被杀。嘉靖四十五年（1556）二月，户部主事海瑞上《治安疏》，世宗朱厚熜怒不可遏，下诏把海瑞打入大牢。

嘉靖四十五年（1566）十二月十四日，朱厚熜死于乾清宫，享年六十岁。庙号世宗，埋葬在北京昌平永陵。

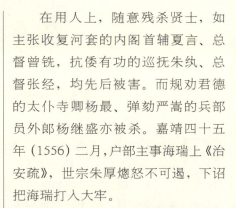

论赞

赞曰：世宗登基初期，大力铲除一切弊政，打击朝臣及皇族，削弱皇亲势力，总揽内政大权，使得皇权高度集中，天下安定。但却因为"大礼议"的事件，使得群臣斗争，舆论沸腾，佞幸之臣假冒伪托，于是兴起大狱。至于天性至情，君亲大义，为父追尊号立庙堂，也是合乎礼义的。然而升堂祔祭于太庙，而将其置于武宗之上，岂不是过分？那时纷乱多事，将士疲于边事，内有贼人讧乱，而他却崇尚道教，享祀不按常规，大兴建筑，使库藏空虚，百余年富庶太平的基业，因而逐渐衰退。虽然他除掉权奸，掌握了权柄，终究也只是中等之才的君主罢了。

白话精编二十四史 第十卷

神宗本纪

明 神宗朱翊钧，一位颇具传奇色彩的皇帝。他变本加厉地报复一心教导他、辅助他的张居正；长达三十年时间不上朝，大臣们见都见不到；他指挥有力，几乎同时打赢三场战争。本来他可以利用自己四十八年在位的大好时光，充分施展自己的才能，挽回大明朝的颓势，做一位有为的中兴之主。结果反倒自己竭力敛财，放纵大臣党争，将本已奄奄一息的大明彻底拉向深渊。他的身上有无数的谜团。

【少小即帝位】

神宗名翊钧，他是明穆宗的第三个儿子，母亲是李贵妃。隆庆二年（1568），六岁的他被立为皇太子。朱翊钧少年聪慧，他的父亲穆宗有一次在宫里面骑马，他就劝穆宗说："陛下您是全天下的主人，自己骑马奔驰，一定要小心啊。"穆宗听了很是高兴，下马奖赏了他。陈皇后生病居住在别的宫殿里，他每天跟着自己的生母李贵妃到陈皇后那里伺候起居。到了后来，陈皇后一听到他的脚步声就高兴了，强撑着爬起来。每次陈皇后拿来书本考问他的学业，他都能对答如流，李贵妃也很高兴。由于他的关系，陈皇后和李贵妃的关系十分和谐。穆宗追求享乐，把朝政全部交给了他的师傅张居正。在位仅仅六年，穆宗驾崩。同年，朱翊钧即位，将第二年改元为万历元年，就是明神宗。

即位不久，万历元年（1573），

神宗朱翊钧尊自己的嫡母即陈皇后为"仁圣皇太后"，尊自己的生母李贵妃为"慈圣皇太后"。不管是在学业上还是在生活上，李贵妃对小皇帝的要求都十分严格。神宗朱翊钧十分尊敬她，改变过去皇帝生母只称"徽号加太后"的惯例，为李氏加"皇"字，称"慈圣皇太后"。但是神宗朱翊钧对嫡母也一视同仁，很有孝心。所以当时有人称神宗非常孝顺，算得上古今帝王中少见的。慈圣皇太后即李贵妃并没有因"母以子贵"就翘起尾巴，对仁圣皇太后依然非常恭敬。

穆宗去世之前，把自己年幼的皇太子和朝政托付给了四个人，他们分别是三位内阁大学士高拱、张居正、高仪和司礼监秉笔太监兼提督东厂冯保。但是，冯保和高拱有过节，两人关系非常恶劣。万历元年（1573），内阁首辅和内宫首领太监开始你死我活的政治斗争。先是在高拱的授意下，

明神宗朱翊钧

(1563 ～ 1620)，年号万历。万历朝可以分为明显的两个阶段：万历在位前十年，一切军政大事交由张居正主持裁决，实行了一系列改革措施，使社会经济有很大的发展。后期三十年不上朝，派宦官以勘矿、采矿为名去江南搜刮，政治腐败，为明埋下了灭亡的种子。

朝中大臣开始弹劾冯保。张居正作为内阁大学士，本应该站在文臣这一方，但实际上，张居正与冯保关系非常密切，早就预谋赶走高拱了。高拱这个人自信得有些骄傲，性格直爽得有些粗鲁，言语经常不慎，曾经说过"十岁的太子怎么能够治理天下"的话。冯保就用这句话作为炮弹，罢黜了高拱，并把他赶出了京城。大学士高仪既吃惊又害怕，吐血三日，不治身亡。内阁三位顾命大臣就只剩下张居正一个人，担当辅佐小皇帝的重任。

【万历新政】

在万历初期，内阁的张居正在外，内廷的冯保在内，两人一起实行了一系列有效的新政，改革朝政弊端，裁汰冗员，削减开支，改善国家财政，明朝风气为之一清。万历元年（1573）三月，下诏朝廷官员举荐能够为将的人才；十一月，命令各部官员订立办事的期限，以防止政事拖沓；万历二年（1574）正月，小皇帝亲自召见来京师朝觐的清廉、能干的官员，以示嘉奖鼓励；万历三年（1575）二月，下诏说南京的官员职务清闲简单，不需要所有的官位都安排人来担任，诸如此类。有一次，万历小皇帝想搞元宵灯火，张居正就说："将灯挂一些在殿上，就可以尽兴了。就不要再搞什么灯棚了。接下来几年还有很多事都要花很多钱，老百姓的钱不多，还是要节省一点。"小皇帝就听从了他。万历二年（1574）起，皇帝就下诏不再举办元宵的灯火。小皇帝对于张居正，也是非常的尊敬，从来都是称呼他为"先生"，连以皇帝名义所下的诏令，都用"元辅"来专指张居正。小皇帝十分倚重张居正，张居正因父母去世按规定应当"丁忧"，万历皇帝"夺情起复"，还让他来做首辅。朝廷有官员弹劾张居正，他也从来不听。万历二年（1574），辽东巡按御史刘台就因为批评议论张居正被抓到监狱，削职为民。万历五年（1578）十月，因为批评议论张居正"夺情"，编修吴中行、检讨赵用贤、员外郎艾穆、主事沈思孝被杖责，不仅丢了官，而且被贬去守卫边关。进士邹元标也被杖责发配戍边。也就是因为"夺情起复"这件事，过于倨傲的张居正得罪了很多正直的朝廷官员。

万历七年（1579），在张居正一手主导下，神宗朱翊钧下诏毁掉全国所有书院。明朝本有办书院的传统，到处有书院讲学，因为这一政策，全国书院约六十四处被毁。张居正的理由是反对空谈，并且反对以讲学为名牟利，真正的原因是书院议论朝政。这件事也使得张居正受到批评。等到张居正晚年，行事越发嚣张，开始为自己谋取私利。他的几个儿子依靠他的权势，先后成为进士。他也收受贿赂，还经常向大太监冯保赠送大笔财物。

【清算张居正】

万历六年（1578），神宗朱翊钧大婚，娶了皇后王氏。万历十年（1582），神宗朱翊钧已经二十岁，开始亲政，这一年，张居正因病去世。

令人意想不到的是，神宗朱翊钧一旦手握大权，首先就是清算冯保和张居正。万历十年（1582），江西道御史李植上疏弹劾冯保十二大罪状。冯保，深州（今河北省深县）人，是明代一个颇有争议的"太监政治家"。他嘉靖年间就进入皇宫，历经嘉靖、隆庆、万历三朝。他因为书法出众而被明世宗朱厚熜赏识，提拔为秉笔太监，到了万历朝，他又凭借与神宗朱翊钧的特殊关系（大伴）提督东厂。他聪明颖悟，又能够通权达变，在万历初期实施新政时，坚定支持张居正。在年幼的神宗朱翊钧面前，他既是一名忠诚的仆人，又是一位严格的老师。神宗朱翊钧年幼，偶尔会有调皮、不守规矩的时候，他和张居正从来都不会随便放过皇帝，动辄会禀告皇太后李氏，皇帝经常会因此受到惩罚。神宗朱翊钧十八岁那年，有一次醉酒调戏宫女。冯保向李太后告状。太后非常恼怒，差点要废掉神宗朱翊钧的帝位，之后又命张居正上疏严厉

金丝翼善冠

1957年于定陵万历皇帝头侧的一个圆盒内发现，现为定陵博物馆藏。此冠虽属于皇帝常服冠戴，但制作工艺技巧登峰造极，达到了炉火纯青的地步。

劝谏，并替皇帝起草"罪己诏"，还惩罚他在慈宁宫跪了长达六个小时。神宗朱翊钧从此对冯保、张居正又恨又怕。现在皇帝掌权，自然就要变本加厉地报复他们了。冯保本来就有些擅权，还贪财。皇帝就把他贬官、抄家。万历十一年（1583），神宗朱翊钧革去了张居正的官职。万历十二年（1584）四月，抄家充公。八月，把张居正的罪行昭告天下，还把他的家人全都贬到边关守卫边境。神宗朱翊钧如此报复自己的恩师、顾命大臣，除了因张居正对他过于严苛外，张居正自身也存在缺点。他过度自信，刚愎自用，经常不顾皇帝的颜面。此外，他施政期间，正直从事，得罪了很多人。加上因为他"夺情"的事情，很多大臣受到责罚，皇帝开始清算他的时候，也就没多少人帮他说话。一代名相，最后下场极其悲惨。

万历皇帝亲政后，将张居正在万历初年的新政全部废除，刚刚中兴的大明朝至此颓败的大势已经不可扭转。

【荒唐皇帝】

张居正之后的首辅大学士分别为张四维、申时行。两位首辅吸取张居正的教训，一面讨好皇帝，一面又和朝廷里的文官搞好关系。就是在申时行的任上，明朝开创了两项很恶劣的先例——章奏留中和进呈经筵讲义。章奏留中，就是皇帝对于大臣们送上来的奏疏不予理睬，放在宫中，既不批示，也不发还。万历十五年（1587）十月，申时行向皇帝请求实施章奏留中、进呈经筵讲义，使得皇帝不需要参加经筵，只需要阅读经筵讲官们的讲义。这两件惯例的形成，彻底地切断了皇帝与大臣们交流的渠道。万历十七年（1589）三月，皇帝停止了升迁官员和新官员的朝拜仪式，自此开始上朝越来越少。万历十九年（1591）四月，皇帝最后一次去太庙祭祖，之后全部都由别人代替祭祀。皇帝自此"三十年不上朝"。之后，臣子们多次劝谏，请求皇帝要上朝，要接见臣子，都没有得到皇帝的回应。例如，万历四十年（1612）四月，南京各道御史上报："御史台和各衙门人手不足，各项事务严重拖延，皇上您在深宫里居住二十多年，从来都不接见大臣，国家马上就要有大灾难。"这个上疏不仅说明了万历皇帝二十多年不见大臣，同时也点出了万历后期官员极度匮乏的危机。明朝皇帝大权独揽，没有皇帝的许可，官员补录、升迁、丁忧等各项事宜都无法展开。但是呈给万历的奏章经常留中不发，工作也无法进行。万历后期，朝廷党争也日益严重，官僚队伍党派林立，门户之争日盛一日，互相倾轧。

神宗朱翊钧敛财的能力在皇帝中绝对堪称一流。他在亲政以后，把查抄来的冯保、张居正的家产，全部搬入宫中归自己支配。万历十六年（1588）八月，他从太仓银库中拿走二十万作为自己到皇陵祭拜的花销。二十七年（1599）闰四月，他用皇子们要结婚的名义，又从太仓库中提取白银二千四百万两，国库因此缺钱告急。二十四年（1597）七月，他开始派出太监四处开矿，十月又派出监税的太监，到全国各地搜括钱财。后来发展到派太监采珍珠、从沿海贸易中收税、从盐务中收税。老百姓对此怨气冲天。万历末年，派到各地的矿监、税监经常被老百姓打杀。万历三十八年（1610），皇帝因为军饷不足，让朝廷大臣们想主意充实国库，但就是不想从自己的内库里出钱。

【万历三大征】

　　万历皇帝除了自大之外，还有朝纲独断的心态。他亲自布置了"万历三大征"。万历三大征，指在东北、西北、西南边疆几乎同时开展的三次军事行动：平定哱拜叛乱、援朝战争、平定杨应龙叛变。

　　哱拜原是蒙古鞑靼部人，嘉靖年间投降明朝，后来官至宁夏副总兵。万历十七年（1589），哱拜退休。哱拜私下里招募了一批人，组成一支军队，图谋造反。万历二十年（1592）二月，哱拜起兵造反，杀掉了宁夏巡抚党馨、副使石继芳，企图占据宁夏（今宁夏银川），自己建立一个割据政权。明朝总督军务兵部尚书魏学曾出兵平叛。皇帝一方面命叶梦熊赶赴宁夏（今宁夏银川），一方面命李如松出征。六月，宁夏

平藩得胜图·明

系由明初朱元璋外甥李文忠的后代保存，称"岐阳王世家文物"，是一卷描绘万历年间平定西北叛乱的历史画卷。

城外已经有魏学曾、叶梦熊、李如松等数支大明的军队。但是，负责统一调度的魏学曾对叛贼束手无策，反而极力主张朝廷招安。七月，皇帝果断地用叶梦熊取代了魏学曾，将魏学曾逮回京城，并直接下令："决开黄河，用水淹没宁夏城，不能再犹豫不决。"于是，叶梦熊先是围着城池筑了一道长堤，将宁夏城围得水泄不通，然后掘开黄河大堤，向宁夏城灌水。八月，宁夏城中粮食不足，同时，李如松也击败了从河套来援的蒙古骑兵。九月，明军用离间计使敌人互相残杀，叛军投降。九月十八日，明军进城，宁夏平定。

就在平定宁夏叛贼的万历二十年（1592），明军又进行了援朝之战。七月，皇帝派副总兵祖承训率军援朝鲜，与入侵朝鲜的日军在平壤交战，结果战败。八月，皇帝又委任兵部右侍郎宋应昌负责与日军交战的所有军务。十月，派李如松总管四省军务，担任防海御倭总兵官，援救朝鲜。明军先胜后败，最后双方议和。万历二十二年（1594）十二月，明朝和日本方面互遣使节，明朝册封丰臣秀吉为日本国王。然而，万历二十四年（1596）十二月，日本不遵守当初议和的条款，再次发动侵朝战争。这次战争一直打到万历二十六年（1598）十二月，大明最终把日军从朝鲜赶走。这一次援朝之战，虽然耗损巨大，但确保了明代的海防与东北边疆安宁。万历二十七年（1599），神宗朱翊钧又平

定了杨应龙的叛乱，稳定了四川、云南、贵州等地，保住了西南版图。

万历四十八年（1620），朱翊钧病逝，享年五十八岁，尊谥"范天合道哲肃敦简光文章武安仁止孝显皇帝"，庙号神宗，十月葬在定陵。

论赞

赞曰：神宗皇帝年纪很小的时候就登基为帝，初期张居正辅助朝政，实行新政，整顿吏治，充实国库，国家的实力已经接近富强。但神宗皇帝亲政后全部改回原来的政策，自己常年待在皇宫里，不出来见大臣也不上朝，朝廷的纲常纪律废弛，皇帝和臣子之间见不到面，于是就有小人趋炎附势、互相结党营私，与那些保持名节的大臣互相争斗，党争严重，奸党横行。朝廷里的正直之士也没有深谋远虑地从根本上去打击奸党，只是因意气之争互相攻击。以致到最后皇帝对大臣们也心存怀疑，任用的既有奸臣也有贤臣。国家因此衰弱，陷于不可挽救的地步。所以论者认为，明朝的灭亡其实是亡于神宗皇帝。光宗早就以德行天下闻名，人们都指望他中兴，结果在位一个月就病故，什么措施都还没来得及实行，党争却越来越严重，不能不说是一种悲哀啊。

熹宗本纪

明 熹宗朱由校，是明光宗的长子，在位仅仅七年。这七年时间可以说是明朝后期最黑暗七年。朋党之争推演到了极致，阉寺专权也到达了极致。虽然政治的动荡不安原因很多，但是对于熹宗来说，他并不能承担过多的责任，作为错失了教育的顽童，他并非是一个恶人，造成政治动荡的总根子不在他这里。《熹宗本纪》可以说是熹宗一生的真实写照，是这一时期政治大事的真实反映。

▶【熹宗即位，移宫案发】

熹宗，名由校，是明光宗的长子，母亲是王选侍。熹宗生于万历三十三年（1605）十一月，当时明神宗因为长孙出生，曾经发布诏书向全国宣告。

万历四十八年（1620），神宗驾崩，遗诏中要求及时册立皇长孙，还未实行。九月初一，光宗驾崩，遗诏命令皇长子继承帝位。群臣哭奠光宗仪式结束后，在寝门拜见皇长子朱由校，迎接到文华殿行叩拜大礼，然后朱由校回到慈庆宫居住。初二，颁布光宗遗诏。当时李选侍住在乾清宫，吏部尚书周嘉谟等人以及御史左光斗上疏请求李选侍迁出乾清宫，御史王安舜上疏声讨李可灼给光宗进药的失误，"红丸"、"移宫"两案开始浮出水面。初五，李选侍移居仁寿殿。初六，朱由校即皇帝位，发布大赦诏书，以明年

（1621）为天启元年。十五日，诏书将这一年八月以后改称泰昌元年。十七日，逮捕辽东总兵官李如柏。二十日，熹宗下诏荫封太监魏进忠的哥哥为锦衣卫千户；乳母客氏为奉圣夫人，并让她的儿子做官。十月初三，神宗及其皇后合葬于定陵。初五，辽东巡抚都御史袁应泰任兵部侍郎，经略辽东军事。十九日，礼部尚书孙如游兼任东阁大学士，参与内阁事务。十一月初三，追谥嫡母为孝元贞皇后，生母为孝和皇太后。

▶【辽东吃紧，叛乱四起】

天启元年正月初八，拜祭太庙。三十日，御史王心一上疏请求废除客氏的香火费和田产以及魏进忠监督光宗陵园工程的功劳，不予批复。二月初二，言官上疏请求恢复在朝廷上口头上奏和召群臣商讨政事的

典礼，熹宗同意执行。三月十三日，清军攻占沈阳，总兵官尤世功、贺世贤战死。总兵官陈策、童仲揆、戚金、张名世率军支援，和清军在浑河交战，全军覆没。二十日，清军攻占辽阳，经略袁应泰等人战死，巡按御史张铨被俘，不屈服被杀害。二十五日，京城戒严。

四月初五，任命辽东巡抚佥都御史薛国用为兵部侍郎，经略辽东；参议王化贞任右佥都御史，巡抚广宁。初七，在通州、天津、宣府、大同招兵。二十三日，在陕西、河南、山西、浙江招兵。五月二十日，陕西都指挥陈愚直率领固原兵入援京城，军队在临洺（今属河北）溃散。没过几天，宁夏入援京城的部队也在三河（今属河北）溃散。六月初六，任命朱国祚进入内阁，任命熊廷弼为兵部尚书兼右副都御史，经略辽东。十一日，任命兵部尚书王象乾总督蓟辽军务。

八月初七，升任参将毛文龙为副总兵，驻守镇江城（今属辽宁）。九月初四，安葬光宗于庆陵。十七日，永宁宣抚使奢崇明起兵造反，杀害了巡抚徐可求，占据重庆，并派兵攻占了合江、纳溪、泸州。二十九日，奢崇明攻占兴文县，县令张振德战死。十月初一，御史周宗建上疏要求客氏出居宫外，没有听从。给事中倪思辉、朱钦相等人相继上疏说这件事，都被贬官外地。十月十八日，奢崇明包围成都，布政使朱燮元固守成都。不久提升朱燮元为佥都御史，巡抚四川。

石砫宣抚使女土官秦良玉起兵讨伐奢崇明。十二月初十，任命都御史河南巡抚张我续为兵部侍郎，提督四川贵州军务。命令陕西巡抚移驻汉中，郧阳巡抚移驻夷陵。湖广的官军由巫峡进军忠州、涪州讨伐奢崇明。

天启二年（1622）正月十一，延绥总兵官杜文焕、四川总兵官杨愈懋率军讨伐永宁叛军。二十一日，清军攻占西平堡，副将罗一贵战死，镇武营总兵官刘渠、祁秉忠在平阳桥和清军遭遇，全军覆没。王化贞逃到闾阳，和熊廷弼一同撤进山海关。参政高邦佐留守松山，战死。二十七日，兵部尚书张鹤鸣巡视辽东军队。二十九日，京城戒严。河套部落进犯延绥，永宁叛军将领罗乾象与官兵商议投降，并且和官兵一同攻打叛军，成都解围。二月初七，水西土同知安邦彦举兵造反，攻占了毕节、安顺、平坝、沾益、龙里，进围贵阳，巡抚都御史李枟、巡按御史史永安固守贵阳。二月十二日，免除天下加收的钱粮赋税两年，并免除北直隶的加派。任命礼部右侍郎孙承宗为兵部尚书兼东阁大学士，参与机务。三月初八，命阳武侯薛濂管理募兵事宜；任命兵部侍郎王在晋为尚书兼右副都御史，经略辽东、蓟州、天津、登州、莱州军务。二十一日，敕令湖广、云南、广西官军支援贵州。

五月二十八日，秦良玉、杜文焕在佛图关打败奢崇明叛军，官军合围重庆，收复该城。六月初四，徐鸿儒攻占邹县、滕县，滕县知县姬文胤战死。加封毛文龙为总兵官。任命贵州总兵官张彦芳为平蛮总兵官，跟从巡抚都御史王三善讨伐水西叛军。初五，前任总兵官杨肇基、游击陈九德率兵讨伐山东白莲教。七月初十，松潘副使李忠臣会同总兵官杨愈懋图谋收复永宁，没有成功，全部战死。奢崇明叛军进攻大坝，游击龚万禄战死，接着攻占遵义。八月十七，孙承宗以原任官职督理山海关及蓟州、辽东、天津、登州、莱州军务。九月初一，光宗神主祔入太庙。初九，册封皇弟由检为信王，停止用刑，十二月初八，王三善、副总兵刘超在龙里打败水西叛军，贵阳解围。

【魏阉专权，祸连士绅】

天启三年（1623）正月十八，礼部侍郎朱国祯，尚书顾秉谦，侍郎朱延禧、魏广微，同时授予礼部尚书兼东阁大学士，参预机务。二十四日，荷兰人占领澎湖。贵州官军三路进讨水西叛军，副总兵刘超在陆广河战败。二月二十五日，追赠慰问邹县死难博士孟承光以及他的母亲孔氏和儿子孟弘略。五月十二日，四川官军在永宁打败叛军，奢崇明逃往红崖。七月初四，奢崇明逃往龙场，与安邦彦会合。九月初六，给事中陈良训上疏陈述"防微四事"，被逮往镇抚司监狱。十一月，王三善讨伐水西叛军，屡次获胜，进军大方。十二月二十五日，任命魏忠贤总督东厂。

天启四年（1624）正月初十，王

三善从大方回军途中遇到埋伏，被俘后遭到杀害，其余将官全部阵亡。二月十三，蓟州、永平、山海关发生地震，城墙民居遭到破坏。三十日，京城地震，宫殿动摇，发出声响。熹宗生病。三月初三，熹宗病愈。这一月，京城多次发生余震。六月十一日，左副都御史杨涟弹劾魏忠贤二十四条大罪，南京、北京各位大臣相继弹劾魏忠贤，熹宗全不采纳。十四日，天降大冰雹。工部郎中万爆被杖杀，御史林汝翥被逮捕杖责。十月，吏部侍郎陈于廷、副都御史杨涟、佥都御史左光斗被革职。十二月初一，内阁中书汪文言被逮捕，并投入镇抚司监狱。

天启五年（1625）正月十四日，清军占领旅顺。二十九日，因为庆陵竣工，给予魏忠贤等人封赏。三月二十九日，审理汪文言一案，逮捕杨涟、左光斗、袁化中、魏大中、周朝瑞、顾大章，罢免尚书赵南星等人。不久，杨涟等人被逮至北京，投入镇抚司监狱，相继死于狱中。五月十六日，给事中杨所修请求把"梃击"、"红丸"、"移宫"三案编次成书，熹宗采纳了他的意见。七月十六日，拆毁首善书院。二十六日，韩爌革职。二十八日，追究万历三十九年、四十五年、天启三年三次京察，尚书李三才、顾宪成等被革职。八月初六，拆毁天下东林讲学书院。尚书孙慎行等人被革职。十二日，礼部尚书周如磐兼任东阁大学士，侍郎丁绍轼、黄立极任礼部尚书，少詹事冯铨任礼部右侍郎，并兼任东阁大学士，参预机务。二十六日，熊廷弼弃市，传首九边。九月初七，辽东副总兵鲁之甲在柳河战败阵亡。十月初四，任命兵部尚书高第经略辽、蓟、登、莱、天津军务。二十一日，逮捕中书舍人吴怀贤投入镇抚司监狱，后被杖杀。十二月十一日，榜示东林党人姓名，颁布天下。十四日，前尚书赵南星戍边。

【国事日非，熹宗驾崩】

天启六年（1626）春，正月十四日，命令编著《三朝要典》。二十三日，清军围攻宁远，总兵官满桂、宁前道参政袁崇焕固守。二十五日，宁远解围。二月初二，任命袁崇焕为佥都御史，专理军务，仍驻守宁远。二十五日，因为苏杭织造太监李实的奏疏，逮捕前应天巡抚周起元、吏部主事周顺昌、左都御史高攀龙、谕德缪昌期和御史李应升、周宗建、黄尊素。高攀龙投水自杀。将周起元等人投入镇抚司监狱，他们相继死在狱中。三月初四，设置各边镇监军太监。太监刘应坤镇守山海关，大学士丁绍轼、兵部尚书王永光等人对此事屡次进谏，未被采纳。因赏赐宁远解围的功劳，封魏忠贤侄子魏良卿为肃宁伯。初九，任命袁崇焕巡抚辽东、山海关。四月初五，命令南京守备太监搜括应天各府贮存的库银，充当宫殿工程经费、兵饷。五月初七，北京王恭厂发生火灾，死者很多。六月初五，京城地震，灵丘连月地震。二十日，《三朝要典》编

撰完成，刊布中外。闰六月初一，浙江巡抚佥都御史潘汝桢请求为魏忠贤建生祠，熹宗允许。此后魏忠贤生祠几乎遍布全国。七月十一，前扬州知府刘铎被投入监狱，遭到杀害。十六日，任命礼部侍郎施凤来、张瑞图，詹事李国㮾，皆为礼部尚书兼任东阁大学士，参预机务。九月二十三日，皇极殿成，停刑。三十日，魏良卿进封肃宁侯。十月初九，魏忠贤进爵上公，封魏良卿为宁国公，赐予诰命券书，加赐庄田一千顷。十四日，修改《光宗实录》。

天启七年（1627）正月初七，命令太监涂文辅总督太仓银库、节慎库，任命崔文升、李明道提督漕运河道，核查京师、通州各处粮仓。五月初四，监生陆万龄请求在太学旁边建魏忠贤生祠，祭祀的典礼和孔子一样，允许。十一日，清军围攻锦州。二十八日，清军攻宁远。六月初五，锦州解围。七月初一，熹宗生病。初二，罢免袁崇焕。十五日，封魏忠贤孙鹏翼为安平伯。十八日，孙慎行戍边。八月初三，加封魏良卿太师，魏鹏翼少师。十二日，熹宗在乾清宫召见阁部、科道诸臣，告诉他们魏忠贤、王体乾的忠贞，认为他们可以谋划大事。封魏忠贤侄子良栋为东安侯。二十一日，熹宗病重。二十二日，熹宗驾崩于乾清宫，时年二十三岁。遗诏以皇五弟信王由检继承皇帝位。十月初七，上尊谥，庙号熹宗，安葬在德陵。

庄烈帝本纪

朱由检，明王朝的最后一个皇帝，清代追谥为庄烈帝，南明弘光朝追谥为思宗，又改为毅宗。由于《明史》是清代编撰，因此他的本纪被称为《庄烈帝本纪》。朱由检的一生从《明史》中看，可以说充满了悲剧色彩，他的是非功过充满争议，是中国历史上最具悲剧色彩的皇帝之一，"无力回天"这四个字，可以概括崇祯帝的一生。

▶【临危受命，清除阉党】

庄烈愍皇帝朱由检，是光宗第五子，生于万历三十八年（1610）十二月。他的母亲刘贤妃，早已去世。天启二年（1622），朱由检被封为信王。天启六年（1626）十一月，出宫居住在信王府。

天启七年（1627）八月，熹宗病危，召信王朱由检入宫，接受遗命。二十四日，朱由检即位。大赦天下，以第二年为崇祯元年。九月二十一日，追封生母刘贤妃为孝纯皇后。二十四日，停止用刑。二十七日，册封妃子周氏为皇后。十月初一，祭享太庙。二十日，南京地震。十一月初一，将魏忠贤安置于凤阳。初五，撤回各边镇

镇守太监。初六，魏忠贤上吊自杀。初十，释放天启年间被逮捕处死的各位大臣的家属。十二月，前南京吏部侍郎钱龙锡、礼部侍郎李标、礼部尚书来宗道、吏部侍郎杨景辰、礼部侍郎周道登、少詹事刘鸿训全部担任礼部尚书兼东阁大学士，参与机要事务。诛杀魏良卿、客氏子侯国兴。崇祯元年（1628）正月十九日，下诏太监非奉命不得跨出禁门。

二十日，尊封熹宗

❂ 明思宗朱由检

（1610 ～ 1644）思宗朱由检治国、救国的责任感与雄心，让他成为历史上最勤政的皇帝，故史家对于思宗普遍抱有同情，但因矛盾丛集、积弊深重，朱由检性刚愎自用，急躁多疑，又急于求成，因此在朝政中屡铸大错，终于无力回天。

皇后张氏为懿安皇后。二十四日，戮魏忠贤及其同伙崔呈秀尸。二月初三，禁止奏章杂乱冗长。二十五日，禁止群臣与太监勾结。

四月初三，任命袁崇焕为兵部尚书，总督蓟、辽军务。五月初十，烧毁《三朝要典》。二十五日，恢复地方官长久任职及推举连坐的法律，禁止官吏私下摊派。六月，革魏忠贤党羽冯铨、魏广微职。十三日，许显纯被诛杀。二十三日，来宗道、杨景辰退职。七月十四日，在平台召对廷臣和袁崇焕。

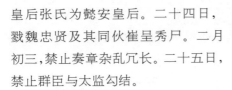

【清军入寇，自毁长城】

崇祯二年 (1629) 四月初九，裁减驿站。闰四月初八，流贼侵犯三水，游击高从龙战死。六月初五，袁崇焕在双岛杀掉了毛文龙。十月二十七日，清军攻入大安口。十一月初一，京城戒严。初四，山海关总兵官赵率教在遵化战死。初五，清军入遵化城，巡抚都御史王元雅、推官何天球等人战死。初六，总兵官满桂入京增援。初八，袁崇焕率军赴京救援，到达蓟州。初九，宣府、大同、保定兵相继赴京救援。征调全国镇巡官赴京勤王。十九日，清军逼近德胜门。二十二日，庄烈帝在平台召见袁崇焕等人，袁崇焕请求入城后休整军队，被拒绝。兵部尚书王洽被捕下狱。十二月初一，再次召见袁崇焕于平台，逮入锦衣卫狱中。初四，总兵官祖大寿兵溃败，

东出山海关。初五，孙承宗移师驻扎山海关。十七日，派太监督促满桂出战，满桂和前总兵官孙祖寿全都战死。命总兵官马世龙负责统率援军。

崇祯三年 (1630) 正月四日，清军攻陷永平，副使郑国昌、知府张凤奇等人战死。初六，掩埋暴露在京师城外战死士兵的尸体。初八，清军攻克滦州。初十，逮捕蓟辽总督都御史刘策，下狱处死。三月二十八日，流寇侵犯山西。四月二十八日，流贼攻陷蒲县。五月十二日，马世龙、祖大寿各军攻入滦州。十三日，清军向东撤退，永平、迁安、遵化相继收复。六月初五，流贼王嘉胤攻陷府谷，米脂人张献忠聚众响应。十三日，礼部尚书温体仁、吴宗达兼任东阁大学士，参与机要事务。八月十六日，杀袁崇焕。

【流贼日炽，剿抚失策】

崇祯四年 (1631) 正月初五，流贼攻陷保安。三月初九，总督陕西三边军务侍郎杨鹤在宁州招抚流贼，流贼佯装投降，不久又反叛。四月，延绥副将曹文诏在河曲攻打流贼，王嘉胤兵败而死。七月初二，总兵官王承恩在鄜州打败流贼，降服贼首上天龙。八月初二，总兵官贺虎臣在庆阳击败并斩杀刘六。十一月十七日，太监李奇茂监视陕西茶马，吴直监视登岛兵粮、海禁。文武百官联名奏书进谏，皇帝不听。二十四日，在文华殿召对

廷臣，多次询问军国事务，言语涉及内臣，皇帝说："各位大臣若是诚心做好分内之事，朕又何须这些人！"

崇祯六年（1633）正月十一日，曹文诏节制山西、陕西诸将征讨流贼。十五日，副将左良玉在涉县打败流贼，流贼逃入林县山林中，饥民争先恐后依附流贼。三月初二，命令曹文诏等将领限三个月之内平定流贼。四月初八，免除延安、庆阳、平凉新旧粮饷。三十日，太监张彝宪请求催缴拖欠赋税一千七百余万石，给事中范淑泰进谏，皇帝不听。七月十四日，清军夺取旅顺，总兵官黄龙战死。二十三日，任命曹文诏镇守大同，山西巡抚都御史许鼎臣请求留曹文诏征剿流贼，没得到允许。八月初十，曹文诏相继在济源、怀庆打败流贼。二十四日，流贼渡过黄河。二十七日，攻陷渑池。十二月，连续攻陷伊阳、卢氏，分道侵犯南阳、汝宁，逼进湖广。

崇祯七年（1634）正月初二，广鹿岛副将尚可喜向清投降。设置河南、山、陕、川、湖五省总督，以延绥巡抚陈奇瑜兼兵部侍郎任此职。三月二十四日，流贼从四川到湖广，副将杨世恩追击至石河口打败流贼。山西从去年直到本月没下雨，发生大饥荒。六月十七日，总督侍郎陈奇瑜、郧阳抚治都御史卢象升在上津会师，征剿湖广流贼。这年夏季，官军围困高迎祥、李自成于兴安车箱峡达两月之久。高迎祥、李自成因粮绝，佯装投降。陈奇瑜受降，让他们脱离险境。待高

迎祥、李自成再次反叛时，攻陷所经过的州县。张应昌从清水追击，战败。八月，分别派遣总兵官尤世威等支援。十五日，令宣大总督侍郎张宗衡节制各镇援兵。闰八月初一，流贼攻陷隆德、固原，参议陆梦龙赶赴救援，战败而死。十九日，李自成将贺人龙部围困在陇州。九月二十七日，因流贼聚集于陕西，下诏调河南兵进入潼关、华县，湖广兵进入商洛，四川兵出兴、汉，山西兵出蒲州、韩城，合力征剿李自成。这年冬天，陕西流贼分别侵犯湖广、河南，李自成攻陷陈州。

崇祯八年（1635）正月初四，李自成攻陷上蔡，连续攻陷氾水、荥阳、固始。初八，洪承畴出潼关征剿流贼。初十，张献忠攻陷颍州。十五日，攻陷凤阳，焚烧皇陵楼阁殿宇，留守朱国相等战死。不久，庐江、无为相继沦陷。李自成趋兵归德，与罗汝才又入陕西。七月，张献忠突袭朱阳关，总兵官尤世威惨遭失败。张献忠遂进入河南。八月，李自成攻克咸阳，他的将领高杰投降朝廷。二十四日，卢象升总理直隶、河南、山东、湖广、四川军务。

崇祯九年（1636）正月初八，总理侍郎卢象升、祖宽救援滁州，大败流贼于朱龙桥。二月，前副将汤九州在嵩县与流贼战斗中败死。山西大饥荒，人相残食。十日，宁夏饥荒，士兵叛变，杀巡抚都御史王楫。兵备副使丁启睿抚安平定宁夏。十六日，以武举人陈起新为给事中。三月，卢象升、祖大

乐征剿河南流贼。高迎祥、李自成分部进入陕西，余部从光化进入湖广。七月初二，内臣李国辅等分守紫荆关、倒马关。十一日，下诏各镇星夜兼程赴京勤王。十七日，清军进入昌平，巡关御史王肇坤等战死。二十日，巡抚陕西都御史孙传庭在盩厔俘虏流贼首领高迎祥，押送京师处死。九月二十日，改用卢象升总督宣府、大同、山西军务。

▶【内外交困，疲于奔命】

崇祯十年(1637)正月初一，有日食。初六，老回回诸贼直趋长江以北，张献忠、罗汝才从襄阳侵犯安庆，南京大为震动。四月初九，清军攻克皮岛，副总兵金日观力战而死，总兵官沈冬魁败走石城岛。九月十一日，左良玉在虹县打败流贼。二十六日，洪承畴在汉中打败流贼。二十八日，李自成攻陷宁羌。十月初二，李自成从七盘关进入西川。十二月二十九日，洪承畴、曹变蛟增援四川，到达广元。

崇祯十一年(1638)正月十三日，洪承畴在梓潼打败李自成，李自成回师陕西。三月，李自成从洮州出番地，被总兵官曹变蛟击败，遂再次入塞，率军到西和、礼县。四月初八，张献忠在谷城假装投降，熊文灿受降。九月，陕西、山西天旱饥荒。二十二日，清军进入墙子岭，总督蓟辽兵部侍郎吴阿衡战死。二十四日，京师戒严。十月初四，卢象升入京救援，皇帝在武英殿召见他。初五，搜括马匹。卢象升、高起潜分别督率援军。这月，洪承畴、曹变蛟大败李自成于潼关南原，李自成仅率骑兵数人逃走。十一月十日，清军攻克高阳，退职大学士孙承宗死。三十日，罢免卢象升，准其戴罪立功。十二月十二日，方逢年停职。卢象升在巨鹿兵败而死。

崇祯十二年(1639)正月初二，清军进入济南，德王朱由枢被活捉，布政使张秉文等死。四月，左良玉攻击降贼首领李万庆。初九，张献忠在谷城起兵再反，罗汝才等相继起兵响应，一举攻克房县。七月十七日，左良玉征讨张献忠，在罗猴山失败，总兵官罗岱被活捉处死。熊文灿被革职，不久被捕下狱。八月初八，下诏诛杀封疆失事巡抚都御史颜继祖，

☀ 碗口铳

明初一种小型火炮，没有瞄准具，身管短，射速慢，射程近。由于没有瞄准具，命中率较低，碗口铳主要是装备水军进行水上作战使用的。主要用于发射较大的弹丸，以击碎敌军战船的船板或舷板。

⊙辽东镇图

为明嘉靖年间墨书彩绘本。全图由 12 屏幅组成。此幅是辽东镇图。它不仅是研究明代九边地区建制地理和军事地理的实物资料，也是考察明代及其以前彩绘舆图的绘法及其特点的稀世真迹，在中国地图史上弥足珍贵。

总兵官倪宠、祖宽，内臣邓希诏、孙茂霖等三十三人，全部弃市示众。二十七日，大学士杨嗣昌率军讨贼，总督以下全部听其节制。十月初一，杨嗣昌在襄阳誓师。崇祯十三年（1640），十一月，杨嗣昌进军重庆。

崇祯十四年（1641）正月十三日，总兵官猛如虎追击张献忠于开县黄陵城，官军溃败，参将刘士杰等战死，张献忠遂挥师东下。二十日，李自成攻下河南，福王朱常洵被杀，前兵部尚书吕维祺等死。十月初一，有日食。十一月初四，李自成攻陷南阳，唐王朱聿镆遇害，总兵官猛如虎等战死。十二月，李自成连续攻陷泌川、许州、长葛、鄢陵。二十三日，李自成、罗汝才合力攻打开封，周王朱恭枵、巡抚都御史高名衡誓死拒守。

崇祯十五年（1642），二月十三日，总督陕西都御史汪乔年到达襄城，途中遇贼军，贺人龙等逃奔入关，汪乔年被围困。十七日，襄城沦陷，汪乔年被捉拿处死。十八日，清军攻克松山，洪承畴投降，巡抚都御史丘民仰、总兵官曹变蛟、王廷臣、副总兵江翥、饶勋等均死于是役。四月二十四日，李自成又包围开封。五月初一，孙传庭入关，诛杀贺人龙。初六，张献忠攻陷庐州。九月十五日，李自成决黄河堤坝灌开封城。十六日，开封城垣倒塌，淹死城民数十万人。二十二日，孙传庭率军赶赴河南。二十四日，凤阳总兵官黄得功、刘良佐在潜山大败张献忠。

【闯王入京，崇祯殉国】

崇祯十六年（1643），正月初二，李自成攻陷承天，巡抚都御史宋一鹤、留守沈寿崇等死。三月十七日，李自成杀害罗汝才，吞并其部众。二十四日，李自成攻克武冈，杀岷王朱企铮。张献忠攻陷黄州。四月四日，周延儒请求亲自率师出征，得到皇帝允许。二十八日，清军北回，与官军战于螺山，总兵官张登科、和应荐兵败，八镇兵全部溃败。六月初一，下诏减免直省残破州县三饷及一切常赋二年。十七日，逮捕范志完下狱。七月二十八日，禁止朝廷大臣私下谒见阁臣。京师从二月到本月发大瘟疫，下诏释放轻刑罪犯，发放钱币治疗疾病，掩埋五城暴露的尸体。九月二十一日，孙传庭因缺乏军粮引兵退去，李自成追击，大败孙传庭，孙传庭只好以残兵退守潼关。十月初六，李自成攻克潼关，杀督师尚书孙传庭。李自成接连攻陷华州、渭南、临潼。命令官吏用赎罪所得的财物充当军饷。十二日，李自成攻克西安，秦王朱存枢投降，巡抚都御史冯师孔、按察使黄绹等被杀死。

崇祯十七年（1644），正月初一，大风沙，凤阳发生地震。十一日，李建泰自己请求筹集军饷、带兵讨伐李自成，得到皇帝同意，二十六日，巡幸正阳门楼，为李建泰出师送行。二十七日，工部尚书范景文、礼部侍郎丘瑜同兼东阁大学士，参与机要事务。本月，张献忠攻入四川。二月初七，李自成攻陷太原，活捉晋王朱求桂，巡抚都御史蔡懋德等死。二十日，派内臣高起潜、杜勋等十人监视各边境及近畿各要害。二十三日，真定知府丘茂华杀害总督侍郎徐标，檄所属官兵投降。二十五日，李自成兵临漳德，赵王朱常澳投降。二十八日，下诏全国救援京师。命令文武百官上奏战守事宜。左都御史李邦华、右庶子李明睿请求南迁，让皇太子去江南抚慰军队，皇帝都不允许。三月初二，李自成兵至大同，总兵官姜瑰投降，

代王朱传炜遇害，巡抚都御史卫景瑗被活捉，自杀身亡。初三，李建泰上奏请求南迁。初四，皇帝在平台召见文武百官，李邦华等再次请求让皇太子去江南抚慰南京军士，没得到允许。初七，总兵官唐通入京守卫，命令他同内臣杜之秩据守居庸关。初十，太监王承恩负责京城防务。十一日，李自成到宣府，负责监视宣府的太监杜勋投降，巡抚都御史朱之冯等均死。十五日，唐通、杜之秩向李自成投降，李自成便挥师进入居庸关。十六日，攻陷昌平。十七日，李自成开始攻打京师城，京营兵士全部溃败。十八日傍晚，京师外城陷落。当天夜里，周皇后自杀。十九日拂晓，内城陷落。庄烈帝吊死在万寿山，王承恩与其一同吊死。庄烈帝死时衣襟里留有遗书，写道："我因无德，干犯天怒，降下这场大灾，然而这都是各位大臣误我。我死后无脸见祖宗，自己去掉冠帽，用头发盖住脸面。现在我的尸体任凭盗贼分裂，但不要伤害百姓一人。"大学士范景文以下死了数十人。二十八日，贼军迁庄烈帝及皇后棺材于昌平，开启田贵妃墓安葬庄烈帝及皇后。明朝到此灭亡。

太祖孝慈高皇后列传

太祖孝慈高皇后马氏，才识卓越，宽厚仁慈，在朱元璋打天下的过程中，她和朱元璋患难与共，献策献力，为大明江山的创立做出了贡献；在朱元璋治天下的过程中，她又以种种嘉言懿行，时时劝谏，避过向善，爱护百姓，庇护贤臣，真可谓是历代贤明皇后的典范。

▶【嫁于太祖，患难与共】

太祖孝慈高皇后马氏，宿州（今属安徽）人，其父马公、母郑媪，很早就去世了。他的父亲马公早年和郭子兴相交善。马公去世之后，郭子兴夫妇把马氏当成亲生女儿来养。后来，天下大乱，朱元璋投奔到郭子兴的麾下，郭子兴见他相貌不凡，作战英勇，认为他将来必有一番成就，便将马氏许配给他为妻。从此，马氏就矢志不移地跟随丈夫，协助他创立伟业，并不止一次地将其从险境中解救出来。

郭子兴曾经听信谗言，怀疑朱元璋。马氏是一个聪颖智慧之人，她知道和郭子兴闹翻并不好，于是她就善意侍奉郭子兴的妻子，郭子兴之妻便说服了郭子兴，嫌隙才得以消除。

在朱元璋打天下的艰苦岁月中，马氏总是跟着军队，南征北战。她仁慈而有智谋识见，喜好书史。朱元璋有手书笔记，就命她掌管，仓促之间也未曾忘记过。后来，朱元璋攻克太平（今安徽当涂），马氏便率领将士们的妻妾渡过长江。等到定居江宁（今属江苏南京），吴、汉边境连接，没有一天没有战事，马氏就亲自给将士们缝制衣服鞋袜以助军用。陈友谅侵犯龙湾，朱元璋率领军队抵抗，马氏则将所有的金银布帛拿出来犒劳将士，真可以说是朱元璋的贤内助啊！

▶【辅佐太祖，德才兼备】

洪武元年（1368）正月，朱元璋登基称帝，册立马氏为皇后。当初，马皇后和太祖在义军中，遭遇荒年，粮食不济，太祖又被郭氏父子猜忌，缺衣少食。马皇后便偷来烧饼，藏在怀里交给太祖，甚至将前胸都给烫伤了。她经常为太祖储备干粮，而自己却常吃不饱。等到夺取天下，太祖经常向群臣称赞皇后的贤德，将其与唐代的长孙皇后相比。退朝之后，太祖朱元璋将这件事告诉马皇后，说："我由一介布衣以至登上皇帝之位，在外靠的是功臣，在内靠的是你这位贤明的皇后。我真是感到三生有幸啊！"

听闻此言，马皇后语重心长地对太祖朱元璋说："妾听说夫妇互相保全容易，君臣互相保全很难。陛下没有忘记妾与陛下同遭贫贱，也希望不要忘记群臣和陛下共患难啊。况且妾怎么敢与长孙皇后相比。"此外，太祖朱元璋还想要访查马皇后族人封赐官爵，马皇后谢绝说："勋爵官俸私授母家，不合乎法令。"便竭力推辞，皇帝只好断了这个念头。

马皇后勤于治理，闲暇的时候就讲求古训。同时还告诫六宫，因为宋代多贤德的后妃，便命令女史记录其家法，朝夕省察阅读。有人说宋过于仁厚，皇后说："过于仁厚，不比刻薄要好得多吗？"有一天，马皇后问女史："黄老是什么教呢，以至于窦太后那么喜好它？"女史说："清静无为是其根本。至于断绝仁慈、放弃礼义，而老百姓依然孝顺仁慈，这就是它的教义。"皇后说："忠孝仁慈就是仁义啊，人们拒绝了仁义，怎么能成为孝顺仁慈的人呢？"

朱元璋称帝以后，马皇后对他更为关心，就连他每次进膳，马皇后都要亲自查看。同时，对待宫中妃嫔，也十分大度，对于妃嫔宫人受宠幸有

🔴 **楼阁人物金簪·明**

此簪最突出的特点是用高超的掐丝工艺，在有限的空间内以细丝编织出多层次的精美纹样，十分难得。

子女的，则优厚对待；对于受封号的妇女入朝，则以对待家人一般的礼节来对待她们。

后来，众将官攻克元都的时候，缴获了大量珠宝，将其献给太祖朱元璋。马皇后说："元朝有这东西而不能守住江山，大概是帝王自有宝物吧。"太祖朱元璋会意地笑着说："朕知道皇后是说得到贤才就是宝物。"皇后拜谢说："确实如陛下所言。妾与陛下发迹于贫贱，直到有了今天。经常唯恐骄傲放纵产生于奢侈，危亡产生于细微过失，因此希望得到贤才共同治理天下。"又说："法令多次更改必然毁坏，法令毁坏则奸邪产生；民众屡经骚扰必然困苦，民众困苦则叛乱产生。"太祖朱元璋感慨道："皇后所说的真是至理名言啊。"遂命女史记载在史册上。马皇后对太祖朱元璋的规劝矫正，类似于此。

▶【庇护贤臣，时时劝谏】

马皇后深知江山来之不易，也深深地明白人才对事业成败的决定性作用，她曾经对太祖朱元璋说："安定天下以不杀人为本。"太祖朱元璋认

为她说得很对。虽然太祖朱元璋知道这一层道理，可是一旦遇到情况，他依然做不到。于是，每到这时，马皇后等候皇帝回到宫中，就根据具体事情委婉劝谏，竭力为之开脱，尽力加以保护。虽然太祖朱元璋生性暴戾，但因此减缓刑罚杀戮的人有很多。

参军郭景祥镇守和州（今安徽巢湖市和县），有人传言他的儿子曾手中拿着长矛意图杀害父亲，太祖朱元璋知道此事后便要诛杀他。马皇后对他说："景祥只有这么一个儿子，而且传言或许不真实，杀了他的话恐怕将断绝了郭家的后代。"后来，太祖朱元璋经过一番访查，发现他果真是被冤枉的。

李文忠镇守严州，杨宪诬陷他有不法行为，太祖朱元璋就想将他召回。马皇后说："严州在敌人的边境，随便更换将领不合适。况且李文忠向来是贤德之人，又岂可轻信杨宪的话呢？"太祖朱元璋于是作罢。后来，李文忠果然不负期望，建立了功业。

被誉为"开国文臣之首"的学士宋濂是太子朱标的老师，他因为受到孙子宋慎的牵连，被朱元璋判处死刑。马皇后听说此事，劝谏道："平民百姓家给子弟请老师，尚且自始至终都以礼相待，何况是

天子家的老师呢？况且宋濂一直居住在家，一定不知情。"这次，朱元璋固执地拒绝了马皇后的劝谏。当时，恰逢马皇后侍奉皇帝吃饭，不喝酒也不吃肉。太祖朱元璋忙问是什么原因。马皇后说："妾心里难过，为宋先生祈祷修福。"皇帝听了心里也感到十分伤感，便扔下筷子站了起来，第二天就赦免了宋濂，将其安置在茂州（今属四川）。

吴兴富民沈秀，帮助建造了都城

🔥 朱元璋照顾病重的马皇后
五十一岁的马皇后病逝。临终嘱咐朱元璋"求贤纳谏，慎终如始"，并愿"子孙皆贤，臣民得所"。

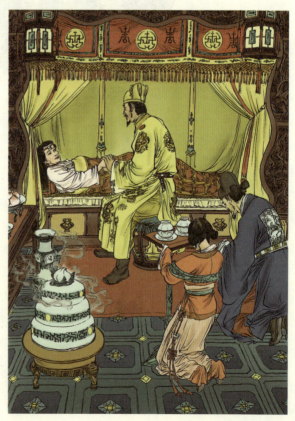

的三分之一，又请求犒劳军队。太祖朱元璋听闻勃然大怒，说："平民百姓犒劳天子的军队，成何体统，真是乱民，应该诛杀。"马皇后劝谏说："妾听闻法令是用来诛灭不法之徒的，不是用来诛灭不祥之人的。平民百姓富裕可以与国家相当，他自己已经不祥。不祥之人，上天必将会降灾祸于他，陛下又何必一定要诛杀他呢？"听了马皇后的话，太祖朱元璋这才释放沈秀，将其发配到云南。

【勤俭节约，关心百姓】

马皇后贵为皇后，但生活却极其简朴。她平时常穿着粗布制成的衣服，即使衣服破旧了，她也不舍得扔掉。后来，她听说了元世祖皇后煮旧弓弦的故事，便命令宫人取来生丝织成衾被，拿来送给年老孤独的人。剩下的布帛打结成的丝，纺织成衣物，赐给各个王妃公主，以让她们明白养蚕种桑劳作的艰辛。奏事的官员朝会散后，一同在朝廷用餐，马皇后命令宦官取饮食亲自品尝，品尝之后，发现味道不好，于是便奏明皇帝说："国君自身供奉要简单，奉养贤才应该丰厚。"遇上水旱年，马皇后就亲自率领宫人食粗茶淡饭，协助祈祷；遇上收成不好的时候，马皇后就准备麦饭野菜羹。太祖朱元璋有时告诉她要赈济抚恤。马皇后说："赈济抚恤不如先准备好积蓄。"

此外，马皇后还是一个爱民的好皇后。有一天，马皇后问太祖朱元璋：

"现如今，天下百姓生活安宁吗？"太祖朱元璋说："这并非你该问的。"马皇后说："陛下是天下之父，妾辱为天下之母，子民的安宁与否，怎么不该问呢？"有一次，太祖朱元璋巡幸太学归来，马皇后问太学生有多少，皇帝说："几千人。"皇后说："真是人才济济啊。各个学生都有国家供给的食物，可是他们的妻子儿女又凭借什么来生活呢？"于是，便设立红板仓，蓄积粮食赐给太学生的家人，而太学生家中领粮也始于马皇后。太祖朱元璋曾经下令，命重刑犯修筑城墙。皇后说："用服劳役来赎罪，是国家最大的恩典。但是疲惫之囚加服劳役，恐怕终将死亡。"听了马皇后的话，太祖朱元璋这才全部赦免了他们。

洪武十五年（1382）八月，皇后卧病。大臣们纷纷请求祈祷祭祀，访求天下良医来为皇后诊治。马皇后对太祖朱元璋说："人生在世，死生有命，祈祷祭祀又有什么益处呢？更何况，医生怎么能救回要死的人的命呢？如果服药无效的话，陛下该不会因为我的缘故而降罪于众医生吧？"后来，马皇后病重，太祖朱元璋问她有什么嘱咐，她说："我死之后，愿陛下亲近贤才，虚心纳谏，善始善终，子孙后代都贤明，大臣老百姓各得其所。"

这个月丙戌日，马皇后去世，时年五十一岁。太祖朱元璋痛哭不止，于是不再立皇后。这一年九月，葬于孝陵，谥为孝慈皇后。

陈友谅列传

陈友谅出身渔家，虽然读过书少，但是为人聪明、谋略不凡，更重要的是他在往上爬的过程中心狠手辣。他参加农民起义军，凭借权谋步步高升。他先后杀死追随了多年的将领倪文俊和大将赵普胜，后又设计杀死"天完"皇帝徐寿辉，自己建立政权，国号"大汉"。但是多行不义的陈友谅终究难当大任，汉军在抵抗元军以及与朱元璋部征战的过程中，部将不满陈友谅的种种作为而相继倒戈。且陈友谅毕竟文书出身，缺乏军事理论知识，导致数次战役决策失误，最终于南昌之战中流矢身亡，他的"王朝"也随之倒台。

▶【发展势力】

陈友谅，沔阳（今湖北仙桃）人，出生在洪湖边上，以打鱼为生。陈友谅本姓谢，因其祖父入赘陈家，所以就随了"陈"姓。小时候陈友谅读过一些书，懂得一些诗词歌赋。有个看相的先生给陈友谅家祖上的墓地看风水时说，你们家应该是会出贵人的。陈友谅听了心里很高兴。稍年长一点，陈友谅在沔阳县做了县吏，但是他并不甘心仅仅在胡人的统治下做一个小小的县吏，他的心里有着飞黄腾达的梦想。

元朝末年，全国各地相继爆发农民起义。江西袁州僧人彭莹玉和湖北麻城邹普胜聚众起义，他们组成红巾军，推举徐寿辉为首领。徐寿辉是罗田（今湖北黄冈）人，原来做布匹买卖，但胸有大志，所以被推举为首领。

徐寿辉一起兵，陈友谅就投奔了这支义军，在徐寿辉麾下领军元帅倪文俊的身边担任簿掾（掌管文书和钱粮）。

至正十一年（1351）九月，徐寿辉率领的红巾军一举打败了元朝威顺王宽撤不花，以蕲水（今湖北浠水）为都城建立了自己的政权，定国号"天完"。徐寿辉称帝后，任命邹普胜为太师。徐寿辉的红巾军因其军纪严明，得到了广大贫苦农民的拥护，于是徐寿辉队伍迅速控制了今湖北、湖南、江西、浙江以及福建等地的一些郡县。至正十三年（1353），元朝统治者调集几省军队，对红巾军根据地进行围剿，都城蕲水被攻破，徐率领部队退守沔阳县的滨湖地区，同时整顿军队。后来，红巾军大举反攻，并在汉阳县城重新建都，改年号为太平。

至正十七年（1357）九月，正当

红巾军士气日盛时，倪文俊却密谋企图暗杀徐寿辉，篡夺帝位。但是倪文俊的阴谋很快就败露了，迅速逃往黄州。在倪文俊的阴谋败露前，陈友谅一直是他的左膀右臂，经过几年的征战，陈友谅凭借自己的权谋也立了不少功，被任命为倪文俊麾下的领兵元帅。倪文俊阴谋败露后，陈友谅借机捕杀他，领得头功，升任平章政事，而且也吞并了倪文俊的旧部。

【定都称王】

当时长江以南实力最强的军队就是陈友谅的。陈友谅麾下有一员猛将叫赵普胜，骁勇善战，绰号"双刀赵"。以前赵普胜在巢湖发展水师，曾经归附过朱元璋，后来叛离朱元璋又归附徐寿辉。赵普胜把守着安庆、池州一线，使得朱元璋无法向西发展势力，朱元璋引以为患，于是利用陈友谅生性多疑的特点派人离间赵普胜和陈友谅，而赵普胜并不知情，还每次对自己的战功得意洋洋，于是陈友谅就下定决心除掉他。陈友谅以会师为名，率领大军驾船从江州（今江西九江）突然来到安庆。赵普胜没有想到来者不善，还亲自带了烤羊美酒去迎接陈友谅。赵普胜刚登上陈友谅的船，就被陈友谅毫不留情地杀害了，随后他的部下也被陈友谅收编。杀了赵普胜的陈友谅竟还敢仅挑选精兵就奔袭池州，结果当然是被朱元璋手下大将徐达打得落花流水。

陈友谅破了龙兴（今江西南昌）后，徐寿辉想迁都过去，陈友谅当然不想身边有皇帝钳制，不同意徐寿辉迁都，但是徐寿辉非要迁都，而且很快就带兵从汉阳（今属湖北武汉）来到江州（今江西九江）。江州是陈友

🔴 青花龙纹扁执壶

谅的大本营，他在城郭外设下重重伏兵，迎徐寿辉进城。徐寿辉进城后，陈友谅马上关闭城门，将徐寿辉的部将全部杀害，并软禁了徐寿辉。陈友谅对外宣称迁都江州，并自称汉王。

随后陈友谅挟持着徐寿辉去攻打太平（今安徽当涂），太平城在朱元璋手下大将花云的带领下顽强抵抗。陈友谅引来巨大的战船，趁着涨水之际，将战船开到城边。水涨船高，等船尾与城墙一样高时，士卒登船进城，就这样太平城被攻破。攻破太平后，陈友谅更加不可一世，将军队开进采石矶，命令部将用铁锤打死徐寿辉，当即称帝，定国号"汉"，迫不及待地举行登基大典。突然下起了大雨，群臣排列在河边沙岸上道贺，可想而知，所有人成不了礼，狼狈不堪。

【两军对峙】

陈友谅素来喜欢玩弄权术，现在又仗着自己占据着江西、湖广，兵力强盛，就想向东发展势力攻打应天（今江苏南京）。他想与张士诚联手共灭朱元璋，但是张士诚却态度暧昧、摇摆不定。朱元璋当然很担心他们联手，因为当时陈友谅的军事力量是在朱元璋之上，一旦陈张联手，自己的胜算就更小，只能等着向别人称臣了。于是朱元璋想了个办法，在自己军中找来陈友谅的故友康茂才，他叫康茂才故意引陈友谅的水军东下应天。陈友谅以为有康茂才做内应，大队人马浩浩荡荡开往应天。到了江东桥，怎么都找不到康茂才，这才知道上当受骗。此时，陈友谅部内外受夹击，又刚好遇到退潮，上百艘巨舰搁浅，没有退路。死伤者无数，百艘战

鄱阳湖大战
这是中国历史上规模最大的一次水战，陈友谅部有60万人，朱元璋部投入20万人，是一次以少胜多的著名战例，朱元璋建立明朝后，就称"开基立业，首功江西"。

舰被俘虏，陈友谅乘小船逃跑。朱元璋派大将穷追不舍，陈友谅聚集残部再次抵抗。但是朱元璋部士气正旺，陈友谅部死的死，伤的伤，精疲力竭，终于寡不敌众，再次败下阵来。陈友谅只得弃太平城而走，逃往江州。朱元璋乘胜追击，又一举攻下安庆。原先安庆是由赵普胜镇守的，陈友谅把赵普胜轻易杀掉以后，驻军将领都心生怨意，朱元璋一来，于光、欧普祥、张志雄等将领都表示归降。但事有曲折，不久后，陈友谅手下大将张定边又率军突袭安庆，暂时夺回了安庆。

朱元璋很想夺回刚刚到手的安庆，但是一时之间又没有太好的办法直取安庆。这时，刘基献策，应该直接攻打江州，陈友谅的军队一旦心脏地带遭受重创，安庆自然可以轻松取下。朱元璋采纳了军师的计策，大举突袭江州，陈友谅毫无心理准备，也无战斗准备，只得半夜带着妻子仓皇出逃，奔往武昌。后来，陈友谅麾下大将相继归降朱元璋，原来陈友谅的城池也随之落入朱元璋手中。

【大战鄱阳湖】

陈友谅看着苦心经营多年的根据地逐步落入朱元璋之手，自己的地盘不断萎缩，现有的兵将也只有招架之功，绝无还击之力，心里异常怨恨焦急。于是他大力整顿水军，命人制作了数百艘巨船，每艘巨船都有上下三层楼，好几丈高，每层楼都可以骑马通过，并且每层楼还设置了马栅，楼上楼下的人说话互相都听不到，可见战船的巨大无比。最令人惊奇的是，这批战船全部用铁皮包裹。陈友谅集结了所有兵力，带齐家属百官，乘坐巨舰，直攻南昌，准备孤注一掷先拿下南昌城。

到了南昌，陈友谅准备从看似比较容易攻下的抚州门攻入，但南昌是由朱元璋的亲侄子朱文正和心腹大将邓愈把守，这两个人守城顽强，用尽各种办法抵御准备充足的陈友谅部，使得陈友谅三个月也没攻打下南昌。陈友谅包围南昌整整八十五天，杀掉朱元璋十四员大将，杀掉诈降的探子数名，兵士无数，但仍未能攻克坚城。此时朱元璋率兵赶来南昌增援，陈友谅收到线报，立即撤围，掉头杀出鄱阳湖去迎战朱元璋。陈友谅把巨舰连接在一起，铁光闪闪，咄咄逼人，连续厮杀三天，朱元璋死伤好几员大将，但其谋士众多，陈友谅也没占到多少便宜，双方相持不下，死伤惨重。

仗打到这时，朱元璋手下看着巨船相连又久攻不下，大多数人都心生退意，朱元璋非常着急。此时，有一大将郭兴进言，对付连体战舰可以用火攻。朱元璋一听，大喜过望，等东北风吹起的时候，派了一支七艘小渔

🔥 火龙出水

火龙出水是中国古代水陆两用的火箭，也是二级火箭的始祖。水战时，面对敌舰，离水面三四尺处，点燃安装在龙身上的四支火药筒，这是第一级火箭，它能推动火龙飞行二三里远，待第一级火箭燃烧完毕，就自动引燃龙腹内的火箭，这是第二级火箭，这时，从龙口里射出数只火箭，直达目标，烧毁敌船。

船的敢死队前去放火烧陈友谅的船，火趁风势、风借火威，陈友谅数百艘战船一起着火，死伤无数，陈友谅的弟弟陈友仁足智多谋、骁勇善战，也被烧死。他的死对陈友谅及其军队的心理产生了极大的打击，陈友谅部士气低落，对战事十分不利，加上战船笨重不利于进退，而朱元璋部的小船轻快，进退自如，战斗形势渐渐有利于朱元璋。

陈友谅收到消息，朱元璋的指挥船是桅杆漆成白色的那一艘，他准备集中兵力专攻那一艘船。但是朱元璋也有密探，他听说陈友谅准备专攻帅船，便下令把所有船的桅杆都漆成白色。第二天，两军一交战，陈友谅傻了眼，都是白色的桅杆，一下子失去了战斗目标，打了大半天，又以陈友谅失败而结束。陈友谅又准备撤退到后方，但朱元璋早已抢先扼守住湖口，堵住了他的退路。

又相持了几天，陈友谅跟部将们商量突围对策，右金吾大将军说："走水路突围已经很难了，最好是焚船登陆。直趋湖南，建立根据地，休息整顿，伺机再起。"左金吾大将军说："不行，我们的步兵战斗能力弱，我们走陆路是让敌方占便宜，敌方一旦追击我们，更是进退两难，就更别提东山再起了。"陈友谅听了两人的意见犹豫不决，最后决定实施右金吾大将军的方案。左金吾大将军一看自己的方案没被采纳，非常恼火，一气之下率部投降朱元璋。右金吾大将军觉得陈友谅大势已去，干脆也归降了朱元璋。这一下对陈友谅可谓是雪上加霜，战事益发利于朱元璋。朱元璋又故意写信想激怒陈友谅，陈友谅果然中计，盛怒之下再也待不住了，决意冒死突围。哪知朱元璋早已集结了水陆两军严阵以待，只等陈友谅入瓮。朱、陈两部大战泾江口，陈友谅的汉军边打边退，打了一整天还是没有突围出去。黄昏时分，陈友谅看形势不

利，准备出舱指挥战斗，他刚从船舱中探出头来，突然不知从哪里飞来一支箭，"嗖"地一下射中了他的眼睛，飞箭贯穿了他的头颅，就这样，身经百战的陈友谅一命呜呼了。陈友谅一死，他的部下立刻溃不成军，陈友谅的儿子也被活捉了，剩下的五万多水军也投降了。

【大汉灭亡】

陈友谅身边的太尉张定边趁着黑夜，冒死带着陈友谅的次子和陈友谅的尸体乘小船偷偷逃回武昌。

陈友谅称汉帝的时候，生活奢华，宫中都是造型精巧手工精致的镂空金器。陈友谅死后，江西行省把陈友谅的金床进贡给朱元璋，朱元璋感叹："他的奢侈跟孟昶的七宝溺器真是没有什么差别啊！"

陈友谅的次子陈理得张定边带回武昌后，被拥立为新帝。朱元璋亲自率军征伐武昌，汉军丞相张必先从岳州赶来支援，朱元璋派常遇春突袭张必先，常遇春突袭成功并活捉了张必先。张必先是陈友谅非常倚重的大将，骁勇善战，绰号"泼张"，他这一被擒，武昌城人心大乱，纷纷投降。朱元璋派陈友谅旧臣罗复招降陈友谅次子陈理，陈理还很小，去见朱元璋时浑身发抖，不敢抬头，朱元璋看见陈理弱小，心生怜悯，便扶他起来，拉着他的手说："我不会降罪于你的。"还把府库里的财物让陈理挑选带走，封陈理为归德侯。

陈友谅跟从徐寿辉时，他的父亲陈普才阻止他。陈友谅不听。等到他富贵了，去迎接他的父亲。陈普才说："你违背了我的命令，我还不知道死在哪里呢。"陈普才有五个儿子：长子陈友富，次子陈友直，再次是陈友谅，再次是陈友仁、陈友贵。

陈友仁、陈友贵先前死于鄱阳。太祖平定武昌，册封陈普才为承恩侯，陈友富为归仁伯，陈友直为怀恩伯，追赠陈友仁为康山王，命有关部门立庙祭祀他，陈友贵也合祭于庙中。

陈理居住在京师，闷闷不乐，说出一些怨恨的话来。皇帝说："这不过是孩童的小过错罢了，恐怕有奸人蛊惑，不能够领会朕的恩德，应该把他安置到远方。"洪武五年，陈理和归义侯明升一起迁往高丽，派遣元的降臣枢密使延安答理护送前往。赏赐高丽王丝绸织物，让他善待陈理。把陈普才等也迁徙到滁阳。

论赞

赞曰：陈友谅、张士诚兴起于刀笔吏、小盐贩，趁着乱世而僭窃帝位，仗着自己富强，但最终都败于他们所依凭的这些条件。太祖朱元璋对他们的始终成败推究得真是十分准确。

张士诚列传

在 元朝末年抗元起义领袖中，有"（陈）友谅最桀，（张）士诚最富"之说。张士诚兴起于小盐贩，因遭人侮辱而勃然大怒，揭竿而起，后自立为王。但是，他这个人并无气度，亦无志向，其队伍强盛之后便日渐骄奢，陷入娱乐至死的怪圈，最终被朱元璋所灭，张士诚亦自缢而死。

▶【士诚起兵，自立为王】

张士诚，小名张九四，泰州（今属江苏）白驹场亭人。张士诚有三个弟弟。他们都以操舟运盐为业，并经常借此谋取私利。张士诚为人轻财好施，因此深得人心。他常常卖盐给一些富人家，那些富人家却总是欺负他，有的人还欠钱不还。其中有一个弓箭手欺负张士诚最为厉害，为此，张士诚十分愤怒，终于有一天，他忍无可忍，就带着他的弟弟及壮士李伯升等十八人，除掉了那些欺负过他的有钱人，并放火烧其房屋，然后进入邻郡，召集青年起兵。

当时盐丁们正苦于重役，于是便推举张士诚为首领，攻陷了泰州。高邮守将李齐招降了他，后来张士诚又起兵反叛，杀掉了行省参政赵琏，并攻陷兴化（今属江苏），在德胜湖设立防卫栅栏。这时，张士诚的部下已经有万余人，可谓是雄霸一方。这下元朝开始害怕起来了，于是便以授予万户的官职招降，但张士诚拒不接受。

接着，他还诱杀了李齐，袭据高邮（今属江苏），自称诚王，僭号大周，建元天祐。这一年是至正十三年（1353）。

元朝政府见软的不行，便又开始来硬的。第二年，元朝右丞相脱脱总领大军讨伐张士诚。张士诚接连被脱脱给打败，高邮（今属江苏）也被包围，外城被毁坏。也是张士诚命不该绝，就在高邮城即将被攻下的时候，元顺帝竟然听信小人之言，解除了脱脱的兵权，削其官职，命其他将领代替了他。张士诚这下高兴了，便乘机奋起反击，元军被打得落花流水，于是张士诚的队伍很快东山再起。一年之后，淮东发生饥荒，张士诚就派他的弟弟张士德从通州（今江苏南通通州区）渡江进入常熟（今属江苏）。

至正十六年（1356）二月，张士诚率军攻陷平江（今江苏苏州），随之又攻陷了湖州（今属浙江）、松江（今属上海）及常州（今属江苏）各地。改平江（今江苏苏州）为隆平府，张士诚从高邮迁都于此，以承天寺作为府第，他踞坐于大殿之中，将三支箭射在正梁上作为标志。

【四面受阻，投靠元朝】

当年，朱元璋也攻下了集庆（今江苏南京），曾经派杨宪给张士诚送了一封信，他在信中写道："昔日隗嚣称雄于天水，今足下亦擅号于姑苏，事势相等，我真为之感到高兴。睦邻守境，这是古人所重视的，我十分羡慕。但愿从今天起我们能信使往来，不被他人的谗言所惑，以生嫌隙。"张士诚收到朱元璋的来信后，便把杨宪扣留了，也不给朱元璋回信。不久，张士诚就派水师进攻镇江，被徐达在

🌸 **张士诚像**
张士诚在元末群雄之中，以仁义、厚待百姓著称，张士诚死后，吴地多有百姓立庙私祀。

龙潭打败。之后，朱元璋又命徐达及汤和进攻常州，张士诚的军队赶来支援，再次大败，失去了张、汤二将。这下，张士诚才知道了朱元璋的厉害，他赶快写信求和，请求每年输粟二十万石，黄金五百两，白金三百斤。朱元璋给他回信，责成他释放杨宪，每年缴纳粟五十万石。这次张士诚又不予回复。

当初，张士诚攻取平江（今江苏苏州）后，遂率兵进攻嘉兴。元朝守将苗帅杨完者屡次将其军队打败。张士诚于是派遣张士德走小路来攻克杭州，杨完者率兵援救，张士德再次失败而归。

第二年，耿炳文攻取长兴（今属浙江），徐达攻取常州（今属江苏），吴良等攻取江阴（今属江苏），张士诚可谓是四面受阻，他的势力也日渐缩小。不久，徐达率兵巡行宜兴（今属江苏无锡），进攻常熟（今属江苏），张士德迎战失败，被前锋赵德胜所擒获。张士德的被擒，使得张士诚极为沮丧。朱元璋想扣留张士德以招降张士诚，岂料张士德却悄悄给张士诚写了封信，让他投靠元朝。

张士诚走投无路之下，遂决定投靠元朝，江浙右丞相达识帖睦迩在朝中替他说话，便授张士诚为太尉，并一一授予其部将官职。后来，张士德在金陵绝食而死。张士诚投靠了元朝之后，虽然取消了伪号，但依然像以前一样拥有军队和土地。达识帖睦迩在杭州与杨完者发生嫌隙，便私下招

来张士诚的军队，张士诚命史文炳袭杀了杨完者，然后占据了杭州。元顺帝遣使者前来征粮，赐给张士诚龙衣御酒。张士诚从海路向大都输送了十一万石粮食，以后每年都是如此。

【二次立王，娱乐至死】

张士诚投靠元朝不久，就日益骄傲起来，令其部下为其歌功颂德，希望封王授爵，但并未被元朝允许。

于是，至正二十三年（1363）九月，张士诚便重新自立为吴王，设置官署，在城中另建府第，任命张士信为浙江行省左丞相，将达识帖睦迩幽禁于嘉兴。元朝来征粮食的时候，张士诚便不再像以往一样乖乖缴纳。这时候，参军俞思齐劝谏道："以前为盗贼的时候，可以不进贡；而今身为臣子，不进贡可以吗？"张士诚听他这么说，勃然大怒，将桌子掀翻在地，俞思齐随即称病离去。

恰在这时，张士诚所据之地，南抵绍兴，北逾徐州，到达济宁的金沟，西距汝、颍、濠、泗，东临大海，二千多里，拥兵数十万。张士诚视弟弟张士信及女婿潘元绍为心腹，左丞徐义、李伯升、吕珍为爪牙，参军黄敬夫、蔡彦文、叶德新负责谋议之事，元朝学士陈基、右丞饶介主管文献书籍。张士诚喜欢宴请宾客，出手大方，经常赠送他人很多车马、居室及其他器物，因此寓居他乡、流落在外的人纷纷前来投奔张士诚。

张士诚的为人，表面上看起来持重寡言，貌似很有器量，而实际上却没有什么远大的志向。他占据了吴中之地以后，因吴地长久太平、人丁兴旺，张士诚便日渐奢侈放纵，懈怠了政事。张士信、潘元绍尤其喜欢聚财敛物，金玉珍宝、书法法帖以及名画，家中到处都是。无论白天黑夜，他们都唱歌跳舞以自娱。他的将帅也

张士诚铸天祐通宝

有小平、折二、折三和折五等四种。直读，楷书，无光背钱。其中小平钱背铭以"一"字，折二铭"贰"，折三铭"叁"，折五铭"五"。因行用时间短、流通区域狭小、存世量少、较为精美，所以经济价值较高。

变得松懈懒散，不听号令，每有战事，就称病不出，非得赏赐给他们官爵田宅之后才肯领命出征。到军中去时，载着妻妾奴婢、乐器的车辆是络绎不绝，一路之上，或者大会游谈之士，或者赌博踢球，全然不把军务放在心上。等到将帅打了败仗丧失土地返回后，张士诚对此也一概置之不问，不久，又重新任命其为将领。全军上下嬉戏娱乐，直到灭亡。

【平江之战，自缢而亡】

朱元璋与张士诚边境相接，而张士诚可以说是朱元璋的一个劲敌。

之前两人就屡次交兵，后来朱元璋和陈友谅二人打得热火朝天，相持不下。陈友谅便派遣使者约张士诚联合夹攻朱元璋，张士诚虽然答应了使者，但他只不过是想守境观变，因此他的军队并不采取行动。

朱元璋平定武昌之后，便立即命令徐达等进攻淮东，攻克泰州、通州，围攻高邮。张士诚率水师溯江而上，前来支援，朱元璋亲自率军击败了他。徐达等人攻占了高邮，夺取了淮安，平定了淮北之地。然后朱元璋将檄文传至平江，历数张士诚的八条罪状，张士诚依然对此置之不理。接着，徐达、常遇春包围了湖州，截断了他的粮道。张士诚知道此次事情紧急，便亲自督兵来战，败于乌镇（今浙江乌镇），其他各部要么是被打败，要么是缴械投降。

至正二十六年（1366）十一月，

朱元璋大军进攻平江，筑起长墙围困平江。张士诚守城数月，拒不投降。朱元璋便再次派人给他送去书信招降他，信上写道："古之豪杰，都以敬畏上天、顺从民意为贤能，以保全自身及家族为明智。你应当三思，不要自取灭亡，为天下人所耻笑。"这次，张士诚依然不予回信。后来，虽然屡次突围决战，他都被打败。

李伯升知道张士诚已经是人困马乏，便派与自己交好的食客越过城墙，前去劝说张士诚："当初你所依赖的湖州、嘉兴、杭州，现如今都失去了。现在还不如顺从天命，说你之所以归顺是为了挽救城中百姓，这样你也不会失去万户侯之职。"张士诚仰视良久之后说道："我会考虑这件事的。"于是谢客，却仍不投降。后来，经过一番抵抗，依然被打败。

至正二十七年（1367）九月，平江城（今江苏苏州）被攻破，张士诚聚集余部战于万寿寺东街，士兵却都四散溃逃。张士诚只得仓皇逃回自己的府第，关门自缢，恰好被旧部将赵世雄所解救。大将军徐达多次派李伯升、潘元绍等前去招降，张士诚总是闭目不答，后来被抬出葑门，进入舟中，他便拒绝进食。到金陵后，竟然自缢而死，时年四十七岁。

明史·列传

徐达列传

徐 达，明朝建国头号大将、第一功臣，他智勇双全且忠心耿耿，早年跟随朱元璋后就一直为之南征北战，他率兵攻进元朝都城，远征元朝余孽，创建山海关，为朱元璋打下大半江山。

【从太祖初显才华】

徐达，字天德，凤阳人，他出身世代务农的家庭，个子高又很强壮，年龄不大就胸怀大志，勇敢且性格坚毅。明太祖朱元璋还只是郭子兴部下的时候，二十二岁的他就投奔了朱元璋。不久屡建战功，被郭子兴提拔为镇抚之职。在朱元璋被敌人抓为人质的时候，徐达挺身而出，到敌军中请求用自己代替朱元璋为人质，最后朱元璋和他都得以安然返回。

朱元璋带领起义军渡过长江，攻克采石（今属安徽），夺取太平（今安徽当涂），徐达和常遇春都作为全军前锋冲锋陷阵。之后不断攻城略地，在朱元璋攻克集庆（今南京）后独当一面，率军攻取重镇镇江，成为朱元璋手下头号大将。他令行禁止，统兵严格，被授予淮兴翼统军元帅。

徐达智勇双全，屡立战功。那个时候江浙地区政权首领张士诚也独霸一方，已占据常州，并派人马从水路进攻镇江。徐达打败敌人之后，又请增兵围困常州。张士诚派兵来援，徐达认为敌人狡猾且来势汹汹，不可以直接力敌，于是在城外设置两股伏兵等待敌军，派遣王均用一股奇兵，自己则督军作战。敌军撤退的时候中了埋伏，大败而归，张、汤两员将领被俘。徐达继而又围困了常州，并在第二年攻下城池，升为金枢密院事，之后屡战屡胜，生擒张士诚的弟弟张士德。朱元璋亲自率军出征，命徐达留守应天（今江苏南京）。徐达另出兵击败赵普胜，收复池州。不久升为奉国上将军、同知枢密院事。在进攻安庆之役，趁夜冲浮寨击破赵普胜兵马。在镇守池州时，和常遇春一起设伏，在九华山（今属安徽池州）下打败陈友谅兵马，斩获首级万余，生擒三千多敌人。常遇春对徐达说："这些都是精兵劲旅，今天不杀，将来后患无穷。"徐达不同意，于是上报朱元璋。常遇春则私下在夜里悄悄地坑杀了近半俘虏。朱元璋不同意坑杀，将剩下的俘虏全部遣散。陈友谅进犯，徐达率军在南京南门外与诸将力战，最终击败敌人，将敌船尽数焚毁。

【襄太祖南征北战】

之后，徐达随朱元璋征战陈友谅，攻城略地，勇不可当，既可以做先锋追击敌人，又可以做主军硬撼敌方，还可作为统领大将，镇守后方。朱元璋称吴王后，就提拔徐达做了左相国。之后徐达屡次出征，克重地，战强兵，平定湖湘、淮河南北，不仅进占吴地，且击退元兵，巩固并不断扩大着朱元璋的地盘。

朱元璋商议攻吴，右相国李善长建议暂时不要急功近利，要从长计议。徐达说："张士诚自己奢汰，而待人苛刻，大将李伯升之类的人，只想着拥有子女玉帛，都好对付。现在管事的，只有黄、蔡、叶三个参军，这样的书生根本就不通晓军事和国家大政。臣现在有主上威德相助，用大军攻击，几天之内就可攻下三吴。"朱元璋大喜，于是拜徐达为大将军，常遇春为副将军，带领二十万水路大军进攻湖州（今属浙江）。

敌人三路出兵，徐达也分三路应对，又另外派一路兵马扼守敌人返回的路线。敌军战败逃走被阻挡，无法入城，返回重新作战，大败而归，仅将军等官员就被擒两百多人，城也被围。张士诚派兵六万来援救，在半路旧馆屯兵建五个营寨以图自保。徐达派常遇春阻隔，又打败张士诚亲率的援兵，张士诚逃走，屯兵营寨也被攻破，众多首领带领湖州（今属浙江）全城人员投降。之后

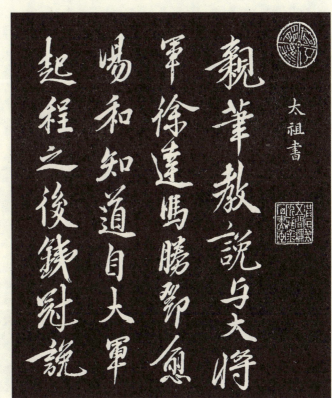

朱元璋《教说与大将军》
行笔自然流畅，仪态生动，风神独具特色。如康有为评价说："明太祖书雄强无敌。"惟笔画稍欠法度，然雅拙中不乏挺拔。

明代修建的嘉峪关

嘉峪关是明代长城的西端起点，是明代长城沿线最为壮观、保存程度最为完好的古代军事城堡。

重兵团团围困平江。徐达派遣使者向朱元璋请示如何行事，朱元璋嘉奖慰劳说："徐将军智勇绝伦，因此才能以正确的方略平定四方群雄。现在一有事就请示我的命令，这表明了将军对我的忠诚，我很满意。但是将在外，君王不能事事插手。军中有什么事情，还是要将军见机行事，我不干涉你。"不久攻破张士诚的都城，将张士诚生擒并送往应天，得兵二十五万。平江城快要攻破的时候，徐达和常遇春约定："军队进入后，我从左边进攻，你从右边进攻。"又命令军队中执

法的士兵："有抢夺民众钱财的，处死；有毁坏民居的，处死；有离开军营二十里的，处死。"进城之后，兵士秋毫无犯，老百姓与此前一样安居。徐达率军凯旋，被封为信国公。

不久朱元璋又拜徐达为征虏大将军，以常遇春为副手，率领步兵骑兵共计二十五万人，北伐元军，攻取中原。朱元璋亲自送行。大军攻无不克战无不胜，进退有据，山东遂全部顺利攻克。

【北伐灭元】

洪武元年（1368），明太祖朱元璋称帝，任命徐达为右丞相兼太子少傅，徐达进军河南，攻占汴梁（今河南开封），继而自虎牢关入洛阳，与元将脱因帖木儿大战洛河北面，击退使之溃逃，梁王阿鲁温投降。之后直捣潼关，元军将领四散逃跑，于是入关，一直向西攻至华州（今陕西华县）。

捷报频传，朱元璋就巡视到了汴梁，召徐达到其住的地方商议北伐事宜。徐达说："大军已经平定了山东、河南，王保保徘徊观望形势；潼关既已经攻克，李思齐狼狈向西逃窜。元朝已不会再有援军，如今趁势直捣元都城，一定会一战而下。"朱元璋很赞同。徐达又询问说："一旦攻下元都，元主一定会向北逃窜，我们是不是要穷追不舍呢？"皇帝说："元朝的国运已经衰竭，马上就要自己消亡了，不需要再派追兵。出塞之后，我们只需要固守边疆，防止他们入侵即可。"

徐达欣然听命。于是与常遇春会师，沿着运河挥军北上，大败元军，进而攻克通州（今北京通州）。元顺帝带着皇后、妃子和太子等向北逃去。几日后，徐达进占元都。除多名元朝重臣不降被杀外，没再杀其他人。徐达命封住官府仓库，抄没图书和宝物，命人领千余兵马守卫宫殿门，派宦官保护并监视皇宫里的人，禁止士兵侵犯。不管是官员还是民众，都得到了保全，都城内的市集甚至都没有关闭。

朱元璋以元都为北平（今北京）府，留将领等驻守，徐达和常遇春奉命进取山西，顺利打过太行。此时扩廓帖木儿（王保保）刚刚引兵出雁门（今属山西），计划由居庸关攻取北平。徐达避实就虚，趁着敌人不防备，率部进逼太原。扩廓回退援救，徐达以精兵夜袭元军兵营，元军大败，扩廓只余下十八骑仓皇逃窜，兵将大多投降，太原也被攻克。之后不久，平定山西全境。徐达带领明朝兵马引兵西渡黄河，追击张思道、李思齐等率领的元军，平定陕西全境。

【数次西征】

明太祖朱元璋下诏徐达班师回朝，赏赐徐达很多财物。正要论功封赏之际，恰好赶上扩廓攻兰州，此时常遇春已死。洪武三年（1370），皇帝又命徐达为大将军、李文忠为副将军，分道出兵。徐达从西路行军攻取扩廓。李文忠从东路进攻追元嗣主。徐达和扩廓在定西（今属甘肃）殊死战斗，明军大破元兵，擒获元文武僚属一千八百六十余人，将士八万四千五百余人，马驼杂畜数以几万计。扩廓仅带着老婆孩子数人逃亡。徐达继而攻占多地。副将军李文忠也在追击中擒获元朝嫡孙、妃子、大将、相国等。大军奉诏班师回朝。太祖朱元璋亲迎并劳军。不久下诏大封功臣，授徐达开国辅运推诚宣力武臣，特进光禄大夫、左柱国、太傅、中书右丞相参军国事，改封魏国公，岁禄五千石。洪武四年（1371），徐达率军赴北平练兵，修筑城池，将山后军民迁徙过来充实各个卫府的人口，设立了二百五十四屯，开垦一千三百多顷田地。直到冬季，皇帝才把他召还。

洪武五年（1372）重新发兵征扩廓。徐达作为征虏大将军进取中路，左副将军李文忠从东路进攻，征西将军冯胜从西路进攻，各率领五万骑奇兵出塞。徐达中路轻敌冒进，初战不利，伤亡数万人。朱元璋因为徐达功劳大，并不问罪。文忠军亦不利，不久撤军。只有冯胜统军获全胜。洪武六年（1373），徐达又率领诸将远征边疆，胜利后还军北平，戍守边防，过了三年才回到京城。洪武十四年（1381），徐达又率领汤和等讨乃儿不花。征战完毕，又重新回到边镇。

那个年代能被称为名将的，必推徐达、常遇春。两人才能和勇猛差不多，都是朱元璋所倚重的将领。常遇春彪悍敢深入敌后，而徐达尤其长于谋略。常遇春攻下城邑经常有屠戮，而徐达行军所至不扰民众，即便是擒获间谍，也要用恩义来结交，希望能收为己用。大家多乐意归附徐达。因此，朱元璋通令全军众将领御军要持重、要遵守纪律，把大将军徐达作为行军打仗中符合为将原则的榜样。

【功勋卓著】

徐达作为明太祖朱元璋最为倚重的将领，不仅帮助太祖建立了明政权，也带领明军征战四方，彻底埋葬了元朝，打下了一片偌大疆土。同时他也是明朝开国元勋中少有的得到善终的人。

每年春天出征，到了冬季皇帝又召回，徐达已经习以为常。每次回来立即交还大将军印信，皇帝赐徐达休息，常常宴请他，还称他为布衣兄弟，而徐达反倒更加谦恭有礼。皇帝曾经很郑重地说："徐兄功劳巨大，现在却还没有好的住所，我把我的旧宅赐给你吧！"皇帝的旧宅是太祖朱元璋为吴王时居住的地方。徐达坚持推辞。万般无奈，有一天，皇帝把徐达灌醉，然后把他抬到自己的旧宅，让他休息。半夜徐达醒来，发现后急忙跪到台阶下，向皇帝连声说"死罪死罪"。皇帝看到了，很是高兴，于是命官员在自己旧宅前面给徐达建府第，门前立一石碑，并亲书"大功"。胡惟庸担任丞相的时候，想要和徐达结好关系，徐达鄙视这个人，不肯答应。胡惟庸又贿赂徐达看门人福寿，福寿向徐达坦白。徐达更加厌恶和胡惟庸扯上关系，他还经常向皇帝提意见说胡惟庸不适合做丞相。之后胡惟庸谋反事情败露，皇帝更加器重徐达。洪武十八年（1385），徐达病重，不久去世，时年五十四岁。皇帝因此不上朝，临出丧，更是悲痛不已。徐达死后被追封中山王，谥"武宁"，赠三世皆王爵。

徐达话说得不多，但考虑事情极其精细周到。在军队的时候，向来令行禁止，不随意变更命令。众多将领都是唯命是从，从不违背。但徐达在皇帝面前恭谨到像是不会说话一样。徐达非常善于领军，出征的时候与部下同甘苦，将士们没有不感恩拼死效命的，因此徐达带兵所向无往不利。他尤其严格约束部下兵将。他率兵攻克大的都市有两座，省会城市三座，郡邑一百多座，到了哪里都是秩序井然，民众不遭受兵戈之苦。班师回朝的时候，乘坐简陋的车，住简陋的房间，对儒生彬彬有礼。皇帝曾经称赞他说："领受命令就出征，成功后凯旋，不骄不躁，不爱美女，不取金银财宝，性格正直没有瑕疵，像日月般昭明的，只有大将军一个人而已。"

智勇双全，难得帅才；功高位尊，谦逊依然。徐达是罕见的得以善终的明朝开国功勋，功德荫庇子孙数代。这才是真正的大智慧。

论赞

赞曰：明太祖朱元璋自滁阳（今属安徽）奇兵奋发，裁定四方，虽然说是上天授予的，但二王的助力也是相当的多。中山王持重有谋划，功劳高且不骄傲，自古名世的将领没有比他更好的。开平王常遇春冲锋陷阵，无往不利，所向必克，智勇不在中山王徐达之下；但是要说一心为公、忠心耿耿、谦逊谨慎，善于维持自己的功名，这方面徐达是元勋中第一。像二王这样的，"身依日月，剖符锡土"，可以说是极盛了。但看中山王赏赐延至后裔，世代受到皇帝的恩宠；而开平王早早地去世，子孙也逐渐衰落。中山王和开平王他们的富贵、权势基本差不多，但是其子孙和自己的结果却是大为不同，这是为什么呢？太祖朱元璋曾经告诉诸将说："当将领的不随意杀人，不光是国家的福气，子孙也要沾福气的。"这句话非常正确，可作为将者之鉴。

常遇春列传

乱 世出英雄，常遇春便是元朝末年统治失道、天下大乱中涌现出的英雄人物。他出身草莽，二十三岁时便混迹于绿林草泽中，跟随一位名叫刘聚的强盗头目打天下。所幸他胆略过人，远见卓识，早看出刘聚等人难成大器，便义无反顾在和阳投靠了明太祖朱元璋，凭着骁勇善战的才华，他一路协同朱元璋南征北战，大战陈友谅，一举奠定了胜局，成为明朝开国皇帝朱元璋麾下的头号骁将！

▶【出身草莽，胆略过人】

常遇春，字伯仁，号燕衡，他是怀远（安徽怀远县常家坟镇永平岗）人。他容貌奇特，力大无穷，无人能比，据说他手臂像猿猴那么长，精于射箭。元末，天下大乱，常遇春起初跟从刘聚做强盗，发现刘聚不是做大事之人，就想在和阳投靠于朱元璋麾下。常遇春在去和阳的路途中，由于太累就躺卧在田间，梦见一神仙身披锁甲手持盾牌大声喊道："君主来了，赶紧起来吧！"常遇春猛然从梦中惊醒，正好朱元璋来到，他迎上前就跪拜。

过了不久，常遇春请求朱元璋让其作前锋。朱元璋说："你只不过是因为饥饿而来找口饭吃而已，我岂能留你。"常遇春坚决请求。朱元璋说："等渡过长江，再一心跟随我也不迟。"待军队逼近牛渚矶，元军在石矶上列阵，船距离岸边还有三丈多，没有人能登上岸。这时，常遇春驾着小船飞

一般地过来，朱元璋指挥他向前。常遇春操起戈矛奋力直前。敌人抓住他的戈，他则乘势跃起跳上岸，大喊着边跳边砍杀，元军纷纷溃败。大家趁机而上，顺势攻取了采石（今属安徽马鞍山），进军攻打太平（今安徽当涂）。朱元璋封授常遇春为总管府先锋，进升总管都督。

当时军用物资和将领士卒的妻子儿女都在和州（今安徽和县），元朝中丞蛮子海牙又利用水军袭击占据了采石（今属安徽马鞍山），运输通道严重受阻。朱元璋亲自率领军队攻打蛮子海牙，派常遇春布置众多部队，迷惑敌军，分散敌人兵力。战斗开始后，常遇春驾着小船，将蛮子海牙的船队冲为两半，左右出击，缴获了他们的全部船只。不久跟从徐达夺取镇江，攻取常州。元军将徐达围困在牛塘，常遇春前往援救，攻破敌围解救了徐达，擒获敌军将领，晋升为统军

大元帅。又攻克了常州，升迁为中翼大元帅。随从徐达进攻宁国（今属安徽），被流矢射中，包扎好伤口后继续战斗，攻下宁国。

常遇春虽出身草莽，却胆略过人，为朱元璋重用，而他的才能更体现在大战陈友谅的战绩上。

【大战陈友谅】

朱元璋追赶陈友谅到了江州（今江西九江），命常遇春留守。他法令严明，军民都畏惧不已，没有人敢违反军纪，后来常遇春进升行省参知政事。在此之前，朱元璋所任用的将帅中最著名的，是平章邵荣、右丞徐达和常遇春三人。尤其是邵荣，他是一位善战的老将，但到这个时候，他却傲慢起来，变得不可一世，并且有了二心，他和参政赵继祖想密谋造反，便埋伏军队发动兵变。但事情最终被发觉，朱元璋怜惜人才，想宽恕邵荣的死罪，常遇春直接上前进言说："为人臣子犯了谋反罪，这罪大恶极，还有什么可以宽恕的，我按照道义是绝对不能和这种人共存。"朱元璋于是让邵荣饮酒，流着眼泪杀了他。

池州统帅罗友把贤神山寨占据，私通张士诚，常遇春把他打败并杀了他。接着支援安丰，等赶到时，安丰已经被吕珍攻陷。朱元璋左军右军都战败了，常遇春上下突击敌人军队，俘获的兵马不可计算。于是随从徐达包围庐州（今属安徽）。城将攻下时，陈友谅包围了洪都（今江西南昌），于是被召回。会集部队讨伐汉军，汉军的船大，乘着上流水势，锋芒十分锐利。常遇春带领诸将奋战，喊声震动天地，个个以一当百。陈友谅的猛将张定边直冲朱元璋

白话精编二十四史

第十卷

🜂 河北承德常遇春塑像

开平王常遇春对朱元璋一直忠心耿耿，敢于直言，效命疆场，尽瘁而终。朱元璋对常遇春也特别爱重，认为常遇春的功勋"虽古名将，未有过之"。

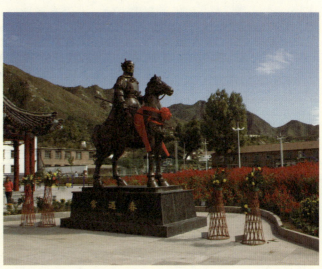

的座船，朱元璋的船在浅滩搁浅，陷于险境。常遇春射中张定边，朱元璋的座船才得以脱险，而常遇春的船又被浅滩拦住。有破船顺流而下，撞在常遇春的船上才得以解脱。转战了三天，放火烧掉了汉军的船只，湖水都被染红了。诸将认为汉军还很强大，想放他们逃走，只有常遇春一人没说话。等到出鄱阳湖到了湖口，常遇春就沿着长江而上，众将随从着他。陈友谅穷途窘迫，以一百艘船突围。众将拦击他们，汉军大败，陈友谅战死。军队回来后，常遇春论功最大，赏赐的金银、丝帛、土地十分丰厚。接着随从朱元璋包围武昌，后来朱元璋回到应天，留下常遇春指挥军队围困武昌。

🕮 常遇春墓前石像生

常遇春一生为将，未曾败北。人们美称他为"天下奇男子"。死后，被追封为"开平王"。

【骁勇善战，所向无敌】

第二年，朱元璋称吴王，晋升常遇春为平章政事。这时，汉丞相张必先从岳州前来支援武昌守军。常遇春趁他们还没有集结，突然出击擒获了他们。城中人因此斗志丧失，陈理于是投降。在包围赣州时，熊天瑞死死守住，常遇春未能攻下该地。朱元璋派使者告诫常遇春："攻下城池之后不可多杀人。如果得到了土地，而没有百姓，又有什么用处呢？"于是常遇春挖深壕沟竖起栅栏来围困他们。军队围攻了六个月，熊天瑞军力耗尽，终于投降，而常遇春果然没有杀人！后晋升为中书平章军国重事，封为鄂国公。又拜授为副将军，和大将军徐达率军北征。

皇帝亲自告谕说："能抵百万之众，摧毁敌军锋芒，攻陷坚固城池，没有谁能比得上副将军。不忧虑你不能作战，只是忧虑你轻敌罢了。身为大将，却喜好和小军校较量，这并不符合我的愿望。"常遇春行礼道谢。

出行之后，让常遇春兼任太子少保，随从攻下山东各郡，夺取汴梁，进攻河南。元军五万人陈兵在洛水北面，常遇春独自骑马冲入敌阵，敌人二十多个骑兵举矛一齐向他刺来。

常遇春一箭射死敌人的前锋，大声呼喊着冲入敌军，部下的壮士都跟着他。敌人大败，追赶五十多里。梁王阿鲁温投降，河南各郡县依次攻下。

和大将军徐达一起攻打太原的时候，扩廓帖木儿前来支援。常遇春对徐达说："我们的骑兵虽然已会集，但步兵还没有到达，就这样突然与他们作战，一定伤亡很大，倘若夜间去袭击，却可以成功。"徐达说："好。"恰好此时，扩廓帖木儿的部将豁鼻马来商议投降，就请他做内应，展开夜袭。扩廓帖木儿正点着蜡烛写军务文书，对夜袭毫无知觉，于是仓皇失措不知道该往哪里逃走，他光着一只脚，乘着一匹劣马，带领十八个骑兵逃往大同。常遇春等俘获披甲士兵四万名，攻克太原。常遇春追逐扩廓帖木儿直到忻州才返回。朱元璋下诏改任常遇春为左副将军。

他们往北夺取了大同，转而进攻河东，攻下奉元路（今陕西西安），与冯胜军会合，向西又取下凤翔（今属陕西）。恰巧元将也速进攻通州（今属北京），下诏令常遇春回来守备，命令平章李文忠辅佐他，率领九万步骑兵，由北平出发，在锦州打败敌将江文清，在全宁打败也速。进攻大兴（今

🔴三眼铳

属北京）时，分一千名骑兵设置八处埋伏，守将在夜间逃跑，全部被擒获。元帝往北方逃去，常遇春追赶了数百里。俘获元朝的宗王庆生和平章鼎住等将士一万人、战车一万辆、马三千匹、牛五万头，女子宝物与此相当。

【功比日月，中年殒身】

军队返回的途中，驻扎在河北赤城县西，常遇春却突发重病，不幸去世，那年，他年仅四十岁。信差们用最快的速度把常遇春逝世的消息告知朱元璋，朱元璋听到消息后震惊不已，倒在龙椅上失声痛哭。他怕常遇春的妻子蓝氏接受不了这样的事实，第二天一大早，就叫马皇后到遇春家，一直陪伴她、安慰她。当常遇春的遗体到了南京龙江，朱元璋亲自出面祭奠，并命令礼官们议定天子为大臣举行哀悼仪式的礼仪。奏议呈上之后，最后采用了宋太宗为韩王赵普办理丧事的仪式。朱元璋下诏令，一定要把常遇春安葬在钟山的高平地上，并追赠他为翊运推诚宣德靖远功臣、开府仪同三司、上柱国、太保、中书右丞相，追封开平王，谥号"忠武"。配享太庙，在功臣庙绘画肖像，常遇春排位都是在第二。

汤和列传

汤和是一员武将，他彪悍粗犷，武艺高强，勇冠一乡，后来跟随朱元璋，建立赫赫战功。由于他爱醉酒，终因酒后言语冒犯了朱元璋，遭到朱元璋的忌恨。但是，汤和懂得及时隐退，因而面对朱元璋对功臣的残杀，汤和却能安享天年，得以善终。

【英勇善战】

汤和，字鼎臣，濠州（今为安徽省凤阳县临淮镇）人，和太祖朱元璋是同乡。汤和幼年就有大志向，嬉戏玩耍时曾经学习骑马射箭，统率群儿。长大后，汤和身高七尺，风流倜傥，胸中多谋略。郭子兴最初起兵时，汤和就带着十余名壮士前去归附，因功被授予千户之职。后来，他随着朱元璋进攻大洪山，攻克滁州，被授为管军总管。之后，他又追随朱元璋攻取和州。当时诸位大将多数是朱元璋的同辈，都不肯居于他人之下，汤和比朱元璋大三岁，只有他认真谨慎听从指挥，为此，朱元璋十分高兴。后来，他随军队平定太平，缴获三匹战马。在攻击陈野先时，汤和被飞箭射中左大腿，他将箭拔出后继续投入战斗，最后与诸将破擒野先。另外攻下溧水、句容，随军平定集庆。汤和跟随徐达攻取镇江后，晋升为统军元帅。又率军巡行奔牛、品城，降伏陈保二，攻取金坛、常州，然后汤和以枢密院同金的身份驻守在常州。

常州与吴地相接，张士诚经常派间谍前来打探消息，汤和防御严密，使得敌人不能窥探。敌人再次出兵来犯，汤和再次将他们击退，并斩杀俘获数以千计的兵士。然后进攻无锡，在锡山打破吴军，赶走莫天祐，俘获他的妻子儿女，晋升为中书左丞。汤和又率领水师巡行黄杨山，打败了吴水军，俘获千户四十九人，被授以平章政事。汤和率军援救长兴，与张士信战于城下，城中出兵，与汤和一起夹击，大败敌军，俘获士兵八千人；解围之后，汤和率军返回，讨平江西诸山寨。永新守将周安叛乱，汤和率军进攻他，并将其打败，连破其十七寨，围城三月，最终攻克永新，抓住了周安，并将其献给朱元璋，然后还守常州。后来，汤和又追随大军讨伐张士诚，攻克太湖水寨，攻下吴江州，围困平江，和敌人战于阊门时，汤和被飞炮击伤了左臂，应诏返回应天。伤好之后，汤和重新返回战场，攻下了平江，因功被赐黄金和布帛。

【战功赫赫】

最初设立御史台的时候，汤和被任命为左御史大夫兼太子谕德。不久又被授以征南将军，与副将军吴祯率领常州、长兴、江阴诸军，讨伐方国珍。他们渡过曹娥江，攻下了余姚、上虞，攻取庆元。方国珍逃亡入海，汤和率军追击将其打败，俘获了二员大将、海舟二十五艘，斩首无数，然后回军平定各属城。派遣使者招降方国珍，方国珍到军门投降，汤和获得二万四千名士卒，海船四百余艘，浙东全部被平定。汤和于是与副将军廖永忠一起前去讨伐陈友定，自明州由海道乘风抵达福州的五虎门，将军队驻扎在南台，派人前去招降。陈友定不予回应，汤和遂率军围攻他，在城下大败平章曲出。参政袁仁请求投降，汤和遂乘机入城。然后分兵巡行兴化、漳、泉及福宁诸州县。之后汤和又率军攻占延平，捉拿陈友定，并将其押解京师。当时是洪武元年(1368)正月。

大军北伐，朱元璋任命汤和负责在明州造船，把粮食运送到直沽。由于海上多飓风，于是他将粮食运到镇江就回来了。汤和被授以偏将军，随从大将军徐达西征，与右副将军冯胜自怀庆越过太行山，攻取泽、潞、晋、绛诸州郡，又跟随大将军攻克河中。第二年，汤和率军渡河进入潼关，分兵直趋泾州，使部将招降张良臣，张良臣不久又叛乱而去。汤和会和大军围攻庆阳，将其俘获并斩首。又过了一年，汤和作为右副将军随从大将军在定西打败扩廓，西夏遂得以平定，向北追击至察罕脑儿，擒获猛将虎陈，获得十余万马牛羊。攻战于东胜、大同、宣府，汤和都立下了赫赫战功。回到京师之后，朱元璋便授命汤和为开国辅运推诚宣力武臣、荣禄大夫、

🌀 汤和修建的烽火台

明洪武十九年至二十年（1386～1387），汤和在沿海一带修建了59座城堡，使"倭寇多年不敢轻犯"。在后来的抗倭斗争中起了巨大作用。"浙人赖以自保，多歌思之"。

柱国，封他为中山侯，岁禄1500石，并授予子孙世袭的凭证。

【醉酒失言，遭太祖恨】

洪武四年（1371），汤和被授予征西将军，与副将军廖永忠率领水师溯江伐夏。夏人率兵扼守住险要之处，汤和没能攻克。后来，江水暴涨，军队驻扎在大溪口，久久不能前进，而傅友德已经率军从秦、陇深入，夺取汉中。廖永忠已在其前攻克了瞿塘关，进入夔州。汤和才率领军队跟随其后，进入重庆，招降了明升。班师回朝之后，傅友德、廖永忠都受到皇上的赏赐，而汤和所受的赏赐却比不上他们。第二年，汤和跟随大将军徐达北伐，遇敌于断头山，战败，一名指挥阵亡，皇上并未追问此事。不久汤和又与李善长一起驻扎中都宫阙。镇守北平，修筑彰德城。征伐察罕脑儿，获取大胜。九年（1376），伯颜帖木儿成为边患，汤和以征西将军的身份防守延安。伯颜求和，汤和才率军返回。十一年（1378）春，汤和晋封为信国公，岁禄三千石，参加商议军国大事。汤和数次出中都、临清、北平操练军队，修缮城郭。十四年（1381），汤和作为左副将军出塞，征讨乃儿不花，攻破敌人的灰山营，俘获平章别里哥、枢密使久通而归。十八年（1385），思州少数民族反叛，汤和作为征虏将军跟随楚王讨伐，将其平定，俘获四万人，擒获其首领而归。

汤和沉着机敏，有智谋，但却经常因醉酒而犯错。汤和驻守在常州的时候，曾经向朱元璋请示，但并未得到答复，于是喝醉了酒埋怨道："我镇守此城，如同坐在屋脊上，左顾则左，右顾则右。"太祖听说了这件事之后，便对他怀恨在心。平定中原后还师论功，朱元璋以汤和征闽时放了陈友定的余党，使八郡再次遭到扰乱，班师回朝的途中，又被秀兰山贼寇袭击，失去两面指挥为由，不封他公爵。汤和伐蜀回来，朱元璋又当面数落汤和逗留之罪，汤和顿首谢罪，这件事才得以善罢甘休。在封他为信国公时，太祖朱元璋仍然将其在常州时的过失说出来，并命人刻在世袭凭证上。当时，太祖朱元璋年事已高，天下太平，魏国、曹国二公都已经死去。太祖朱元璋不想让诸将长期统领军队，只是还尚未公开采取措施。汤和因此找机会对太祖朱元璋说道："臣年事已高，不能再指挥军队驰骋沙场了，希望能够回到故乡，找一片容棺之处。"太祖朱元璋听了之后十分高兴，立刻赏赐他钱财，让他在中都修建府第，并为诸公、侯修建府第。

【抗倭壮举】

不久倭寇进犯上海，太祖朱元璋心中十分担忧，就对汤和说："卿虽年老，但仍勉强为朕作此一行吧。"汤和请求与方鸣谦一同前往。方鸣谦乃是方国珍的侄子，对于海事十分熟悉，汤和经常拜访他，以获取抗倭之策。方鸣谦说："倭寇自海上来，就必须在海上抵御他们。可以估量地方的远近，设置卫所，在陆地上聚集步兵，在水上准备战舰，则倭寇难以进入。就算他们能够入侵，也不能靠岸。近海的居民有四口的就抽出来一名为军士，组成军队戍守海边，便不劳烦军队。"太祖朱元璋认为他的这个提议很好。于是，汤和就测量浙西、浙东之地，在沿海设立卫所城五十九处，挑选壮士三千五百人修筑，将州县的库存全部拿出，并迫使罪犯提供劳役。役夫的人数往往需求过多，而这就对老百姓造成了纷扰，浙人为此而颇感痛苦。有的人便对汤和说："老百姓已经有了怨言，怎么办呢？"汤和说："要成就远大事业的人，就不要去担心近怨，担负大事的人，就不要去考虑细微之事。如果再有人有什么怨言，就小心我的刀剑无情。"过了一年，卫所城建成。汤和于是考稽军次，定考格，立赏令。浙东居民家中有四户人口以上的，便抽一人为军士，共得五万八千七百余人。第二年，汤和便带领妻子儿女去向太祖朱元璋辞行，太祖朱元璋就赏赐他。此外，太祖朱元璋还下诏褒奖，诸功臣无人能及。从此，汤和每年上京师朝见一次。

【汤和之死】

二十三年（1390）元旦，汤和由于生病而失音，太祖朱元璋随即亲自探视他，长久地慨叹之后，便让汤和回到故乡。等到他的病情稍微好转时，太祖朱元璋又命他的儿子把他送到京师，让他坐车进入内殿，设宴款待，关怀备至，还赏赐给他金帛、御膳法酒等。二十七年（1394），汤和的病情日益加重，难以站立。太祖朱元璋想要见他，便命他坐车前往觐见，太祖朱元璋用手抚摸着他，和他详谈家乡故旧以及这些年来兴兵之艰难。汤和已经不能与之对答，只是不停地叩首。太祖朱元璋看到他这样，一时之间泪流不已，厚赐黄金、布帛作为丧葬费用。第二年八月，汤和病逝，终年七十岁，追封为东瓯王，谥"襄武"。

汤和晚年时为人更加恭敬谨慎。许多公、侯等老将都因奸党获罪，先后伏法，极少有人能够幸免，唯有汤和得以享受老年之福，以功名而终。

🗡 **倭刀**

所谓倭刀，是指明末到清代使用的一种日本刀。这种日本刀以劈砍术见长，攻守兼备，多以双手握刀方式使用。

李善长列传

李善长喜好法家思想，中年才追随朱元璋，为人很有谋略，通晓古今，善于辞令，一直悉心辅佐朱元璋，出谋划策，治理后方，保证战时军需供给，对朱元璋忠心耿耿，明政权建立前，得到朱元璋的绝对信任。明政权建立后，明太祖朱元璋不断封他高官，给予厚禄，于是他步步高升，终于位列文武百官之首，一人之下万人之上。但好景不长，洪武十八年（1385），李善长七十七岁高龄时被朱元璋赐死，七十多口都被连坐，仅儿子儿妇四口免死。何以一代能臣却落得如此下场？究竟是小人诬告、皇帝误杀，还是一起精心策划的阴谋？

▶【成为心腹工作勤】

李善长，字百室，定远（今属安徽滁州）人。虽然他小时候读过的书不太多，但却是非常有智慧谋略的人，他时常钻研法家学说的著作，喜好法家的理论，看事情的眼光很准。明太祖朱元璋南下攻打滁阳的时候，李善长来到军门前拜见。朱元璋看他年长自己不少，又听说他是地方上有名的人物，就很礼貌地接待了他，两人谈话很投机。此时朱元璋正是用人之际，对于李善长前来投奔非常优待，留任李善长为掌书记。

李善长兢兢业业，很快就成为了朱元璋的得力臂膀。有一次，朱元璋问李善长："现在天下大乱，四方战事不断。什么时候才能天下太平，时世有个定局呢？"李善长回答说："当年，秦末农民起义时，汉高祖以布衣起兵，他为人豁达大度，心胸宽广，不随便滥杀无辜，又懂得根据不同的人具有的不同特长和能力来予以委任，所以仅仅五年就成就了帝王之业。当今朝纲不振，制度紊乱，人心涣散，势力瓦解。您是濠州人，汉高祖是沛县人，两地相距不远，汉高祖的王气您必定得承不少，您再效仿一下汉高祖的长处，则天下太平指日可待。"朱元璋听了非常高兴。

朱元璋对李善长不断委以重任，让他参与军事行动计划的制订，掌管粮饷的发放，视他为心腹。朱元璋的名望渐渐大起来，来投靠他的将士也日益增多。每到这时，李善长都要细心了解来者的才能和长处，然后一一上报，并建议安排合适的职位，发挥其作用，部下都能人尽其才，才会安心做事。如果武将中有相互不和的，李善长就尽力调解维护。

郭子兴疑心病重，性情又比较暴躁，有一回他又听了挑拨离间的话，扬言要剥夺朱元璋的兵权，还说要把李善长收归已用。李善长听到这个消息，赶紧推辞，并表示只愿意追随朱元璋。朱元璋被李善长的坚定忠诚深深打动，更是对他推心置腹。

【君臣合力肃军纪】

朱元璋驻军和阳（今安徽和县）的时候，亲自带兵攻打鸡笼山寨，只留下很少的兵力跟着李善长。这一情况被元军的密探知道了，就上报派兵来偷袭，李善长临危不惧，发挥他一贯的智谋，设下埋伏，大败元军。这样一来朱元璋更钦佩他的才能。

巢湖水师将领俞通海、廖永安等，率水军万余来投靠朱元璋，李善长一看现今水师力量充足，力主渡江取下"粮仓"太平（今安徽当涂）。朱元璋部一路捷报，势力直驱太平。军队进城前，朱元璋叫李善长起草禁令，不许军士掳掠财物，任意妄为。太平被攻下，军队一进城，禁令就贴满全城，所有军士都不敢贸然违反。良好的军纪使朱元璋的部队在人民心中留下了良好印象。

但是连续的胜利难免会使某些将士骄横之气抬头。在军队准备攻取镇江时，朱元璋料想到进城之后肯定又有人要违反军纪，于是他与李善长合计演一出戏，整顿军纪。他们找来徐达，故意让徐达犯错，然后朱元璋假装盛怒之下必杀徐达，李善长则要出面苦苦相劝，最后朱元璋要徐达保证军队进城后不抢一民、不掠一物，才

白话精编二十四史

第十卷

🔴 **李善长像**

李善长是一个悲剧性人物。他功比萧何，却不能如萧何那样得以善终，个中原因，既有朱元璋的猜忌，也有自己的利令智昏。其一生遭遇，或可为后来者戒。

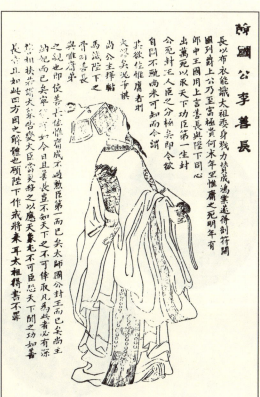

放他一条生路。这一招果然奏效，徐达取下镇江后，无一人敢违反军纪。镇江城内平静如常，百姓甚至都不知道有军队进城。

由于李善长频频助力，朱元璋做江南行中书省平章的时候，任李善长做参议。虽然宋思颜、李梦庚、郭景祥都是省僚，但军事行动、赏罚章程的最终决定权都在李善长。后来，枢密院改为大都督府，李善长又兼任司马、参知政事等职。

朱元璋自立为吴王后，拜李善长为右相国。李善长通习古今，裁决如流，又善于辞令，所以每当朱元璋招纳任命人才，往往都由李善长起草文书。每次朱元璋亲自领兵打仗，都很放心地派李善长留守，而文武官员都对李善长尊敬服帖，李善长也把后方治理得很好，百姓安居乐业。前线战事需要的百万补给粮饷，全都由李善长调拨派发，没有出现过疏漏。李善长又上报请求向两淮征收合理盐税，制定茶业的规范制度，废除元朝立法里的弊端。随后，又立法规范货币的使用发行，开铁矿冶铁，制定征收渔业税，等等。李善长对经济的一系列措施使得府库日益充盈，既保证了军事的补给，也不曾伤害人民的利益。

【加官晋爵位权重】

李善长功绩卓著，被朱元璋封为宣国公。后来官制改革，以左为上，则又以李善长为左相国。过去的连坐刑罚是很严酷的，即便是没有犯罪的人也会无端受到牵连而被处死。朱元璋也觉得有些残忍，于是跟李善长讨论对其进行改革。李善长建议除了"大逆"之罪惩罚连坐以外，其他的罪就不再连坐，朱元璋很同意，于是命李善长为总裁官，与刘基一起裁定律令，昭告天下。

朱元璋称帝以后，所有追封祖先、册立后妃、册立太子、立各个王侯的事宜都交给李善长，任他为大礼使，又兼任太子少师，对他非常信任。又授予他银青荣禄大夫、上柱国，

◈ 元末朱元璋铸大中通宝钱
大中通宝是在元末反元斗争中产生的，是反抗元统治秩序的手段之一。

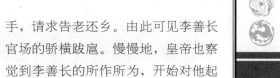

参与军国大事，又命他率礼官制定各种礼制。朱元璋出巡汴梁（今河南开封）的时候，留李善长在京都管理，一切大小事务全都由他按规定处置。这又体现了朱元璋对李善长的绝对信任。

此后，朱元璋又把制定六部官制的任务交给李善长。朱元璋还让李善长负责修订史料、编辑家谱、制定礼数、封立王侯、爵赏功臣等，事无巨细，而李善长都一一认真处理，鲜有疏漏。

洪武三年（1370），徐达、李文忠班师回朝，朱元璋大封功臣时说："虽然李善长没有卓著的战功，但追随我时间很长，又努力保障军队供给，功劳极大，应该进封。"于是一气授予他开国辅运推诚守正文臣，特进光禄大夫、左柱国、太师、中书左丞相、参军国事等职位和爵位，每年发给俸禄四千石，子孙世袭爵位。还赐给他免死铁券，免其两次死罪、免其子一次死罪。当时封公的有军功赫赫的大将军徐达、常遇春、邓愈等人，但是他们爵位都在李善长之下，李善长位列其首。朱元璋还把他比喻为萧何，对他大加褒奖。

▶【日渐骄横引大祸】

虽然李善长办事谨慎，也调和了不少内部的矛盾，但实际上他却是外表宽厚仁慈、内心刚愎执拗的人。参议李饮冰、杨希圣稍微侵犯了一点他的权力，就被他状告获罪。刘基执法严明，要判他犯贪纵罪的亲信死刑，他便诬告刘基，刘基自知不是他的对

手，请求告老还乡。由此可见李善长官场的骄横跋扈。慢慢地，皇帝也察觉到李善长的所作所为，开始对他起了戒心。

洪武四年（1371），朱元璋让他回家养病，赐给他大量田地、佃户。第二年他病愈后，又命他督建临濠宫殿。洪武七年（1374），朱元璋提拔李善长的弟弟李存义为太仆丞，又安排李存义的儿子担任州府官员。

洪武九年（1376）又把临安公主下嫁给李善长的儿子李祺，封李祺为驸马都尉。乍一看，所有的光环都笼罩在李善长的头上，引得无数人羡慕。但是婚后一个月，李善长就被汪广洋、陈宁告了，罪名是他仗着位高权重、皇帝宠信就恣意妄为，皇帝病了都不问候，儿子李祺又有六天不上朝，宣他上殿还不知道认错，犯了大不敬之罪。于是朱元璋削了他一千八百石的俸禄。

胡惟庸原来只是宁国知县，李善长收了他的贿赂推荐他进京当官，刚开始任太常少卿，后来做到丞相，所以二人来往甚密。李存义的儿子李祐娶了胡惟庸的二女儿为妻，李胡二人的姻亲关系为李善长的死埋下了伏笔。

▶【不得善终空留憾】

洪武十三年（1380），胡惟庸因谋反被诛杀，牵连被诛的人员众多，但朱元璋念及往日情谊，故而李善长安然无恙。洪武十八年（1385），有人上告李存义父子其实是胡惟庸的同

🔖 官员常服

明代文武官员服饰主要有朝服、祭服、公服、常服赐服等。官员戴乌纱帽、幞头，身穿盘领窄袖大袍。其制为盘领右衽，袖宽三尺。

党，皇帝下诏免死罪，但把他们发配到崇明。李善长明知是皇帝给面子，但还不去请罪谢恩，皇帝非常反感。又过了五年，此时的李善长已经七十七岁，但他还要建宅第。他向信国公汤和借了卫卒三百人，被朱元璋知道了，以为他私自借兵，意欲图谋不轨。后来，李善长数次给本应发配边疆的私亲丁斌求情，朱元璋一方面非常恼怒，一方面也想到借此机会除掉李善长。于是把丁斌抓来，逼问丁斌在胡惟庸家当下人的时候有没有发现李胡勾结的证据，丁斌屈打成招，供出了一句可轻可重的话，而这句话正是朱元璋期待的李善长谋反的"证据"。

丁斌口中的事实是这样的：胡惟庸有谋反的计划，就叫李存义暗中游说李善长参与其中。李善长最初听到谋反一事，大惊失色，说："谋反的事是要灭九族的呀！"一次不成，第二次李善长的老友杨文裕又来游说："谋反事成之后，封你为王，而且把淮西地区都赐封给你。"李善长表面上没有答应，但是心里已经起了变化。第三次，胡惟庸亲自出马去拉拢，李善长还是没有应允。又过了一些时候，胡惟庸叫李存义第四次去拉拢李善长，这次李善长说了致命的一句话："我老了，快要死了，你们自己去干吧。"

除此之外，将军蓝玉出塞的时候在捕鱼儿海（今俄罗斯贝加尔湖）获取了胡惟庸私通蒙古的证据，而李善长却把如此重要的东西匿藏不报。

可想而知，李善长这次是躲不过了。他被弹劾期间，又有家奴举证告他与胡惟庸谋反有关。这下所谓证人证言俱全，李善长被定罪"身为元勋国戚，明知谋反而不举报，怀揣二心，大逆不道"。于是假托"天象有变，必须杀大臣应灾"之词，逼李善长自杀。白发苍苍的功臣最后的要求只是留个全尸。随后皇帝又将李善长妻女弟侄等七十多口人诛杀，并又诛杀了多名侯爵党羽。朱元璋亲自将罪状一一罗列，昭告天下。只有李善长的长子李祺，因公主而幸免，他们的儿子也免予连坐。

【千载历史后人评】

李善长死后第二年，虞部郎中王国用上书为李善长喊冤，说：李善长已经是勋臣第一，生时封为公卿，死后可追封为王，儿子是驸马，亲戚都是大官。他自己有没有谋反之意不好考证，但说他帮助胡惟庸谋反是肯定不可能的。因为就算他帮助胡惟庸谋反成功，也不过成为太师国公封王罢了，他根本没有必要冒这个险。就人情而言，李善长与胡惟庸是因侄子的姻亲，而与陛下则是亲子女的姻亲。对子女的爱必然超过对侄子的爱，这是人之常情。况且，以李善长的智慧，他不可能不知道江山已定，不能轻易更改。凡此种种，他何苦协助谋反？如果说天象有变，灾难降临大臣头上，杀臣以应天象，更是不可取啊！李善长功勋卓著尚且落得如此下场，其他

大臣该怎么想啊？现在人已经死了，说这话也没有什么实际意义。但愿陛下能引以为戒吧！

王国用的一番话直指皇帝，而且照理说他为"罪臣"喊冤必然是要被皇帝治罪的，但是太祖朱元璋竟然不计较，也不降罪于他，其态度真是耐人寻味啊！

论赞

赞曰：明朝设立中书省，设置左右丞相管理重要的国家事务，常以勋臣出任此职。但是将军徐达、李文忠等人常年在外征战，从未管理中书省的事。主要职责和权力都落在李善长、汪广洋和胡惟庸之手。胡惟庸意欲谋反，败露被诛后，朱元璋就把他丞相一职给废黜了。所以有明一朝只有李善长、汪广洋可以称丞相了。可惜李善长以布衣徒步，在朱元璋事业刚刚起步的时候就开始辅佐他成就帝业。所以朱元璋赐他官职、爵位、俸禄，使他位列上公，可谓富贵至极。但是，耄耋之年却自取覆灭，岂不有负拥立的初心，而有愧皇帝置之左右的职业。

刘基列传

刘 基小时候即被一位善于看相的人预言为大有作为的人。他从小饱读诗书，上知天文、下知地理，被称为"活着的诸葛亮"。后来跟随明太祖征讨天下，像诸葛亮对策隆中一样为太祖朱元璋提出了先取陈友谅、次取张士诚，再北上中原的战略。他随太祖出征的过程中多次预知危难，让太祖躲过了灭顶之灾。明朝建立之后，他本想饮酒乡里不问朝事，无奈他性格太过耿直，平时疾恶如仇，得罪了不少人，最后被胡惟庸下毒致死（一说他装死脱身，从此浪迹天涯），一代贤才，死于非命。

▶【自幼聪颖，当世诸葛】

刘基，字伯温，青田（今浙江丽水）人。曾祖刘濠曾担任宋朝的翰林掌书官一职。刘基年幼时就聪颖非常，他的老师郑复初告诉他父亲说："你祖上积德很厚，你生的这个儿子一定能够光大你家的门庭。"后来，刘基成进士，被授予高安丞，在任期间廉直的名声传播远近。于是行省想把他提升上去，但他婉言谢绝了。后来他被任为江浙儒学副提举。但他上疏检举议论御史的失职，被当朝大臣所阻，于是他辞职回家。

刘基精通经史，天下奇书无不窥览，尤其精通象纬之学。西蜀赵天泽品论江左人物时，首称刘基，认为他是当代的"诸葛亮"。

当时方国珍在海上起兵，掳掠郡县，官府不能制止。行省派遣刘基为元帅府都事去讨伐他。刘基提议修筑庆元等城来阻截贼兵，使方国珍气焰消减下去。当左丞帖里帖木儿招谕方国珍时，刘基说方氏兄弟是作乱的始作俑者，不诛杀他们就不能让以后的人引以为戒。方国珍很害怕，急忙给刘基送厚礼。刘基没有接受。方国珍不得不派人坐船到北京，贿赂有关官员。于是朝廷对方国珍实行招安政策，授以官职，而责备刘基擅作威福，方氏于是愈加骄横。

没过多久，山寇此起彼伏，行省只好又调遣刘基剿捕，与行院判石抹宜孙一起到处州守卫。经略使李国凤上报他的功劳时，当权的官员们因为收受了方国珍的贿赂，只赏了他一个总管府判的虚职，不让他参与军事。刘基于是再次弃官回到青田，写作《郁离子》来表达自己的志向。当时畏惧方国珍的人争相依附刘基，刘基给他们作了合理的部署，寇兵不敢侵犯。

【声名远扬，太祖器重】

朱元璋攻下金华，平定括苍（今属浙江）后，听说刘基和宋濂在当地，赶紧派人带着聘礼去聘请他们。刚开始刘基没有答应，总制孙炎两次写信坚持邀请他，他才肯出来做事。见到朱元璋之后，上疏陈时务十八策。朱元璋看后大喜过望，建了"礼贤馆"来安置刘基等人，礼遇非常周到。

刘基两鬓有美须，身体颀长伟岸，谈论天下安危形势时，正义之色流于言表。朱元璋知道他是一个至诚之士，便把他引为心腹。每次召见刘基时，总是屏退旁人，秘密与他交谈很长时间。刘基也自认为遇到了知命之主，知无不言。遇到有急难情况时，他总能勇敢站出来，很快想出计策，别人不能测知。平素有时间的时候就跟朱元璋详细地陈述什么是王道。皇帝每次都会恭敬地聆听，经常把他称为"老先生"而不叫他的名字，说："他是我的子房（张良）。"又说："他总是用孔子的金玉良言来引导我。"在帷幄中的谈话进行得很秘密，没有人能知道，而世上传诵最多的，是他的阴阳风角之说，但这并不是他的最突出之处。他所写的文章，气畅达而出人意表，与宋濂并列为一代文宗。

刚开始，朱元璋因为韩林儿自称是宋的后代，所以追随他。后来，中书省设御座行礼时，只有刘基一个人不拜，说："他不过是一个无名小子，为何拜奉他？"于是去见朱元璋，告诉他天命的所在。朱元璋问他征服天下的大计，刘基分析道："张士诚是一个满足现状、等待被捉的人，就像瓮中之鳖，不足为虑。陈友谅劫持自己的主人逼胁部下，名不正言不顺，占据着长江上游，他天天都在想着如何吞并我们。对我们威胁最大的就是他，应该先去攻打他。等到陈友谅灭亡后，张士诚势单力孤，一战就可以打败他。然后再向北方的中原进发，王业就可以成功了。"朱元璋听完之后高兴地说："先生如果还有更好的计策，请讲出来，千万不要保留。"

🐉 刘基庙

刘基庙就位于刘基故里青田县南田镇华盖山脚下，为明英宗天顺三年敕建，距今已有500多年历史了。该庙木质结构，石墙黑瓦，飞檐翘栋，整个建筑群显得卓尔不群。

【智灭陈友谅】

恰好这个时候陈友谅攻陷了太平（今安徽当涂），想趁势东下，一举灭掉朱元璋，气焰非常嚣张。诸将议论纷纷，有的建议投降，有的想奔至钟山据守。刘基只是睁大了眼睛看着他们，一句话不说。朱元璋知道他有计策，就把他召入内室请教。刘基抑制不住心中的喜悦之情说："那些主张投降和据守的人，都应该拉出去斩首。"朱元璋问道："先生有什么妙计吗？"刘基分析说："骄兵必败，现在贼兵骄傲了，如果我们等待他们深入之后，用伏兵攻取他们，简直轻而易举。天道往往如此，取胜之道在于后发制人、取威制敌，成就王者的事业，在此一举。"朱元璋采用他的计策，

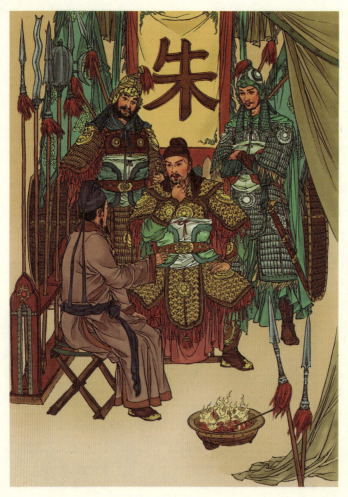

● 刘基投效朱元璋

引诱陈友谅到来，然后把他打得大败而逃，并重赏了刘基。刘基推辞不受。陈友谅的兵再次攻陷了安庆（今属安徽），朱元璋想亲自带兵去征讨，问刘基可不可以去，刘基极力赞成。于是出师进攻安庆。战役从早上进行到晚上，还是拿不下。刘基给朱元璋献策说不如直攻江州（今江西九江），捣陈友谅的巢穴，让陈友谅措手不及。于是全军西上。陈友谅想不到朱

元璋会使这一手，携带妻儿子女逃奔武昌，江州投降。他的龙兴守将胡美派遣儿子来请求和解，并请求不要遣散他的部队。朱元璋不想答应他，刘基从后面踩朱元璋的胡床，朱元璋才幡然领悟，答应了胡美。胡美投降后，于是江西诸郡几乎不战而降。

刘基的母亲去世时，因为战事吃紧不敢说，到这时便请求回家安葬母亲。刘基到衢州（今属浙江），为守将夏毅宣谕安抚各属下城邑，再与平章邵荣等讨论收复处州（今浙江丽水），于是平定了反叛。方国珍平素畏惧刘基，写信来吊唁。刘基回信，宣示朱元璋的威德，方国珍于是开始进贡。

朱元璋数次写信到刘基家问军国大事的处理方法，刘基有条理的答复都深中肯綮。不久，在赶赴京城的路上，朱元璋正好打算亲自援助安丰。刘基说："汉、吴正在觊觎我们的空隙，最好不要采取这个行动。"朱元璋不听。陈友谅听说朱元璋正在援助安丰之后，乘机围攻了洪都（今江西南昌）。朱元璋后悔地说："不听你的话，几乎失去洪都。"于是亲自带兵救援洪都，与陈友谅在鄱阳湖大战，一日之中接战数十次。朱元璋在胡床上坐着督战，刘基在旁边陪伴，突然跳起来大喊，催促朱元璋到另一条船上去督战。朱元璋急忙搬到别的船上去，还未坐定，敌人的大炮击中原来所坐的御船，把它击得粉碎。陈友谅

在乘坐的高船见到这种情形，以为击中了朱元璋，大喜。但朱元璋坐的船更加奋进，汉军都大惊失色。当时两军在湖中相持不下，大战三天三夜还决不出胜负来。刘基请求移军到湖口去困扼敌军，采用五行中"金"、"木"相犯的日子决胜，结果陈友谅兵败逃走并被射死。

之后朱元璋消灭张士诚，北伐中原，终于成就帝业，与刘基的谋划一致。

【精通象纬之学】

朱元璋称王后，任命刘基为太史令，他把《戊申大统历》呈上，说荧惑（火星）据守心宿，皇帝应该下诏罪己以应天符。当年大旱，刘基请皇帝亲自审理滞留的案件，于是朱元璋立即命令刘基平反冤狱，大雨随即倾盆而下。刘基顺势请求立法定制，防止无辜的人被滥杀。朱元璋正打算用刑罚管制天下，刘基问他为什么要这样做，朱元璋告诉他自己做了什么梦。刘基说："这是得人才和人心的征兆，应该立刻停止刑罚以等待。"三日之后，海宁投降。朱元璋非常高兴，让刘基赦免了全部囚犯。不久，拜刘基为御史中丞兼太史令。

朱元璋即皇帝位之后，刘基上奏章请求创立军卫法。朱元璋开始规定

刘基书法

字体严谨不失纵逸，点画爽健而富有立体感，挥运之中，意情实作而出入规矩，字里行间渗透着书卷之气。

处州的税粮，比宋朝的规定每亩增加五合，唯独让青田不增加，说："要使伯温的家乡人世世代代为他歌功颂德。"

朱元璋巡视汴梁时，左丞相李善长与刘基在京居守。刘基说宋、元之所以失去天下是因为太宽纵的缘故，现在应该严明纲纪，命令御史纠察上报百官的过失，不要有所回避，宿卫宦官有过失的，都要报告皇太子依法处置。中书省都事李彬因贪纵犯法，善长一直在隐匿这件事，想要缓办此案。刘基不听他的，派人快马加鞭上报朱元璋。朱元璋当时正好在祈雨，命令立即斩了李彬。刘基因此与善长

结下怨恨。

皇帝回来后，李善长诬陷刘基对太祖不敬。所有痛恨刘基的人也纷纷诬陷他。恰巧刘基因大旱上奏说："那些死亡士卒的妻子都放在别营，有数万人，致使阴气郁结不散；工匠死后，骨骸暴露在外无人收埋；应该把投降接收的吴将吏都编入军户，这样才能致和气。"太祖采纳了他的意见，过了十来天仍然不下雨。太祖大怒。正好刘基的妻子死了，于是刘基请求回家。当时太祖正在营建中都，又锐意消灭扩廓贴木儿。刘基临走前，上奏告诫太祖说："凤阳虽然是皇上的家乡，但不是建都的理想之地。不要轻视王保保（即扩廓贴木儿）。"

不久，定西之战失利，扩廓竟然逃走到沙漠，成为长久的边患。当年冬天，太祖亲手写手诏赞美刘基的功勋，召他入京，赏赐非常丰厚，还追赠刘基的祖父、父亲为永嘉郡公。

【慧眼知人，死于非命】

后来，太祖因丞相李善长犯了错误迁怒于他，刘基说："善长是功勋旧臣，可以调和诸将。"太祖说："他多次想要害你，你还替他说好话？"刘基急忙顿首说："这就像房屋的柱子，更换柱子的时候必须得用大木。如果换成小木，立即就会颠覆。"太祖朱元璋还是免了李善长的职，想让杨宪来做丞相。刘基素来与杨宪友善，却认为不可："杨宪虽然有宰相的才能却没有宰相的器量。做宰相，要一

碗水端平，以义理作为权衡的标准，不要让自己陷入其中，杨宪做不到这一点。"皇帝又问他汪广洋行不行。刘基说："这个人狭隘浅薄比杨宪还要厉害。"又询问胡惟庸怎么样。刘基回答说："如果让他去驾车，就担心他会把车辕都撕裂呢。"太祖朱元璋说："我选用的宰相，当然都没有能超过先生的。"刘基说："我看不得坏人坏事，对烦琐的事又不耐烦，做宰相的话只会辜负皇上的圣恩。只要圣明的君主悉心访求，天下就不怕没有人才，目前提到的几个人确实是他们不可以担当重任的。"后来，杨宪、汪广洋、胡惟庸全都败在宰相的职位上，果然——被刘基言中。

刘基是大明王朝的开国元勋之一，但太祖大封功臣时，刘基却一再谦让不求名利，不以功臣自居，故官爵比其他功臣低，年俸禄只有两百四十石。即便如此，由于他嫉恶如仇，敢于直言，刚正不阿，不久便得罪了丞相李善长、胡惟庸等人，并逐渐失去了朱元璋的信任。

洪武四年（1371），刘基告老还乡，每天只是饮酒下棋，不问政事。青田县令想要求见他却不得，便穿着便服打扮成野人村夫去探访刘基。到刘基家的时候，刘基正在洗脚，叫侄子引人茅舍，做饭给他吃。得知来人是青田县令时，刘基惊起，自称草民，从此不再相见。

但是，刘基还是逃不掉"狡兔死，走狗烹；飞鸟尽，良弓藏"的命运。

洪武八年（1375），丞相胡惟庸指使人诬陷刘基在家乡强占有"王气"的坟地，引起朱元璋恐慌和猜忌，刘基被削去俸禄，引咎回京，不敢回家。后积郁成疾，胡惟庸派太医来医治，暗做手脚，刘基病情加重，太祖朱元璋遣使护送他回家乡。不久，黯然离世，享年六十五岁。

论赞

赞曰：太祖攻下集庆（今江苏南京）之后，所到之处一直在收揽豪杰隽才，招徕当时有名的贤人，一时间那些韬光养晦的有志之士纷纷归附。像四先生（指刘基、宋濂、叶琛、章溢）这样的人，特别是其中的佼佼者。刘基和宋濂学识和才能醇正深厚，文章古雅俊秀，同是一代宗师。刘基运筹帷幄之中，宋濂从容加以辅助引导，在开国的初期，不厌其烦地陈述王者之道，忠诚恪慎，真是不凡的佐命之臣啊！刘基凭借儒者的有用之才学，辅佐太祖夺取并治理天下，但是那些好事的人却多拿谶纬术数来妄加附会，他们的话接近荒诞，并不能深刻理解刘基其人，所以正史不录。

宋濂列传

宋濂在乱时隐居著书立说，后因太祖知遇之恩而尽心辅佐；他善于进谏，随事尽忠；他带头编修了《元史》，被人们誉为明朝"开国文臣之首"；他后又因胡惟庸案被牵连，贬至边远的四川，死于途中。

▶【刻苦求学，太祖知遇】

宋濂，字景濂，他的祖先是金华（今属浙江）潜溪人，到了宋濂时才迁到浦江（今属浙江）。宋濂小时候就聪慧敏捷，博闻强识，跟随闻人梦吉学习，精通《五经》，又前往吴莱处从学。自此，宋濂又游学于柳贯、黄溍之门，他们两人对待宋濂都十分谦逊，自称比不上宋濂。元代至正年间，他被推荐为翰林编修，宋濂以双亲年老需要侍奉为由辞谢不去赴任，隐居到龙门山著书立说。

过了十多年，明太祖朱元璋夺取婺州（今属浙江金华），召见宋濂。当时婺州已经改为宁越府，太祖下令知府王显宗开办郡学，因而宋濂和叶仪被聘为《五经》师。第二年三月，因李善长的推荐，与刘基、章溢、叶琛一同征召到应天府，除授江南儒学提举，命令他授太子经，不久又改起居注。宋濂比刘基年长一岁，都起于东南，并且都享有盛名。刘基雄壮豪迈有奇气，而宋濂则以儒者自诩。刘

基在军事上为太祖朱元璋出谋划策，而宋濂则是第一个以文学得到知遇的，常常侍奉在太祖左右，以备顾问。太祖朱元璋曾召宋濂讲《春秋左氏传》，宋濂进言说："《春秋》乃是孔子褒贬善恶之书，如能遵行《春秋》，就能赏罚适中，天下便可以安定。"太祖朱元璋亲临端门，亲自讲解黄石公的《三略》。宋濂说："《尚书》中的《尧典》、《舜典》、《大禹谟》、《皋陶谟》、《益稷谟》，完全具备帝王的大经大法，希望陛下留意讲明这二《典》、三《谟》。"自此之后，议论赏赐，宋濂又说："得天下以人心为本。人心不稳固，虽然充满金帛，将有何用处。"太祖朱元璋对此都表示赞许。

洪武二年（1369），朝廷下诏修《元史》，命令宋濂担任总裁官。这年八月修成了《元史》，除授宋濂为翰林院学士。这时，太祖开始注意文治，征召各地的儒士张唯等数十人，选择其中年轻而有才华的人，皆提升为编修，命令宋濂做他们的老师。宋濂做

太子师傅先后十几年，都用礼法婉言规劝太子的一言一行，使太子的言行合乎礼法。至于有关政治教化以及前代兴亡的事，一定拱手说："应当像这样，而不应当像那样。"每当皇太子欣然接受时，言必称师傅。

【善于进谏，随事尽忠】

太祖朱元璋剖符分封功臣，召宋濂议论五等封爵。宋濂住在大本堂，讨论到天亮，顺次根据汉、唐的旧例，衡量出适中的内容而奏明太祖。天空屡次降下甘美的雨露，太祖询问灾祥的缘故。宋濂答道："天子受命不在于天，而在于人，好的征兆不在于祥，而在于仁。《春秋》记载异常现象而不记载祥兆，就是这个缘故。"皇帝的侄子朱文正获罪，宋濂说："文正获罪固然该死，必须实行亲其所当亲之义，把他安置在边远的地方就行了。"太祖朱元璋夏至祭地时，感到心绪不宁，宋濂从容地说："养心最好莫过于寡欲，真的能做到这一点的话，那么就会心地清新、身体安泰。"太祖在很长一段时间都极为称赞这一说法。

太祖曾经以帝王之学，什么书最为重要的问题来问宋濂。宋濂举出《大学衍义》。于是，太祖朱元璋就下令用大字将此书写在大殿两侧廊房的墙壁上。不久，太祖朱元璋亲临西廊，众大臣都在场，太祖就指着《大学衍义》中司马迁论黄老之学，让宋濂来讲解分析。宋濂讲完之后，又说："汉武帝沉迷于方技的空虚悠远的学说之中，改变了文帝、景帝的恭俭作风，致使民力衰敝，又施以严刑督责。为人君主，以礼义治心，邪说才不会乘虚而入；以教化治民，祸乱才不会兴起。刑罚不必被列于前。"太祖朱元璋又询问夏、商、周三代的历法和封疆的大小，宋濂对此一一详细回答，又说："三代以仁义治理天下，所以能统治长久。"太祖朱元璋又问："三代以上，他们都读哪些书？"宋濂答道："上古时代还没有用文字记载的书籍，因此人们不专门讲诵书籍。为人君者兼负治理教化的责任，通常是以身体力行统率民众，那么民众自然会被

⊙ 宋濂像

宋濂与刘基、高启并称为明初诗文三大家。他以继承儒家封建道统为己任，为文主张"宗经"、"师古"，取法唐宋，著作甚丰。明朝立国，朝廷礼乐制度多为宋濂所制定，朱元璋称他为"开国文臣之首"，刘基赞许他"当今文章第一"，四方学者称他为"太史公"。

教化。"太祖朱元璋让他在七步内作诗咏鹰，宋濂咏出了"自古截禽荒"的句子。太祖朱元璋高兴地说："你可以说是善于进谏啊！"宋濂就是这样在皇帝面前随时尽忠。

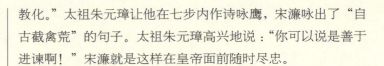

▶【温良恭俭，嘉言懿行】

宋濂生性诚实恭谨，久在内廷为官，从未攻讦过他人。他所居住的房间，署名为"温树"。客人向他询问宫中的事，他就用手指着"温树"二字让他看。

宋濂曾经和客人饮酒，太祖朱元璋便派人秘密监视。第二天，太祖朱元璋问宋濂昨天是否饮酒，客人是谁，吃的什么东西。宋濂都一一如实回答。太祖朱元璋笑着说道："对啊，卿不欺骗朕。"

有时候，太祖朱元璋会召来宋濂询问群臣的好坏，宋濂每次都只称举那些好的，他说："良善的是臣的朋友，臣了解他；那些不好的，臣不了解他们。"

🔖 **宋濂·题王诜烟江叠嶂图跋**
此图跋用笔清丽婉约，激扬豪迈，行草相杂，使整篇气韵生动。

主事茹太素上书，太祖朱元璋勃然大怒，问朝廷大臣，有人指着茹太素的上书道："这是不敬，这是诽谤不法。"太祖问宋濂，宋濂道："茹太素尽忠于陛下啊。陛下刚刚广开言路，怎能过分给他加罪。"过后，太祖朱元璋又详细阅读了茹太素的上书，才发现上边有完全可以采纳的内容，就将朝廷大臣召集起来责问，因而呼唤宋濂的字说："没有宋景濂，我会错怪进言之人。"于是，太祖就在朝廷上称赞宋濂说："朕听说最上者为圣，其次为贤，再次为君子。宋景濂侍奉朕十九年，不曾有一句话的诈伪，也未曾揭过一个人的短处，始终如一，他不但是个君子，还可以称之为贤人啊。"

宋濂的这种高尚品行也得到了太祖朱元璋的看重。每次在内廷宴见，太祖朱元璋必定设置座位，命人上茶，每天早上肯定会让人准备早膳，太祖朱元璋反复咨询宋濂，常常直到深夜才结束。宋濂不能喝酒，太祖朱元璋曾经强迫他喝了三杯，他就摇摇晃晃走不成路了。太祖曾把甘美的雨露调在汤里，亲手拿着给宋濂喝，说："这汤可以治病，延年益寿，朕愿意与你共饮此汤。"足见太祖朱元璋对宋濂的宠信。

【开国文臣之首】

宋濂体貌伟岸，胡须很美，视力很好，可以在一粒米上写几个字。他从小到老，没有一天不读书，通晓各种学问。所作文章含义深远，文笔曲折，可与古代大家并驾齐驱。在朝廷担任官职之时，郊社宗庙山川百神之典，朝会宴享律历衣冠之制，四裔贡赋赏劳之仪，旁及元勋巨卿碑记刻石之词，全部都交由宋濂撰写，因此人们推崇他为"开国文臣之首"。士大夫登门求文的可以说是络绎不绝，就连外国贡使也都知道他的大名，时常询问宋先生的起居是否无恙。高丽、安南、日本以至于出重金购买他的文集。四方的学者都尊称他为"太史公"，而不以姓氏相称。尽管宋濂白首侍奉太祖朱元璋，其勋业爵位比不上刘基，但洪武一代的礼乐制作大都是由他所裁定的。

洪武十三年（1380），宋濂的长孙宋慎因是胡惟庸的同伙而获罪，太祖朱元璋想要判宋濂死罪，多亏马皇后和太子朱标极力营救，才保住了宋濂的性命，并将其安置在茂州（今属四川）。

洪武十四年（1381），宋濂在夔州（今四川奉节）去世。知事叶以从将他安葬在莲花山下。蜀献王仰慕宋濂的名声，又将他的坟墓迁到华阳城东。弘治九年（1496），四川巡抚马俊上奏疏说："宋濂乃是真正的儒者，他辅佐国运，其著述可为师表，在华美的文辞方面颇有功效，辅导后进有显著的功绩。很久以前死在远方边戍，沉沦于九泉之下，乞求给予怜悯录官。"将此奏议下到礼部讨论，恢复宋濂的官职，春秋两季在安葬他的地方祭祀他。正德年间，追谥为"文宪"。

蓝玉列传

在《明史》中，蓝玉和朱亮祖、周德兴、王弼等人以合传的形式出现，这几个人物都属于明初仅次于徐达、常遇春的开国功臣，战功显赫。然而他们的结局却十分相似，那就是功高震主，自己又不知检点，飞扬跋扈，最终被明太祖朱元璋一一剪除，其中尤其以蓝玉最具代表性。

▶【蓝玉出身】

蓝玉，定远（今属安徽）人，是开平王常遇春的妻弟。最初，蓝玉隶属于常遇春帐下，对敌作战勇猛果敢，常战常胜。常遇春多次向太祖朱元璋称赞蓝玉，蓝玉由此受到朱元璋的重视，由任管军镇抚开始，以累立战功，升至大都督府佥事。

洪武四年（1371），蓝玉跟随傅友德攻打四川，攻占四川绵竹。洪武五年（1372），跟随徐达北征，蓝玉作为先锋出兵雁门关，先后在乱山与土剌河（今蒙古乌兰巴托西）大败元军。洪武七年（1374），蓝玉率军攻占兴和（元路名，治所在今张北，辖区相当于今河北张北、怀安、山西天镇、内蒙古集宁市之间），俘虏元朝国公帖里密赤等五十九人。洪武十一年（1378），蓝玉和平西侯沐英征讨西番（今甘肃、青海一带），俘虏西番首领三副使，毙伤敌人数以千计。第二年，蓝玉率师还朝，被封为永昌侯，食禄二千五百石，并赐给铁券。

洪武十四年（1381），蓝玉出任征南左副将军，跟随颍川侯傅友德进攻云南，在曲靖之战中俘虏元朝平章达里麻；元朝云南梁王把匝刺瓦尔密逃跑途中死亡，云南全境平定。这次战役中，蓝玉功劳最多，因而加禄五百石，其女被册为蜀王朱椿的妃子。

▶【征讨纳哈出】

洪武二十年（1387），蓝玉担任征虏左副将军，跟随大将军冯胜征讨纳哈出。大军进至通州（今北京通州区），蓝玉得知在庆州（治所在今辽宁巴林右旗西北察罕木伦河源之白塔子）有元兵驻扎，于是冒着大雪率领轻骑兵实施突袭，大破元军，斩杀元朝平章果来，俘虏了果来的儿子不兰溪。恰好当时明军进攻到金山（今内蒙古哲里木盟东境西辽河南岸）一带，纳哈出派遣使节到大将军冯胜军营请求投降，冯胜派遣蓝玉前往受降。纳哈出率领数百骑兵来见蓝玉，蓝玉非常高兴，摆酒款待纳哈出。纳哈出斟酒酬谢蓝玉，蓝玉将自己的衣服（汉服）脱下来让纳哈出穿，并说："请穿上这件衣服饮酒。"纳哈出不愿意穿，蓝玉也不喝纳哈出敬的酒，双方僵持了一会儿，纳哈出将酒泼在地上，向他的手下嘟嘟囔囔地说话，打算离席而去。当时郑国公常茂（常遇春之子、蓝玉外甥）在座，连忙上前阻拦，并将纳哈出砍伤，都督耿忠慌忙护送纳哈出去见冯胜。纳哈出的手下四散惊逃，冯胜派遣降将观童去劝慰安抚纳哈出的手下。大军回师亦迷河（今内蒙古伊敏河），才将纳哈出剩余的部队全部降服。恰逢大将军冯胜有罪，被没收了大将军印信，朱元璋便任命蓝玉代行总兵官职责，不久便在军中任命蓝玉为大将军，率军驻扎蓟州。

▶【北征捕鱼儿海】

当时元顺帝的孙子脱古思帖木儿即位，不时地骚扰明朝北方边界。洪武二十一年（1388）三月，明太祖朱元璋命令蓝玉率领十五万大军征讨脱古思帖木儿。大军从大宁（今内蒙古宁城）出发，进至庆州。得知元主脱古思帖木儿在捕鱼儿海（今贝加尔湖），蓝玉率军走小路兼程而进，到达距离捕鱼儿海四十里的百眼井一带，但是并没有发现元军踪迹，蓝玉打算撤军。定远侯王弼对蓝玉说："我们率领十几万军队，深入漠北，没有收获，就这样撤军，回去之后如何交差？"蓝玉说："的确是这样。"便命令士兵在地上挖坑做饭，不许暴露烟火。并且连夜进军捕鱼儿海之南，当时敌营尚且在捕鱼儿海东北八十多里的地方。

蓝玉命令王弼作为前锋，迅速突击敌营。元军认为明军缺乏水粮草料，不可能深入，并没有做防备。当时又遇上大风扬沙，白昼如夜，部队急行军，元军毫无察觉。明军突然出现在元军面前，元军惊慌迎战，被明军打败，元

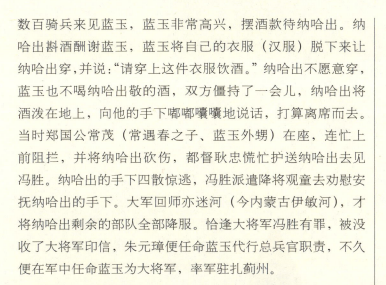

🔥 **神火飞鸦**

"神火飞鸦"外形如乌鸦，作战时，用起火的推力将飞鸦射至100丈开外，飞鸦落地时内部装的火药被点燃爆炸。神火飞鸦类似今日的火箭弹。

朝太尉蛮子被杀，他的部下全部投降。元主脱古思帖木儿和太子天保奴率领数十骑兵逃走，蓝玉派遣精兵追击，未能赶上，但是俘虏了元主脱古思帖木儿的次子地保奴以及嫔妃、公主等数百人。在追击的过程中，明军又俘虏了元朝吴王朵儿只、代王达里麻以及平章以下官员部属三千人，俘获男女七万七千余人，并缴获了元朝宝玺、符敕、金牌、金银印信等物件，马匹、骆驼、牛、羊等十五万余头（匹），焚毁元军铠甲、兵器、辎重难以统计。蓝玉向京城报捷，明太祖朱元璋非常高兴，赐予敕书对蓝玉进行褒奖，在敕书中将蓝玉比作汉朝的卫青、唐朝的李靖。接着蓝玉又攻破了哈剌章的营地，俘获人畜六万。蓝玉班师还朝，被封为凉国公。

【西南平叛】

征讨捕鱼儿海之后第二年，明太祖朱元璋命蓝玉监督修筑四川城池。洪武二十三年（1390），施南（辖今湖北宣恩、利川和恩施等地）、忠建两个宣抚司的少数民族起兵造反，朱元璋命蓝玉前去讨伐平叛。接着蓝玉又平定了都匀（今贵州都匀一带）、散毛等安抚司的叛乱，因功增加食禄五百石，奉诏还乡。洪武二十四年蓝玉奉命管理兰州、庄浪等七个卫所，追击逃寇祁者孙，随即征略西番所属的罕东（确地不详：一说在今甘肃敦煌，一说在今酒泉西南，一说在今青海省西宁西北）一带，西番首领哈

武将军服铠甲

明代的武官制度是历史上比较完备的，而军戎服饰的等级差别也最明显。武官九品以上有四种官服：朝服、公服、常服和赐服。除常服使用较普遍外，其余三种都属于宫廷服饰，不属戎服范围。

畓等人逃走。恰逢建昌（今四川西昌）指挥使月鲁帖木儿造反，朱元璋命令蓝玉率军前去平叛。当他到达时，建昌之后都指挥瞿能等人已经打败了月鲁帖木儿叛军，月鲁帖木儿逃往柏兴州（今四川盐源）。蓝玉派遣百户毛海诱捕月鲁帖木儿父子，押往南京诛杀，然后降服月鲁帖木儿的部属，借此机会蓝玉建议在建昌一带增设屯卫，朱元璋答应了。蓝玉又请求选拔百姓从军，讨伐朵甘（今青海玉树、果洛和海南一带）、百夷（云南傣族聚居区一带），朱元璋没有允许，蓝玉只得班师。

【惊天逆案】

蓝玉身材高大，面色发红，既勇敢，又有谋略，是大将之才。中山王徐达、开平王常遇春去世之后，蓝玉几次率领大军，多次立功，太祖朱元璋对他厚待有加。逐渐地，蓝玉变得傲慢自大，自以为是，又大量蓄养庄奴、义子，这些人借着蓝玉的威势，凶暴蛮横。蓝玉曾经侵占东昌百姓田产，御史来调查这件事，蓝玉大怒，驱逐了这名御史。北征回来的时候，夜间要通过喜峰关，关吏迎接不及时，蓝玉放纵士兵毁坏关口进关。朱元璋闻知，很不高兴。又有人说蓝玉曾经私通元朝皇帝的妃子，妃子惭愧得自缢身亡，朱元璋严厉斥责了蓝玉。当初，朱元璋本想封蓝玉为梁国公，因为上述过失而改封凉国公，并且在铁券上镌刻他的过失。虽然这样，蓝玉

仍然不知悔改，在陪侍朱元璋宴饮的时候言语傲慢；在军队中，蓝玉擅自黜罢提拔将校，行为举止独断专行，遭到朱元璋多次批评。西征回来之后，蓝玉被加封太子太傅，他不愿意位在宋国公冯胜、颍国公傅友德之下，说："我难道就不能担任太子太师吗！"后来多次上奏言事，朱元璋都不采纳，蓝玉心中越发地不痛快。

洪武二十六年（1393）二月，锦衣卫指挥蒋瓛上书朱元璋告蓝玉谋反，朱元璋将蓝玉逮捕审讯。狱辞中称："蓝玉和景川侯曹震、鹤庆侯张翼、舳舻侯朱寿、东莞伯何荣以及吏部尚书詹徽、户部侍郎傅友文等人阴谋造反，想在皇帝出去耕籍田的时候动手。"结案之后，蓝玉全家被处决。因为这一案，列侯以下牵连诛杀的不可胜数。朱元璋亲自书写诏书布告天下，将蓝玉的罪状编制成《逆臣录》。到了九月，朱元璋下诏说："蓝玉这贼作乱，阴谋暴露，被族诛的有一万五千人。从今以后，凡属于胡党、蓝党的人全部赦免，不再追查。"这里的"胡"指的是丞相胡惟庸。到这个时候，开国功臣和老将已经相继清除。在《逆臣录》中留名的，包括一个国公、十三个侯和两个伯。

方孝孺列传

他自幼聪慧，被誉为"小韩愈"；他效忠国家，献计献策；他还有一个历史仅有的独特经历——中国历史上唯一被诛十族的人！他便是方孝孺。朱棣发起"靖难之役"篡夺王位，这位刚正不阿的方孝孺面对威逼利诱丝毫不动摇，不惜用自己和众亲友的生命来对抗残暴，保留了"君子不事二主"的义士名节，他的高风亮节与坚毅不屈让人肃然起敬，但也有人大骂其迂腐不堪，不懂世事变迁，导致无辜生命冤死。到底孰对孰错，评判标准在你我心中！

【聪慧过人，孝家孝国】

方孝孺，字希直，又字希古，宁海人。他的父亲是方克勤，在洪武年间曾担任官吏，奉公守法。方孝孺从小聪明过人，机智勇敢，思维敏捷，熟读四书五经，眼睛长得炯炯有神，惹人喜爱，加之他勤奋好学，没有半点懒散之心，据说他每天的读书量都超过一寸厚，很多人自叹不如。方孝孺谦虚踏实的品性深得邻里赞叹，被乡亲们称为"小韩愈"。成年后，他师从宋濂，学习文章与理学，宋濂有众多门生，名气也遍布天下，但是门生中的知名文人都自叹不如，他的前辈胡翰与苏伯衡都自认不如方孝孺。

方孝孺的文风纵横豪放，词气雄迈锋利，在文章与理学方面造诣深厚，本应以文学见长，若再加苦练，必能成为一代文豪，但他却"恒以明王道、致太平为己任"，不仅轻视文辞写作的学问，而经常以宣扬仁义以治天下之道、天下太平的目标为个人宗旨。

有一次，方孝孺操劳病倒，卧床休养，但是家里的粮食早已被吃光。家人着急万分，方孝孺不仅不为之所动，还微笑着对家人说："古代的人三十天只进食九次，贫穷困苦之事又岂止我们家才有呢！"

此外，方孝孺还是个大孝子。明朝初期，地方官吏依照例法，每年必须到户部核对财政粮食军需等事宜。由于路途遥远，不便返回地方更正，所以便预先携带空印文书，后来便成为惯例。朱元璋因为怀疑此事有欺瞒虚弊的情况，于是追究整治，杀主印官数百名，方孝孺的父亲方克勤也因"空印"一事获罪而被处以死刑，方孝孺扶持着灵柩，返回家乡安葬。

【辅助君主，献计献策】

洪武十五年（1382），在吴沉、揭框的推荐下，太祖召见了方孝孺。太祖见他举止庄严肃穆，温文尔雅，颇有学者风度，太祖便说："这个人品行端庄，是个人才，应该让他更老成一些再用。"太祖认为当时还不是用方孝孺的时候，于是便派人送其回家。之后，方孝孺因仇家举发，被逮捕到京，太祖在簿上看到他的名字，很是惊讶，弄清事实真相之后，便把他释放了。洪武二十五年（1392），经人推荐，太祖朱元璋授予方孝孺为汉中教授，主要工作是为学生讲学。方孝孺尽职尽责，孜孜不倦，蜀献王朱椿听到他的贤名，便聘请他为世子的老师。

建文帝朱允炆即位后，方孝孺被征召为翰林侍讲。次年晋升为诗讲学士。据说朱允炆非常爱好读书，每次碰到一些疑难问题，总会召见方孝孺，让其细细地讲解；更有甚者，有时候，百官正在上奏禀报朝廷之事，皇帝在决定群臣的面议是否可以实行的时候，总会让方孝孺在屏风之前辅助批答文书，起到了很多辅助作用。

建文新政中，最重要的内容就是宽刑狱。建文帝朱允炆推行"宽仁"之政，而方孝孺提出的"以德为主，以法辅之"的德治思想与建文帝的执政原则不谋而合。在方孝孺的参与下，建文帝平反了一大批冤假错案。建文帝宽刑狱取得最直接的成果就是全国的囚犯人数比往年减少了三分之二。

裁并州县，更定官制，这也是建文新政的一个内容，而且历时比较长，直到建文四年（1402）还在持续。建文帝在经济方面也有所举措，一是减轻江浙地区的沉重赋税，二是准备推行井田制。方孝孺认为实行井田制可以抑制土地兼并，有利于社会的稳定。

《敬覆帖》·明·宋璲

方孝孺曾称赞宋濂次子宋璲的草书"如天骥行中原，一日千里"。

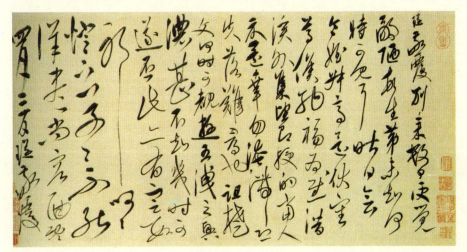

但是限于条件，井田制最后并没有真正实行。建文新政实行几年之后，取得了很好的成效，社会风气明显好转，而且赢得了民心，年轻的皇帝得到了百姓们的支持。

建文三年（1401）五月，吴杰、平安、盛庸派遣军队，欲打乱燕军粮饷的运输通道。燕王非常着急，便指使武胜向建文帝上书，希望停止这项行动。建文帝念及恩情，便想答应他的要求，方孝孺对建文帝说："此次行动一定是燕王的奸计，如果就这样停止我方军事行动，必定会落入燕王的圈套，以后想集中精力反击就难上加难了，望皇上三思而后行啊。"建文帝听后，觉得很有道理，便把武胜杀了，拒绝燕王的请求。

此外，方孝孺了解到燕王的世子朱高炽性情仁厚，但弟弟朱高煦则狡猾奸诈，曾想夺取世子的地位，燕王也对小儿子宠爱有加，方孝孺便想用离间计让其兄弟二人两败俱伤。但人算不如天算，方孝孺的离间计最后没有成功。燕军终于进攻入城，建文帝不知所终。而这一天，方孝孺被捉拿入狱，便发生了"株连十族"之历史冤案！

【刚直不屈】

姚广孝了解方孝孺对君主的忠贞，他知道看重气节的方孝孺是不可能轻易归顺燕王的，一定要耐心长时间劝说方可。但燕王生性残忍，必不可能忍受方孝孺的倔强。他思前顾后，

认为就此将方孝孺杀死，未免太过武断，于是在成祖发兵之前，冒死求见，希望他手下留情不要将方孝孺急于处刑。他对朱棣动情地说："南京城攻下之日，方孝孺一定不会轻易投降的，请您不要过急杀了他。杀了方孝孺，就等于天下的读书种子灭绝了，这真是一件非常可惜的事情呀。"成祖朱棣考虑片刻，认为姚广孝所言甚是，于是频频点头表示一定按照他的建议行事。后来朱棣进入南京城的当天，方孝孺就被捕下狱。朱棣即位时要拟即位诏书，朱棣想到了让方孝孺写，来装点门面。朱棣便召方孝孺上殿草拟即位诏书，然而此事的发展却超出了所有人的预料。

在明成祖朱棣的强迫下，方孝孺才肯见他，但是此时的方孝孺，穿着丧服，当着文武百官哭声凄厉，旁观者好不痛心。明成祖朱棣也颇为感动，走到他跟前慰问他说："我只是打算仿效周公辅佐成王的方式来打理朝政，先生不必自取忧苦。"方孝孺反驳："周成王在哪里？"成祖朱棣回答："他已经自焚而死。"方孝孺又问："为什么不立成王的儿子为王？"成祖朱棣说："国家君主当依靠年长的君主。"方孝孺说："那成王的弟弟亦可。"成祖朱棣答道："这是我们朱

家的事，与你等无关。"回头说道："要诏示天下，必须由先生您来起草。"便叫侍者授予方孝孺纸笔，方孝孺把笔重重摔到地上，骂道："死就死！诏书我绝不起草！"成祖大怒，命令在闹市将他碟死。方孝孺慷慨赴死，时年四十六岁。

他的门人德庆侯廖永忠的孙子廖镛与弟弟廖铭收殓他的遗骨，葬在聚宝门外的山上。

方孝孺的兄长方孝闻，致力于学，行为淳厚，先于方孝孺而死。弟方孝友同方孝孺一起被杀。妻子郑氏及两个儿子方中宪、方中愈先于方孝孺上吊自杀，两个女儿投秦淮河自杀。

方孝孺善于写文章，淳厚精深，雄壮豪迈。每写出一篇文章，天下人争相传诵。

永乐年间，私藏方孝孺文章的人判死罪。他的门人偷偷地编录方文为《侯城集》，因此得以传于后世。

仁宗即位，训谕礼部："建文众臣，已经杀戮，家属籍没入官府的，都赦免为平民，归还他们的土地。亲属充军到边疆的，留一人在戍所，其余的释放回家。"万历十三年三月，释放因方孝孺而获罪被发配戍边的人的后裔，浙江、江西、福建、四川、广东总计一千三百余人。

而方孝孺没有后人，只是方克勤的弟弟方克家有个儿子叫方孝复。洪武二十五年，曾经上书朝廷，请求减免信国公汤和所加给宁海的赋税，被贬谪戍守庆远卫，因他的军

籍获免。方孝复的儿子方琬，后来也被赦为平民。

世宗时，松江人俞斌自称是方孝孺的后人，一时士大夫相信了他，为此而纂写《归宗录》。不久发现他是作假，报告给官府，平息了此事。

神宗初年，下诏褒录建文时期的忠臣，在南京建造表忠祠，第一个是徐辉祖，第二个是方孝孺。方孝孺被杀，他的族人亲友前后因此获罪而被杀的有数百人。他的门人也有以身相殉的，卢原质、郑公智、林嘉猷，都是宁海人。卢原质，字希鲁，方孝孺姑姑的儿子，由进士拜授编修，历任太常少卿。建文时，多次对国事提建议。燕王军攻到，没有屈服，与弟弟卢原朴等一起被杀。

姚广孝列传

姚广孝，一生都是僧人，却成为元末明初著名政治家。他向来怀有远大抱负，成为明成祖朱棣的谋士后，为"靖难之役"的胜利立下了汗马功劳。朱棣即位后，他非常受器重，还参与编纂《永乐大典》，人称"黑衣宰相"。

▶【为靖难之役出谋划策】

姚广孝，苏州长洲县（今江苏苏州）人，他本是医生家的孩子。十四岁的时候，他剃度为僧人，法号道衍，字斯道。姚广孝曾拜道士席应真为师，学习阴阳术数。有一次游览嵩山（今属河南）寺庙，有个相面的叫袁珙，见到他就说："你这样的僧人长得太怪异了。三角眼，像是生病的老虎，性子肯定嗜杀，肯定是刘秉忠那样的人。"道衍最崇拜刘秉忠，听到他这么说反倒很高兴。洪武年间，道衍曾经有机会去礼部做官，而不愿去，穿着自己的僧袍返回寺庙。经过北固山（今镇江境内名山），他赋诗感怀历史，他的同伴宗泐就问他："僧人怎么能说这种话呢？"道衍只是微笑，却并不回答。

高皇后去世后，明太祖朱元璋挑选高僧跟随各藩王，为高皇后诵经祈福。宗泐推荐了道衍。燕王和道衍聊得十分投契，就邀请他随同自己到了北平（今北京），做了庆寿寺的住持。

道衍经常出入燕王府，常常屏退别人悄悄说话。等到太祖去世，建文帝即位后计划削藩，多个藩王相继被惩罚。道衍因此悄悄劝明成祖朱棣起兵。成祖朱棣问他："民心向着建文帝，我能怎么办？"道衍说："我能知道天道，更不要提民心了。"于是推荐袁珙及卜者金忠，这更加坚定了朱棣的决心。于是他们暗地里挑选将校和士兵，广纳有才能的人，在燕王府邸的后苑中秘密练兵、铸造武器。建文元年（1399），燕王练兵的事情泄露，建文帝命人秘密逮捕燕王等人。都指挥使张信向朱棣告密，朱棣决定立即起兵，发起"靖难之役"。恰好狂风吹来下起了雨，房上瓦片掉落，朱棣觉得是不祥之兆，道衍说："这是祥瑞的征兆。龙要飞跃向天空，风雨一定会随之而来。瓦片掉落，正好表明皇位将变了。"起兵后，道衍辅佐燕王世子留守北平。

建文元年（1399）十月，成祖朱棣出征时，李景隆趁机围困北平。道衍只率领一万多兵士坚守，击退了十多万敌人。朱棣围困济南（今山东济南）三个月，却攻打不下来，朱棣听从了道衍的劝说撤退。道衍还向朱棣建议："不要再纠缠于城池了，直接快速攻往京师，京师空虚，一定能够成功。"朱棣听了他的建议，最终渡江夺取了京师。

【得器重依然清心寡欲】

朱棣即位后，授予道衍僧录司左善世的官职。成祖朱棣在藩王府的时候接触到的人都是武将，只有道衍一个人负责出谋划策。等到成祖朱棣出征齐鲁、河北三年时间里，不管是进攻、转移，还是撤退，大大小小的决定都听从道衍的意见。道衍虽然从来没有到战场上，但是成祖朱棣用兵得天下，他出力很多，功劳最大。永乐二年（1404），道衍升为资善大夫、太子少师。成祖朱棣还下旨恩准他恢复原来的姚姓，赐名为广孝。成祖朱棣和他交谈，从来不叫他的名字，而是称呼他少师。让他蓄发还俗，他不肯；赐给他府第

姚广孝像
他生自医家，却偏爱谋略；他不为生活所迫，却自幼出家；他既入空门，却热心政治；他不辅洪武、建文，却偏助燕王；他未受十年寒窗苦，却主编《永乐大典》。姚广孝的生平充满了传奇色彩。

和两个宫女，他也不接受。他常年居住在寺庙，上朝的时候就穿官服，退朝后仍旧穿僧衣。他回家乡的时候，将成祖朱棣赏赐的金银财宝也全部散给自己的族人和乡亲。他还作为编修重修《太祖实录》，和解缙等人一起编修《永乐大典》。完成之后，成祖朱棣对他的评价很高。不管是成祖朱棣在南京和北京之间往来，还是出塞北伐，他都留守在南京辅佐太子。永乐四年（1406），他还为入学的皇太孙授课。

姚广孝这个人年少时十分好学，擅长写诗。当时大学者宋濂、苏伯衡也很认可他写诗的水平。他晚年撰写《道余录》，对之前的大儒、学者评价不高，遭到了人们的鄙夷。

永乐十六年（1418），姚广孝已经八十四岁了。他向皇帝请求释放因建文帝的事被关押了十多年的僧人溥洽。皇帝同意了。不久，姚广孝去世。成祖朱棣十分震惊和悲伤，两日不能上朝，下旨以僧人的礼节厚葬，追赠十分丰厚。成祖朱棣还亲手撰写神道碑文表彰他的功劳，并加封他的养子。洪熙元年，姚广孝又被加赠为少师。

解缙列传

解缙出身于书香门第，小时候被称为"神童"。年轻的时候就提出了许多治国安邦之策，公正自持，是个极有才华的忠臣，先后侍奉过几任皇帝，多次被贬谪，又多次得宠信。但解缙为人过于耿直，不事谄媚，引得小人嫉恨，招致贬谪乃至杀身之祸。

▶【才华初显】

解缙，字大绅，吉水（今属江西）人，祖父为元代安福州判官，后死于兵乱。其父解开受到明成祖召见，不愿意做官，辞归家乡。解缙自幼聪敏绝伦。明洪武二十一年（1388），解缙中进士，被任命为中书庶吉士。

解缙有治国安邦之才，所以很受皇上的宠爱，经常在皇上身边。有一天，明太祖对解缙说："你我虽是君臣，但是情同父子，所以你可以知无不言，言无不尽。"于是，解缙当即写下上万字的奏折，上书太祖。

这封万言奏折大概是说：政令经常改动会引起人民的疑虑，刑罚太烦琐不利于人民遵守。陛下经常诛杀奸臣逆贼，并且斩草除根，但仅惩恶却未扬善。如陛下喜好阅读经史，我可以组织人员编写一部从古至今的典籍，记录古代帝王、将相、传奇人物和他们的事迹。另外，编写乐书，惠及后人。应该制定宗庙祭祀等的礼制，应该禁绝倡优，禁止巫术，裁减冗员，轻徭薄赋，垦荒种地，顺应农时，减轻人民的负担。

近年来朝中风气不良，官员们以抓囚犯多为功劳，以定罪名重为能事，这些都是媚上欺下的小人作为。陛下应该选择贤良的人予以委任，委任时要考虑职位的轻重，处置奸佞要依法办事。现在有才能的监生，进士大多不得重用，而善使权术的人却加官晋爵。贤能的人不齿与这些人为伍，而庸才却处处效仿不良行为。现在朝中官员分不出谁贤德谁庸钝，刑律的执行看起来也没有是非曲直之分了。百姓都说陛下喜欢凭心情决定人的死活，却不知道是因为陛下身边缺少忠良。

土地有肥沃的有贫瘠的，每年的收成也不一样，但是赋税却统一标准。如果丰收，地主们就得利；歉收，农民们就受苦，这不是相当于侵害人民的利益吗？不能一味增加赋税，必须通过改革，实行均田制来丰盈粮库，解决人民粮食问题。另外，要加强边防建设，训练民兵，招收武举，稳固国防。古代的连坐刑罚太过于严苛，特别是丈夫犯罪不应株连妻子。官吏审案最好不要用笞杖之刑，而大臣们有犯小错的，鞭打以示惩戒就可以了。

上奏完毕，太祖非常高兴，连连称赞解缙才能过人。

【初次被贬】

解缙刚踏入仕途，他刚正不阿的个性就显露出来。韩国公李善长被太祖赐死后，解缙又代郎中为李善长喊冤，又帮同僚上疏弹劾都御使袁泰。袁泰被罚，怀恨在心。

那时，大臣们的父亲都得以觐见太祖。解缙的父亲解开来了，太祖就跟解开说："把你儿子带回去，再好好修身养性，十年后再入朝也为时不晚。"于是解缙只好跟父亲回家。回家后的第八年，太祖朱元璋驾崩，解缙进京吊丧。袁泰趁机告他违抗圣旨，不到十年就进京，而且他母亲刚刚去世还没下葬，父亲又九十高龄，不该舍弃双亲。于是解缙又被贬为河州(今甘肃兰州附近)卫吏。

当时礼部侍郎董伦为惠帝所信任，解缙写信给董伦，希望他能帮忙。解缙在信上说："我轻率张狂，无所避忌，做了不少得罪人的事，太祖让我回家修习十年。在家的八年里，我修改了《元史》的错误，续

写了《宋书》，删定了《礼经》。太祖忽然驾崩，悲痛欲绝，顾不得家中母亲新丧、父亲高龄，进京吊唁太祖，怎么料到却被贬谪到如此遥远的地方。我生在南方，北方的天气非常难适应，因此经常生病，而且这个职位的工作实在不适合我，我时时会有不测。所以非常希望能回京师供职，实在不行，调回南方也行，起码能跟老父亲相见。"董伦知道他有才能，于是在建文帝朱允炆跟前说尽好话，终于把解缙调回京师，任职翰林待诏。

【再次得宠】

永乐元年(1403)，明成祖朱棣即位，任命解缙为翰林侍读，进文渊阁，与黄淮、杨士奇、胡广、金幼孜等人参与机务之事。不久成祖又升任

🌐 永乐大典

《永乐大典》编撰于明永乐年间，初名《文献大成》，是中国的百科全书式的文献集，全书目录16卷，正文22937卷，装成11095册，约3.7亿字，这一古代文化宝库汇集了古今图书七八千种。

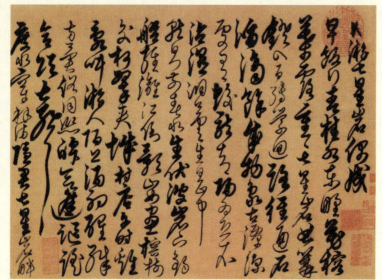

🔖 草书《游七星岩》诗卷·解缙

括成祖次子汉王朱高煦。当年储君还没定的时候，淇国公邱福说汉王朱高煦战功卓著，应该立为太子。虽然成祖朱棣也欣赏汉王的才能，但是汉王是次子，这使成祖犹豫不决，于是秘密找来解缙商量。解缙是恪守礼教的人，凡是不合礼数的事情他都不会赞成，因此废长立次是他肯定不愿意看到的，于是他说："皇长子仁孝，他当太子可天下归心，如果立次子的先例一开，将引起无数争斗。"成祖朱棣心里是比较喜欢朱高煦的，所以听了解缙的话不太高兴，但是解缙的话又很有道理，成祖朱棣拿不定主意之际，解缙又一顿首说了一句："好圣孙！"此时君臣心照不宣，立长子朱高炽为储君之事当即敲定，朱高煦仅立为汉王。为此，朱高煦非常憎恨解缙。但也可以看出，此

他为翰林侍读学士，奉命总裁《太祖实录》和《列女传》。书成之后，成祖赐给大量银币。永乐二年（1404），又升他为翰林学士兼右春坊大学士。解缙在翰林供职的时候，成祖给他一个文武百官的名单，让他指出个人的长短。解缙毫不掩饰，好的称赞，坏的直言，引得大家都说解缙太狂傲。而成祖朱棣却每次虚心听取意见，他曾经召集解缙等人，说："你们七人每天都在我左右，我很欣赏你们勤勉谨慎，谨慎一时很容易，一直保持到最后就很难了。好好干吧！"于是先给每人赐了五品服，又让他们的妻子都去朝觐皇后，后来又不断给予各种赏赐。

解缙年少入朝，才学颇高，敢于任事，在皇帝的宠信下无所畏惧，引得很多朝臣都对他心怀不满，包

时的解缙与皇帝之间的默契非同一般，一句话就确立了太子。

【解缙之死】

虽然朱高炽获立为太子，但却不得成祖朱棣宠爱。而朱高煦却越来越得到成祖宠信，于是朱高煦常常存有夺位之心。为此解缙又上疏劝诫成祖，这次成祖朱棣却觉得解缙在离间他们父子二人的关系，所以心生不悦，慢慢疏远了解缙。后来给黄淮等人赐二品纱罗衣时，没给解缙。又过了一段时间，朝廷机密不小心被人泄露了一些到廷外，朱高煦抓住机会嫁祸给解缙，第二年又诬陷解缙廷试阅卷不公。于是解缙再次被贬为广西布政使参议。临去广西前，礼部郎中再次诬陷解缙，于是解缙又被贬到了更远的交趾（今越南）。

永乐八年（1410），解缙进京奏事，遇到成祖朱棣打仗去了不在朝中，只得拜谒了皇太子就回去了。汉王朱高煦又大做文章，说解缙私自觐见皇太子，直接就回去了，也不拜见皇上，极其无礼。成祖朱棣听了大发雷霆。恰巧解缙回程，上疏请求开凿赣江以通南北，成祖朱棣正在气头上，马上下诏将解缙打入大牢，严刑拷打，还牵连了多名官员一起被打入大牢。永乐十三年（1415），锦衣卫帅纪纲上报囚犯登记表，成祖朱棣看了问道："解缙还活着？"锦衣卫帅纪纲回到牢里就把解缙灌醉，活埋到积雪里死去了。解缙死时才四十七岁。被害后，他家也被抄了，妻儿、宗族都流放到辽东。

明仁宗即位以后，翻出当年解缙的奏折，他感到解缙虽然后来身陷牢狱，遭多人上告，但他绝不是口出狂言之辈，所有分析有理有据，非常到位，而且文采斐然。于是下诏赦免解缙妻儿、宗族流放辽东之役，让他们迁回吉水。

正统元年（1436），明英宗下诏返还解缙所有被收缴的家产。宪宗成化元年（1465），解缙得以平反昭雪，追复官职，又赠朝议大夫。先前解缙说朱高煦想谋反夺嫡，成祖朱棣还怪罪他离间父子感情，后来朱高煦果然叛变被诛，被解缙言中了。

论赞

赞曰：明朝初期，罢免丞相一职，将权力分给六部。成祖朱棣以儒臣入直文渊阁，参与机要事宜。到了仁宗、宣宗的时候，阁权越来越大，实行丞相的职责。解缙等五人是最初进入文渊阁的。身居机密之地，必须公正自持，尤重于不曾泄露机密。解缙少年时就已才华横溢，太祖让他回家修习十年，其实是对他非常爱惜。谁知秉性难改，再次受重用后，还是引来了许多诽谤，最后不得善终，这难道都是因为别人嫉贤妒能吗？

杨士奇列传

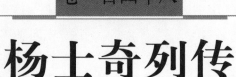

杨士奇，明朝初期内阁首辅，这位名臣前后侍奉过永乐、洪熙、宣德、正统四代皇帝，是名副其实的"四朝元老"。更为罕见的是，他深受每个皇帝的信任，更是历任三朝首辅，堪称明朝之最。

▶【妙语助太子】

杨士奇，名寓，字以行，泰和（今属江西）人。幼时父亲去世，他随着改嫁的母亲到了罗家，后来又改回杨姓。家里十分贫困，他就自己刻苦学习，教授生徒以养活自己，在江夏（今湖北武昌）教书时间最长。建文元年（1399），朝廷召集学者修撰《太祖实录》。杨士奇被王叔英推荐，后来被召入翰林，做编纂官。吏部考评编纂工作的儒生时，发现了杨士奇这个人才，考评获得第一，被提拔为吴王府审理副。明成祖朱棣即位后，杨士奇被选入内阁，参与国家大事，几个月后升任侍讲。

永乐二年（1404），杨士奇任左中允，永乐五年（1407）任左谕德，一直在太子朱高炽身边。他工作严谨，在家里从来不谈公事，即使是亲人也不知道政事。在皇帝面前，他举止谦恭，应对得体，每次都能说中要害。永乐六年（1408），朱棣北伐，命令他留下辅佐太子。太子喜欢诗文，杨士奇劝他把更多精力放在《六经》和两汉诏令上学习政事，不要在诗文上投入太多。

明成祖朱棣有三个儿子，长子朱高炽封为太子、次子朱高煦后封为汉王、幼子朱高燧封为赵王。朱棣当初起兵的时候，朱高煦勇猛作战，常有战功，朱棣曾经许诺他如果起兵成功就封他做太子。之后反而立朱高炽为太子，汉王很不高兴。赵王年纪小，也非常受宠。赵王、汉王联合起来离间太子与皇帝的关系，朱棣差点被说动。永乐九年（1411），朱棣到南京，询问杨士奇太子监国的情况。杨士奇夸奖太子孝顺，说他天资很高，有错必知，知错必改，且心存仁爱，绝对不会辜负皇帝的托付。朱棣听了很高兴。永乐十二年（1414），朱棣再次北伐，杨士奇仍旧辅佐太子留守南京（今属江苏）。后因迎驾迟缓，东宫官员全部被抓到监牢。杨士奇来晚了，皇帝反而没追究他的责任。朱棣又问到太子，杨士奇说："太子还像以前那样孝敬尊重您。所有的迟缓都是我们的罪过。"杨士奇后来也被抓下狱，不久被释放。

永乐十四年（1416），皇帝回到京城，听说了汉王预谋夺嫡的消息，以及各种不轨的行为，问杨士奇的意见，杨士奇说："我们几个人都在太子这里服侍，外人没有敢跟我们说汉王的事情。但是汉王两次都不肯去藩镇。现在知道陛下您要迁都就请求留守南京，希望陛下能仔细考虑他的用意。"朱棣默然回宫。几天后，汉王被治罪。

【辅佐仁宗】

仁宗朱高炽即位，杨士奇被提拔为礼部侍郎兼华盖殿大学士。他新官上任就劝谏仁宗将地方进贡大枣的份额减半。按照封建礼仪，新皇帝应为过世的皇帝服丧二十七天。期满的第二天，只有皇帝以及张辅、杨士奇三人仍着丧服上朝，满朝文武都更换了服装。退朝后，仁宗对随从们说："父皇的梓宫还没有下葬，更换丧服的事情岂是臣子能做的吗？杨士奇做对了。"由此仁宗对杨士奇更加敬爱，逐步提拔他为少保、少傅，后又命他兼任兵部尚书，开启了内阁大臣兼任六部尚书、直接插手六部具体事务的先例。不久，杨士奇成为内阁首辅，地位高于内阁其他同僚。

杨士奇和仁宗关系十分融洽，他和同官杨荣、金幼孜等人被仁宗赐予"绳愆纠缪"银章，能密折上奏仁宗。尚书李庆建议朝廷把军队多余的马匹分给地方官吏，杨士奇上疏反对，仁宗不同意。杨士奇再上奏，还是没有回音。后来仁宗借陕西按察使陈智上奏的机会驳回李庆的建议。仁宗告诉杨士奇，不是真的把他的奏折给忘掉了，而是为了不使他过多树敌，故意没有批准杨士奇的奏折。士为知己者死，杨

🌀 **十三陵献陵**
献陵是明仁宗的陵墓，较为俭朴。

士奇对仁宗也忠心耿耿。仁宗监国的时候，御史舒仲成得罪过他，等到此时仁宗就打算治他的罪。杨士奇劝谏说："陛下即位时曾经说过当初有忤逆您意思的人都免罪，如果你把他治罪，那么诏书就没有威信力了。以后也没人敢说话了，怕因言治罪。"仁宗作罢。仁宗几次因为官员言事生气，都被杨士奇劝谏。有一次有位大臣上书歌颂太平，大臣们都非常认同。只有杨士奇站出来说："陛下您虽然实行仁政，让天下人获益，但是现在在外流浪的民众还没有回到自己的家乡，战乱留下的疮痍也还没有平复，老百姓尚且艰难度日。如果还能休养生息几年，那么太平盛世很快就要到来。"皇帝很赞同。惭愧不已的大臣们向皇帝谢罪。有人为仁宗歌颂太平，杨士奇能反其道而行之，让他居安思危，难能可贵。仁宗去世后，杨士奇又成为理所当然的顾命大臣、内阁首辅。

【顾命宣宗】

宣宗即位，他既具备父亲的文才，又具备祖父的武略。杨荣、杨溥、杨士奇（"三杨"）继续留任内阁，他们安定边防，整顿吏治，发展经济，定期上朝觐见宣宗，讨论具体事务。也正是在这一时期，内阁逐渐发展起来，成为大臣和皇帝之间沟通的桥梁。

宣德元年（1426），汉王朱高煦造反。宣宗亲征，平定叛乱。种种证据表明赵王和汉王叛乱有关，有御史建议皇帝将赵王也除掉，以绝后患，杨荣也赞同。杨士奇劝谏说："太宗皇帝（明成祖朱棣）一共只有三个儿子，皇帝陛下您

杨士奇墓牌坊
杨士奇墓位于江西省吉安市泰和县城澄江镇杏岭村北山坡上。距吉安市区约42千米。

现在只有两个叔父了。汉王朱高煦确实罪不可赦，但是现在并没有确切罪名的人应该好好对待啊，如果怀疑他，那就多加防范他，让他不能形成威胁就好了。"宣宗听取了杨士奇的意见，回到京城后把所有相关奏章发给赵王，并亲自写信给赵王，使得赵王安心。赵王深受触动，主动将自己的护卫献出来。

宣宗即位后，屡次派兵征讨交趾（今越南）都失败了。吏部尚书蹇义等人主张继续作战。杨士奇看到连年的征战造成财政紧张、百姓心存怨恨，和杨荣一起力主讲和。他们的主张正合宣宗心意，决定通过外交途径解决交趾问题。后来明朝又专门挑选使节，并授予交趾更多自主权，南部边疆得以安定，节约了大笔军事开支。

宣宗在位期间，内阁一共有大臣七人，最后只剩下"三杨"。杨荣才识出众，行事果断，曾多次随朱棣远征蒙古，精通边防事务，但有些贪财，边疆的将官经常向他行贿。宣宗私下问杨士奇的看法。杨士奇说："杨荣比我更精通边防事务，不能因小过错怪罪他。"宣宗微笑说："你还为他辩解，他可是经常在我面前指责你和夏元吉的短处。"杨士奇马上说："请陛下用对待我的宽厚态度对待杨荣。"杨荣得知后非常惭愧，自此杨荣与杨士奇两人关系逐渐改善，十分融洽。宣宗也更加看中他们，先后赏赐无数。宣宗励精图治，虚心纳谏，"三杨"同心辅佐，天下太平。每年年初，宣宗都要效仿古人，让百官休息十天，自己和杨士奇等大学士赋诗唱和，几乎可以称得上国泰民安了。

【辅佐英宗】

宣宗驾崩，明英宗朱祁镇九岁即位。按照遗诏，国家大事都要告诉张太皇太后。张太皇太后极其信任杨士奇、杨荣、杨溥三人，有事情都要让内阁商议，然后裁决。三人继续为朝廷出谋出力。正统朝早期，朝政清明，都是杨士奇等人的功劳。正统三年（1438），纂修完成《宣宗实录》，杨士奇加封少师。正统四年（1439）杨士奇上疏请求告老还乡，没被批准。这个时候宦官王振受英宗朱祁镇宠信，逐渐开始干预朝廷政事，诱使英宗朱祁镇严格管理大臣，大臣往往会因小事被捕下狱。杨荣因受贿被弹劾，幸亏杨士奇解围，不久杨荣过世。王振第二年又蛊惑皇帝派兵出征，耗费无数钱财。正统六年（1441），张太皇太后过世，王振更加肆无忌惮，连杨士奇也不能制约他。

杨士奇老弱，他的儿子杨稷杀人，王振指使言官上奏皇帝，要求将杨稷绳之以法。大臣们讨论后并没有立即处罚，只是将情况通报给杨士奇。杨士奇深感责任重大，请求皇帝准许自己辞职，英宗朱祁镇下诏对他加以劝慰。杨士奇终于一病不起，正统九年（1444）三月去世，享年八十岁。追赠太师，谥文贞。

于谦列传

> 每　当我们的国家处于危亡之时，总会有人挺身而出，力挽大厦之将倾。在宋朝时有岳飞，明朝则有于谦，他们慨然以天下为己任，最终却被小人所害。正所谓"公论久而后定"，于谦的忠心义胆，最终得以昭明。对于谦，清代袁枚曾赞颂道："赖有岳于双少保，人间始觉重西湖。"

▶【才干过人，政绩卓著】

于谦，字廷益，钱塘（今浙江杭州）人。于谦七岁的时候，有个僧人见到他，说："他日你当成为救时宰相。"永乐十九年（1421），于谦考取进士。

宣德初，于谦被授予御史。于谦上奏的时候，谈吐流畅，气魄雄浑，皇帝为之侧耳倾听。顾佐担任都御史时，对待下属十分严厉，唯独对于谦十分谦和，因为他认为于谦的才能远远超过了自己。不但顾佐钦佩于谦，就连"三杨"（杨士奇、杨荣、杨溥）也都十分器重他，当时，"三杨"主持朝廷工作，于谦所上的奏章，早上递上去，傍晚便可以批回。后来，汉王朱高煦在乐安州谋反，于谦随宣宗朱瞻基亲征，宣宗朱瞻基便命他历数朱高煦的罪行，于谦义正辞严，声色俱厉，吓得朱高煦伏在地上全身发抖，并连连称罪该万死。皇帝十分高兴，还师后，对他的赏赐和其他大臣一样。

于谦出巡江西，政绩卓著，为数百个冤案洗刷了冤情。于谦向宣宗朱瞻基上奏说，陕西各地官员为害一方，应派遣御史来查办他们。宣宗朱瞻基知道于谦可以担当大任，便亲手写下他的名字，交给吏部，越级升迁为兵部右侍郎，派他巡抚河南、山西。于谦到任后，轻骑巡视所管辖的地区，遍访当地老百姓，审查时事所宜兴革之处，然后马上一一上奏给皇帝。他一年中多次上奏，稍有水旱灾害，即呈报给皇帝。

🔖 明英宗

夺门之变后，明英宗重新夺取皇位，后感觉师出无名，于是听信徐有贞的"不杀于谦，此举无名"，处死了一代忠臣于谦。

正统六年（1441），于谦上疏说："如今河南、山西都积蓄了数百万粮食。请在每年三月份时，令府州县报上缺少粮食的下等民户，然后按照份额分给他们粮食，先给豆类和高粱，然后给小米和麦子，最后给稻谷，等到秋后再偿还。因年老有病或是贫困而无力偿还的则给予免除。州县官吏任期已满应当升迁的，如果预备粮不足，不能离任，还要命令风宪官员经常监察。"皇帝遂下令施行。河南黄河沿岸，经常被洪水冲开缺口。于谦便下令加厚建筑堤坝，并令乡里都要设亭，亭设亭长，责令其监督修缮堤坝。又命令百姓种树挖井，结果当地路上种满了榆柳，行人也不再受渴了。于谦的恩威遍及四方，太行山的盗贼因此而不敢露面。

▶【保京师，安社稷】

由于于谦政绩卓著，正统十三年（1448），英宗朱祁镇便任命他为兵部左侍郎。第二年秋天，瓦剌也先大举入侵，宦官王振挟皇帝亲征。于谦与尚书邝埜极力进谏，可是皇帝不听。于是，邝埜就随从英宗朱祁镇出征，治理军事，于谦则留下来管理部事。后来，英宗朱祁镇在土木堡被俘，一时之间京师大为震惊，众人急得不知所措。皇弟郕王朱祁钰监国，便命群臣讨论到底是战还是守。侍郎徐珵说星象有变，应当南迁。于谦厉声说道："说应该南迁的人都应斩首！京师乃是天下的根本，一动则大势去矣。难道你们都没有看到宋朝南渡的下场吗？"同时，他还坚持"社稷为重，君为轻"。郕王朱祁钰赞同于谦的说法，于是便下定决心要守城。当时，京师的精锐部队已经损失殆尽，所剩下的残兵弱卒不到十万，人心惶惶不可终日。于谦请朱祁钰发檄文调来南京和河南的备操军，山东及南京沿海的备倭军，江北及北京各府的运粮军，命他们火速赶往京师。经过于谦的精心部署，人心才稍微安定下来。于谦也因此被晋升为本部尚书。

郕王朱祁钰刚刚摄政，朝廷大臣就请求诛杀王振。而王振的余党马顺则大骂言官。于是给事中王竑就在朝廷上击打马顺，众人也跟着他一块儿打。一时之间，朝廷上乱作一团，卫士们喊声滔天。这阵势让郕王朱祁钰害怕而想退走。于谦见状便推开众人，挤到郕王朱祁钰面前将他按住，并让他宣布谕旨说："马顺等人罪该万死，打死勿论。"众人这才安定下来。为此，于谦的袍袖都被撕裂了。退出左掖门时，吏部尚书王直拉住于谦的手慨叹道："国家真是靠了您啊！今天这种局面，就算是有一百个王直也无能为力。"

当初，朝中大臣担忧国家无主，太子年幼，大敌当前，便请皇太后立郕王朱祁钰为皇帝。郕王朱祁钰听到这一消息十分震惊，一再推辞。于谦慷慨激昂地说道："臣等实在是忧心国家，并非为了一己私利啊。"郕王朱祁钰这才接受。

【杀退也先，迎回上皇】

九月，景帝朱祁钰即位，于谦进宫应对，哭着慷慨陈词道："敌寇得志，扣留上皇，势必会轻视中国，长驱南下。请饬令各守边大臣协力防御，京师军营的军械即将要用光了，应当尽快分道招募民兵，令工部修缮器甲。遣都督孙镗、卫颖、张轨、张仪、雷通分兵守卫九个城门的要害之地，列营城外。都御史杨善、给事中王竑协助，将近郊的居民迁到城中。通州（今属北京）的粮食，让官军自己前去领取，运回的粮食则归他们个人所有，以作为报偿，不要将其留给敌人。文臣如轩轾，宜用为巡抚；武臣如石亨、杨洪、柳溥，宜用为将帅。至于行军打仗之事，臣可以亲自担当，如难以胜任，就请皇上治罪。"景帝随即采纳了他的建议。

十月，于谦提督各营军马，而也先也已经挟持上皇攻克了紫荆关。石亨主张收兵守城，于谦不同意，说："我军为何要示弱，让敌人更加看不起我们呢？"于谦随即调兵遣将，率领二十二万大军列阵于九城门外，下令关上各城门，亲自督战。于谦还下令：临阵时，将领不顾士兵而先退却的，斩杀将领。士兵不顾将领而先退却的，斩杀士兵。这样一来，将士们知道必有一死，于是都拼命一战。

当初，也先深入内地，以为很快就可攻下京师，等到他们看到官军严阵以待，其锐气大为受挫。叛徒宦官喜宁便对也先说，让朝廷派大臣去迎接上皇圣驾。也先没有料到，他们的提议竟然被景帝给否决了，于是其锐气再次受挫。十月二十九日，敌人窥视德胜门，于谦便让石亨在空了的民房中设下埋伏，然后派几名骑兵去诱敌，结果也先的士兵损失惨重。后来，敌人又转到西直门，再次败走。双方相持五天，也先无计可施，便挟持着上皇西去。战后景帝论功行赏，加封于谦为少保，总督军务，于谦拒不接受，景帝不允。于谦于是增兵守卫真、保、涿、易各府州，请求派大臣镇守山西，防范敌寇南侵。

后来，也先面对于谦等将领的防守无计可施，便想要求和。景泰元年（1450）八月，上皇被俘将近一年了。也先见中国十分安定，更想求和，便频频派来使者，请求送回上皇。大臣们都建议派使者去迎回上皇，景帝不高兴地说："朕本来就不想登帝位，当时被推上去，实在是你们的主意。"于谦从容地说道："陛下天位已定，难道还有其他变动？只是按道理来说应该尽快迎回上皇而已。万一他们真的使诈，那我们就有理了。"景帝看着于谦，说道："那就依你。"于是便派使者，最终接回了上皇。这主要是于谦的功劳。

【雄才大略，小人嫉妒】

于谦担任兵部尚书的时候，也先的势力正盛，而福建邓茂七、浙江的叶宗留、广东的黄萧养各自拥众称王，湖广、贵州、广西等地的瑶、僮、苗、僚人也都起来造反。这先后的征战调遣，均由于谦一人担当。当时军务繁忙，于谦审时度势，调度谋划，口授奏章，都很恰当。于谦法令严明，即使是勋臣宿将稍微违反了法度，他也随即请旨对其加以斥责。当时，将士们对其命令没有不遵从的，他的一纸命令，就是传到万里之外，各级将士也都诚惶诚恐地接受。

于谦才思敏捷，精明周到，人所不及。他性情淳厚，忘身忧国。上皇虽然回来了，于谦从未说过自己的功劳。东宫易人后，皇帝下令兼任东宫官职者支取二俸。于谦再三辞让。于谦生活十分简朴，他自己所居住的房子仅仅能够遮风挡雨。景帝赐给他西华门的府第，他推辞道："国家多难，臣子怎敢安逸？"皇帝不准。于是于谦就把皇帝之前所赏赐的玺书、袍服、银锭之类，全部加上封记，放入其中，每年仅去看一次罢了。

景帝十分了解于谦，对于他所上奏的事无不听从。景帝每用一人，都会向于谦征求意见，于谦全都据实回答，无所隐瞒，也不避嫌怨。因此，未能任官者都怨恨他，而官职不如于谦高的也都嫉妒他。曾经有多位大臣上奏弹劾他，全靠景帝力排众议，于谦才得以实现自己的计划。

❂ 北京保卫战 油画

北京保卫战在明朝历史上乃至中国历史上都占有重要的地位。北京保卫战，确保了明朝京师北京的安全，避免了宋朝南渡悲剧的再次发生。它粉碎了也先图谋中原的企图，此后蒙古很难再次组织起大规模的武力入侵行动。

于谦是性格刚烈之人，遇到有不如意的事，他总拍着胸膛说："此一腔热血，意洒何地？"他十分瞧不起那些怯懦的大臣和勋臣、皇亲国戚，因此憎恨他的人越来越多。于谦始终不主张和议，尽管上皇实际是因此而回来的，但心中却不悦。徐珵由于之前提议南迁，被于谦斥退，这时他改名为有贞，渐渐被起用，但他内心对于谦充满了仇恨，决心找时机报复于谦。石亨因作战失利而被削去官职，是于谦请求皇帝宽恕他并任用他，但他因害怕于谦阻挡而难以达到自己的目的，便对于谦心怀不满。德胜门之捷，石亨所立功劳不及于谦，而他却加封世侯，他内心感到十分羞愧，就上疏推荐于谦的儿子于冕。景帝下令

● 故宫右中门

景泰八年（1457）正月十六日夜，徐有贞、石亨等引军千余潜入长安门，急奔南宫，毁墙破门而入，掖英宗登辇，自东华门入宫，升奉天殿，并开宫门告知百官太上皇已复位，是为夺门之变。

于冕赴京，于冕辞谢，皇帝不准。这时，于谦说："国家多灾多难，依照臣子之义，不应该念及私情。况且石亨位居大将，未曾听说过他举荐一个隐逸之士，提拔一个军中士卒，以有益于国家和军队，却唯独推荐微臣的儿子。秉公而论，这样做合适吗？臣下从来就尽力避免侥幸取得军功，绝不敢用儿子来滥领功劳。"为此，石亨再次和于谦结下了仇怨。

【于谦之死】

景泰八年（1457）正月，石亨和曹吉祥、徐有贞等人迎上皇复辟后，皇帝宣谕朝臣以后，即把于谦和大学士王文逮捕入狱。他们诬陷于谦等人制造不轨言论，又和太监王诚、舒良等策划迎接册立襄王。石亨等人是主谋，唆使言官上奏；都御史萧维祯判定两人为忤逆罪，判处死刑。王文难以忍受这种诬陷，极力辩解，于谦笑道："这是石亨等人有意为之，申辩又有何用？"奏疏上呈后，英宗朱祁镇还有些犹豫不决，说："于谦确实有功。"徐有贞进言道："不杀于谦，复辟这件事便没有正当的理由。"英宗朱祁镇于是下定决心处死于谦。还下令查抄于谦的家产。等到他们来到于谦家时，发现他家并没有多余的钱财，只有正室的门锁十分牢固。打开一看，是皇帝所赏赐的蟒衣和利器。于谦之清正廉洁可见一斑。于谦死的那天，宫中布满了阴霾，天下为之不平。皇太后最初也不知道于谦被诛，等她听说此事之后，整日嗟叹哀悼。英宗朱祁镇也追悔莫及。

于谦死后，石亨的党羽陈汝言代为兵部尚书，不到一年获罪，贪赃累积百万。英宗朱祁镇召大臣入视其赃，严肃地说："于谦在景泰朝被宠遇，死时没有多余的钱财。陈汝言为何会有这么多？"石亨低着头无言以对。不久，边境有警报，英宗朱祁镇愁容满面，恭顺侯吴瑾在一旁侍候，进谏道："假如于谦还在，断不会让敌人如此嚣张。"英宗朱祁镇默然无语。这年，徐有贞被贬；过了几年，石亨也下狱而死，曹吉祥因谋反被灭族。于谦的冤案也得以大白于天下。

成化元年（1465），于冕被赦免放归，他上疏诉冤，于谦得以官复原职，赐祭，诰文里说："于谦在国家多难之时，为保卫社稷免除忧虑，独自坚持公道，为权臣奸臣所同妒。先帝在时已知道他被冤枉，而朕实在怜惜他的忠义。"这诰文为天下所传诵。

白话精编二十四史　第十卷

论赞

赞曰：于谦担任巡抚的时候，名声和功绩都十分卓越，卓然有经国治世之才。等到遇到国家危难的时候，他整治军队，固守边境。景帝既已推心置腹，于谦也忧国忘家，他关心到国家的安危，立志保存宗庙社稷，他的功绩实在是伟大啊。事变起于夺门复辟，隐伏的祸患突然发生，徐有贞、石亨之流排挤他，并置其于死地，当时没有人不为于谦喊冤的。但是，徐有贞、石亨和曹吉祥相继遇祸，都不过是很短的时间，而于谦的忠心义烈，可与日月争光，最后终于恢复了官爵并赐予葬礼。公论是在很久之后才确定下来的，的确如此啊。

王守仁列传

王阳明是中国历史上罕见的"全能"大学者，不仅集陆王心学之大成，而且精通儒家、佛家、道家，甚至擅长统军征战，百战百胜。他是明代的大思想家、大哲学家、大文学家和大军事家，世称"阳明先生"。

▶【崭露头角】

王守仁，字伯安，余姚（今属浙江）人。父亲王华很有才华，做官声名很好，十分孝顺。王守仁母亲怀了他十四个月才把他生下来。他的祖母梦到有神仙从云中把婴儿送来，所以就用"云"字做名字。结果，他长到五岁还不能说话，经人点拨，改名叫做守仁，他就马上会说话了。十五岁的时候他去居庸关、山海关游历，还到了塞外，纵览山川的巍峨。少年时他就中了乡试，学业有了很大的进步。他还很喜欢谈论兵法，擅长射箭。

弘治十二年（1499），王守仁中进士，历任刑部主事、兵部主事。正德元年（1506年），刘瑾把南京给事中御史戴铣等二十多名官员抓到监狱。正直的王守仁写奏章试图救出他们，结果触怒了刘瑾，被打了四十板子，贬到龙场（今贵州境内）做驿丞。龙场这个地方，山多树木少，苗族、汉族等多个民族混居。王守仁十分尊重当地的民俗习惯，得到当地人的欢迎，争相伐木给他盖房子。刘瑾伏诛

之后，王守仁到庐陵（今江西吉安）做知县，后来得到吏部尚书杨一清的赏识，屡屡提升，一直升到了鸿胪卿。

正德年间，南方江西南部以及江西、福建、广东交界的山区爆发民变。很多人割据称王，经常攻击附近的府县。前任巡抚围剿不利托病离开，地方官员上报到朝廷。向来看重王守仁才华的兵部尚书王琼举荐他为江西巡抚，镇压民变。正德十一年（1516）八月，王守仁赴任。他知道自己身边肯定有很多盗贼的探子，就把那些老衙役叫来审问，衙役们不敢隐瞒，王守仁让他们为自己效力，把盗贼们的情况告诉自己，以此赎罪，就这样轻松掌握了敌人的一举一动。王守仁先是集中福建、广东的兵力，以退为进，于第二年成功讨伐了师富带领的贼军。后经朝廷允许，王守仁变更了兵制，指挥更加有力。正德十三年（1518），他屡出妙计，最终将自己治下的所有盗贼全部剿灭，境内平定。起初，朝廷命令广东、湖南、广西的兵马

合力剿贼。王守仁上疏制止也没来得及。等到所有敌人被灭，湖南、广西的援兵才到达，而广东的援兵还没出发。王守仁也因军功升为右副都御史，赐世袭锦衣卫副千户。

【平定宁王之乱】

正德十四年（1519）六月，王守仁奉命去福建剿匪时，行军刚到丰城（今属江西），宁王朱宸濠突然举兵叛乱。王守仁果断停止行军，积极备战，征调粮草，筹集武器和船只，发出讨贼檄文，命令各地勤王。宁王欲顺长江南下攻打南京，为拖延时间王明阳派遣间谍去打探消息，并通告各地官府，稳定民心。他还给叛军的丞相李士实、刘养正写密信，命令他们尽快发兵南京，却又故意泄露消息，令朱宸濠生疑。李士实、刘养正果然建议尽快攻下南京即位，宁王就更加怀疑了。十多天后他才知道中计了。七

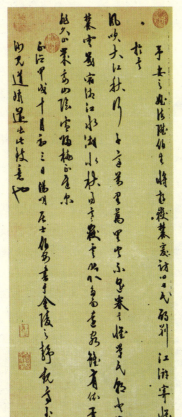

🏵 **王守仁书法**
王守仁在书法上亦可称为明代大家。作品以行草为主。王阳明将心学融入书法，丰富了中国的书法理论。

月，朱宸濠带领六万大军占领九江、南康（今均属江西），攻击安庆。王守仁一听说叛军的老巢兵力空虚，很高兴，带着各地援兵共八万人要去进攻南昌。有人建议去援救安庆，王守仁说："不对。现在九江、南康已经被反贼攻下，如果去攻安庆，我和他们隔江相对，九江、南康的敌人肯定会断我们的后路，我们就腹背受敌。不如直接进攻南昌。敌人精锐全部出击，守备肯定空虚。我军士气正旺盛，进攻肯定会成功。反贼一听说老巢被攻破，一定会回来解围援救。我们回师在湖中反击，必胜无疑。"这个策略非常成功，官军顺利攻下南昌。城破后，有士兵杀人抢财物，王守仁将违反军令的人斩杀，严厉约束兵士，安抚民众，也让皇族宗室安心，人心才安定下来。

两天后，他兵分五路迎面进攻回援的叛军，一路设伏。叛军很快腹背受敌，又中了埋伏，惨遭大败。宁王急忙调九江、南康的精锐出击，王守仁派几路大军迎战，并攻下南康。这一场关键的战役打得非常激烈。官军一度抵挡不住，开始退却，王守仁部将伍文定立即斩

杀了后退之人，命令诸军决一死战。最后终于打败了敌人。叛军退守，想要效仿赤壁之战将大船结成方阵，宁王还取出金银珠宝犒赏将士，要求他们拼死一搏。第二天，宁王群臣聚集正在船上召开会议，官兵来进攻，用小船装草，迎风点火，烧毁了宁王的副船，王妃娄氏以下的宫里的人以及文武大臣们纷纷跳水被淹死。宁王的旗舰也搁浅，急忙换乘小船仓皇逃命，被士兵追上擒获，其他文武大臣也束手就擒。不久，南康、九江也被收复，宁王之乱，只用了三十五天就被平定。

【坎坷余生】

宁王叛乱的消息一传到京城，满朝文武震惊不已，兵部尚书王琼大声呼喊说："王守仁此时正在南昌上游，肯定能够擒住反贼。"果然如此。武宗朱厚照决定亲征，结果还没走出京城，宁王被平定的消息就传到了京城。武宗朱厚照把奏报扣下来，率领军队南下，打算直抵南昌。

起初，朝中有奸佞和宁王勾结，守仁给皇帝奉上宁王朱宸濠的反书时，也说："现在威胁天下的不仅宁王一个人而已，所以还请皇帝陛下能够除掉身边的奸佞小人，天下豪杰都会对陛下心悦诚服的。"这些人就非常嫉恨王守仁。等到宁王叛乱平定，为了取悦武宗，他们出主意放掉宁王，让武宗再与宁王打一仗并亲自俘获。王守仁坚决不同意，他上书献俘，并建议停止南征，武宗朱厚照不同意。最后王守仁劝说太监张永，说江西因为战争的原因已经非常荒凉，经不起战乱了。由张永去劝说武宗，最后协调为：等明武宗朱厚照到了南京，再放出宁王让皇帝俘虏。这场闹剧才最终结束。

皇帝还没到南京的时候，王守仁就被任命为江西巡抚，到了南昌。随皇帝南下的太监张忠、将领许泰没有捞到战功，就故意纵使士兵谩骂王守仁。

◎明德化窑鹤鹿老人

明代创烧了驰名中外的德化窑瓷器，其釉色的美犹如象牙之色，称"象牙白"，是中国陶瓷的又一名贵品种。

守仁不为所动，反而对士兵们非常优待。士兵们很感动，再没有故意去冒犯他的。有一次，张忠、许泰轻视王守仁是个文臣，就逼着他射箭，王守仁三发三中，士兵们都为他欢呼，令张忠、许泰十分沮丧。京都的军队班师回京后，张忠又向武宗朱厚照进谗言，说："王守仁肯定要造反的，可以试着召他进京，他肯定不会来的。"王守仁经张永报信，对张忠等人传的假旨意置之不理，一听说是武宗的旨意就立即启程前往。张忠、许泰阻挠王守仁见武宗朱厚照。王守仁就到九华山（今属安徽），每天在寺院里坐着。武宗朱厚照知道后，说："王守仁是学习圣贤之道的人，一听我召见就来了，怎么能说他要造反呢？"就又让他回任了。

世宗朱厚熜即位，因党争，王守仁受到不公正的待遇，他手下的将领都得到了重赏，得到升迁，只授他南京兵部尚书的闲职。嘉靖六年(1527)，两广有人造反，王守仁又被派去镇压叛乱。叛乱平定，在朝廷中还是遭到嫉妒和排斥，他又身染重病，就上疏请求告老还乡，途中病逝于江西南安，享年五十七岁，谥"文成"。

王守仁天资异常聪敏。十七岁时拜见上饶娄谅，与他讨论朱熹格物致知的宗旨。返家，每日端坐，研究阅读《五经》，不随便说笑。游九华山，返回，在阳明洞中建筑房屋。广泛阅读佛、道二氏的学说，数年之后仍无所获。

贬谪到龙场，荒远之地没有书籍，每天研讨旧有知识。忽然悟出格物致知，应当自己求之于心，不应当求之于外物，感叹说："道就在这里！"从此深信不疑。

他从事教育，专以培养良知为主。认为宋周敦颐、程氏二子之后，只有象山陆氏的学问简单易行、直截了当，能够承接孟氏之传，而朱子《集注》、《或问》之类，乃是他中年思想学术还没有稳定的学说。学者一致认同跟从他，世上于是有了"阳明学"。

论赞

赞曰：王守仁开始因为正直有名节著名。等到他统兵打仗，带着弱兵，领着书生扫除多年的盗贼，平定造反的藩王。整个明朝，没有像王守仁这样可以带兵获得胜利的文臣。在危难之际，反倒更加清醒，算无遗策，虽说他本来就天分很高，也得诸于心学吧！但是因为在学术上标新立异，最终被学者嘲笑。王守仁曾经批评胡世宁讲学太少，胡世宁反驳说："我反倒觉得你讲学太多了。"桂萼的争论固然是出于私心嫉妒，但也是心学实有流弊，不能因功高而为他讳避。

胡宗宪列传

胡宗宪，明朝抗倭名将。他智计百出，在两浙平倭战斗中，展示出了惊人的才华和过人能力，就此建功立业，青史留名。但是这位名将绝非完人，他也依附奸臣严嵩父子，贪污受贿数目惊人，最终也因此身败名裂。

▶【立功升迁】

胡宗宪，字汝贞。绩溪（今属安徽）人，嘉靖十七年（1538）成进士。历任益都（今属山东）、余姚（今属浙江）知县，后来被提升为御史，巡按宣府（今河北宣化）、大同（今属山西）。有一次，有命令说要把大同的一部军队迁到别的地方，士兵们聚集起来要哗变，胡宪宗独自一人到军营安抚士兵，并许诺不迁徙，军队才安定下来。嘉靖三十三年（1554），出任浙江巡按御史。

那个时候，汪直占据海外五岛煽动倭寇入寇，还有徐海、陈东、麻叶等人占据其他岛屿，常常到沿海各郡邑劫掠骚扰。嘉靖皇帝先是任命张经为总督、李天宠任浙江巡抚，让侍郎赵文华督察军务。赵文华仗着朝廷里有严嵩做内援，恣意妄为。张经、李天宠不依附于赵文华，只有胡宪宗依附。赵文华非常高兴，和胡宗宪两人一起排斥张、李二人。倭寇攻打嘉兴（今属浙江），守卫的胡宗宪用毒酒毒

死数百倭寇。等到张经击退倭寇于王江泾，胡宗宪也有功劳。上报朝廷时，赵文华却把所有的功劳都归到胡宗宪头上，张经也因此获罪。不久，胡宗宪被皇帝赏识，破格提拔为右佥都御史以代替张经。他和苏松巡抚曹邦辅一起歼灭倭寇。赵文华分不到功劳很气愤，就自己带兵去剿灭逃窜的倭寇。胡宪宗来帮忙，带领四千精锐，在砖桥（今属浙江）扎营，约定和曹邦辅一起夹击倭寇。不料倭寇拼死抵抗，胡宗宪的兵士死伤一千多人。赵文华又命令刘焘进攻，大败。

倭寇再次大举入侵，在浙东杀害了很多的文武官员。于是胡宗宪和赵文华定下招抚的计谋。赵文华回京之后，严厉批评总督杨宜，极力推荐胡宗宪，胡宗宪以兵部右侍郎的职位代替杨宜。胡宗宪准备招安汪直，就释放了汪直的母亲和妻子，还给了他们很多资助。恰好，汪直在外的境遇也不妙。他引诱倭寇侵犯大明，倭人获利很大，但死伤也很多。他遭到了死

者亲人的怨恨。为求自保，汪直与几股倭寇一起占据了五岛，岛上的人称呼他"老船主"。

【计谋百出】

胡宗宪派去见日本国王的蒋洲、陈可愿中途遇到汪直的养子汪激，受邀见到了汪直。蒋洲两人告诉汪直胡宗宪招安他的想法，并且告知他的母亲和妻子受胡宗宪的保护，现在很好。汪直听了很心动，说："俞大猷断绝了的我回归的路，因此才到了现在这种境地。如果能够宽恕我的罪过并开放海上贸易，我也想回归朝廷。但是现在日本国王已经死了，各个岛屿之间互相不买账，我必须依次通知他们。"汪直留下蒋洲，派养子汪激护送陈可愿回到胡宗宪身边。汪激受到胡宗宪隆重接待，令他立功。汪激遂在抗击倭寇中两次立功，胡宗宪就为他向朝廷请功，得到丰厚的奖赏。汪

明代抗倭名臣胡宗宪画像，安徽绩溪龙川村胡宗宪尚书府官厅。

激很高兴地回去了，还把徐海、陈东等要来攻打的消息告诉了胡宗宪。

胡宗宪靠这个消息和正确的战略，三战三捷，大败来攻的倭寇。浙江巡抚阮鹗不慎被围，胡宗宪不救，自己回转杭州，转而实行离间计。他先是让夏正带着汪激的信去见徐海，告诉徐海，汪直要归降朝廷。本就生病的徐海心动了，说："我们兵分三路，我一个人做不了主。"夏正说："陈东已经同意了，只剩下你了。"徐海开始怀疑陈东。陈东知道胡宗宪有使者在徐海营帐里，大吃一惊，也对徐海有了想法。夏正趁机说服了徐海。徐海派人来感谢胡宗宪并索要财物，胡宗宪对此全部答应，于是徐海归还了二百多名俘虏，巡抚阮鹗之围也顺利被解。起先，徐海入侵都要把乘坐的船烧毁，表示士卒们要拼死战斗，没有活着回去的想法。这个时候，徐海想逃也没船了。胡宗宪托人告诉徐海："如果你想要归附朝廷，那吴淞江上正有贼人，为什么不将他们击败立功呢？而且还可以抢到他们的船，进退都可以。"徐海被说动了，反去攻击其他倭寇，抢夺船只。胡宗宪趁机让俞大猷派兵潜到水下烧毁了所有的船。徐海陷入进退维谷之境，心中十分害怕，把自己的弟弟徐洪派来做人质，向胡宗宪进献财物表明他归降的决心。胡宗宪让徐洪告诉

徐海，要把陈东、麻叶绑来，成功的话就能获封世袭爵位。等到徐海把麻叶绑来后，胡宗宪又让麻叶写信告诉陈东图谋徐海，并悄悄泄露信的内容让徐海知道。加上徐海的小妾收了胡宗宪的贿赂，也来说服徐海。万般无奈的徐海又用计把陈东也抓来献给胡宗宪，自己带领五百人仓皇逃走。

【招降徐海，擒获汪直】

胡宗宪派官兵尾随，一直追到徐海的巢穴里，走投无路的徐海当天就投降了。投降后，徐海突然来到胡宗宪处，自己率领一百多个头领，穿着甲胄入城。胆小的赵文华正打算拒绝徐海归降，胡宗宪强硬地表示同意。徐海带兵过来磕头认罪，胡宗宪夷然不惧，出手抚摸徐海的头顶，安慰并教导他。归降之后的徐海带着自己的手下驻到了沈庄（今属浙江）。胡宗宪又施计让徐海属下四下逃散，逼得徐海最终不得不跳河自尽。恰好卢镗也擒下了辛五郎。胡宗宪向皇帝进献几个头领的首级，嘉靖帝非常高兴，祭祖祭天。胡宗宪升为右都御史。之后，胡宗宪又派俞大猷在雪夜将徐海余党全部剿灭。两浙的倭寇之乱逐渐平定。

嘉靖三十六年（1557）正月，胡宗宪兼任浙江巡抚。十月，汪直亲自到了港口从事贸易。浙江人一听说汪直来了，很害怕。巡按御史王本固也说不可以和汪直会面，朝臣也都说胡宗宪要使得东南有大灾祸。胡宗宪坚持要见面。汪直派汪激来见胡宗宪说："我们奉你的命令前来，想要停止战乱使境内安定。人们都说使者来了要远远出迎，且热情招待。可是你现在展示给我的是你咄咄逼人的军队，还禁止船舶往来，你这是在骗我！"胡宗宪再三解释，汪直不信，非要一名官员做人质。胡宗宪立即派夏正随同汪激一起前往。汪直才取消了疑虑，亲自去见胡宗宪等人，结果反倒被王本固抓到监狱里。胡宗宪向皇帝上疏，请求免除汪直的死罪，让他重新到海上去保卫边境。但王本固坚持要处死汪直，别人也怀疑胡宗宪收受了汪直的贿赂。胡宗宪退缩了，改变了自己的说法。汪直被判死刑。倭寇肢解了作为人质的夏正以报复官军，后被官军包围剿灭。

嘉靖三十七年（1558）春天，又有倭寇来侵犯，嘉靖皇帝下旨严厉责备胡宗宪。胡宗宪向皇帝上疏说倭寇指日可灭，被人批评是在欺骗朝廷。皇帝大怒，胡宗宪手下的大将都被剥夺职位，且严词责令胡宗宪限期平定倭寇。此时赵文华已经获罪身死，胡宗宪失去朝廷内援，而且倭寇战乱没有彻底平定，无奈之下就想着向皇上献媚，恰好在舟山（今属浙江）得到白鹿，进献皇上，嘉靖帝很是高兴。不久，又献了一头白鹿。白鹿在古时候被认为是祥瑞之兆，得到白鹿的嘉靖皇帝更加高兴，告谢祖宗，百官恭喜皇帝。胡宗宪暂时逃过一劫。

【势衰身死】

后来御史李瑚向皇帝弹劾胡宗宪，指出就是胡宗宪导致现在的倭寇不能断绝，要剥夺给他的赏赐。经过朝廷讨论，认为胡宗宪还是有很多功劳的，皇帝就让他留任原职。

倭寇逃到柯梅（今属浙江），建造大船以便逃走。等到建造成功，胡宗宪放过不予攻击。倭寇乘船到了福建，劫掠福建沿海州县。福建人很生气，都说是胡宗宪在嫁祸福建人。御史李瑚再次弹劾胡宗宪。胡宗宪认为李瑚和俞大猷都是福建人，肯定是俞大猷在告密，就弹劾俞大猷，致使这位抗倭名将被捕入狱。

江北、福建、广东到处受到倭寇入侵。胡宗宪尽管名义上是东南数十府的总督，但是路途遥远，不能够真正起到作用。他一旦有小的胜利，就立即向朝廷请功；一旦打了败仗就推诿说不是自己的过错。嘉靖帝命令给事中罗嘉宾、御史庞尚鹏去调查，调查回来说，胡宗宪侵占军饷和官府库银。胡宗宪自我辩解说："我为国家消灭海贼，需要用间谍或者用诱饵，这些都是需要花钱的。不花小钱怎么能够得大胜呢？"皇帝也很赞同他的说法。调查还说

胡宗宪是在养寇，应当重重惩罚。皇帝也不问罪。胡宗宪反倒继续升官，节制巡抚及操江都御史、兵部尚书，第二年还被加封太子太保。

胡宗宪这个人擅长玩弄权术，热衷名利，依靠赵文华结交严嵩父子，每年送去无数奴仆、女人、财宝和各种新奇玩物。赵文华死后，胡宗宪更加紧密依靠严嵩，权力之大、威名之盛，在东南无人能比。他本性喜欢招待宾客，召集东南的读书人来给他出谋划策，甚至有奇巧技术的工匠也被他找来，为自己效力。同时他在江南用编提均徭的方法增加额外的赋税，老百姓负担沉重。他自己还侵占了大量国家的税收和富户的钱产。

严嵩倒台后，胡宗宪也被弹劾，嘉靖皇帝亲口说他不是严嵩党羽，只是让他赋闲而已。即将重新被起用时，又遭弹劾，因为平定倭寇和屡次献祥瑞，皇帝怜惜，只是被捕下狱。胡宗宪最终自杀身亡，享年五十四岁。

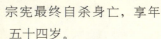

大福船
又名白槽，因使用于福建沿海而名福船，是明代南海水军装备的主要战船。

杨继盛列传

杨继盛刚勇忠烈，直言敢谏，他以"仇耻未雪，遽议和示弱，大辱国"，并上疏"十不可、五谬"，得罪仇鸾而入狱被贬。后来，仇鸾奸情暴露，杨继盛得以升职。此时，严嵩想要拉拢他，但他不趋炎附势，冒死上书弹劾严嵩专权误国，再次入狱，遭受酷刑，被严嵩用奸计处死。临刑前赋诗曰："浩气还太虚，丹心照千古。生平未报恩，留作忠魂补。"为世人所传诵。

▶【少年好学，才华非凡】

杨继盛，字仲芳，容城人。七岁的时候母亲去世。他的庶母不喜欢他，便让他去放牛。杨继盛经过里塾，看到里面的小孩在读书，心中十分希望也去就读，因而对他的哥哥说，请求可以随私塾的老师学习。他的哥哥说："你年龄这么小，学什么呢？"杨继盛说："年龄小可以放牛，难道就不能上学吗？"哥哥就把他说的话告诉了父亲，父亲同意他去上学，但依然要放牛。杨继盛十三岁时，才开始跟随老师学习。由于家中贫困，杨继盛学习起来更加刻苦了。后来，他参加乡试中举，毕业国子监，徐阶十分欣赏他。嘉靖二十六年（1547）考取进士，授予南京吏部主事一职。杨继盛随尚书韩邦奇游学，精研律吕之学，亲手制十二律，吹奏起来声乐和鸣，十分优美。韩邦奇为之大喜，便将自己所学全都传授给他，杨继盛更加有名了。后来，皇帝下诏改任他为兵部员外郎。

▶【进言十不可、五谬】

俺答蹂躏京师（今北京），咸宁侯仇鸾因勤王的缘故被皇帝宠爱。皇帝便命仇鸾为大将军，倚靠他来惩办贼寇。仇鸾内心恐惧，很害怕贼寇，就向皇帝请求开互市买卖马匹，希望和俺答讲和，侥幸没有战斗发生，以此得到皇上的恩宠。杨继盛认为国仇家恨没有得到雪耻遽议和示弱，这对于国家来说是重大的耻辱，于是，就向皇帝进言十不可、五谬。他在奏疏中说道："互市，乃是和亲的别名。俺答蹂躏我陵寝，杀害我赤子。这乃是天下的大仇。大仇未报就先求和，这是一不可。过去皇上下诏北伐，天下都知道圣意，日夜征集物资以助军粮，而后却忽然变之为讲和，失信于天下。这是二不可。以堂堂中国，和他们进行互市，这乃是冠履倒置。这是三不可。海内豪杰争相磨砺，跃跃欲试，一旦委置无用，过时想要再征召他们，又有谁会听命呢？这是四不可。边镇将帅因为和议的缘故，整天锦衣玉食，懈怠兵事。这是五不可。以前边卒私自和境外相沟通，官吏一概裁决禁止，今天去诱导他们与敌人相通。这是六不可。盗贼伏于草莽，仅仅是因为畏惧国威而不敢有所放肆，如今知道朝廷畏惧外寇，他的睥睨必定逐渐出现。这是七不可。俺答往年深入我国，这是乘我不备的缘故。备战一年，因互市而终结。他们会说我们国家还有人吗？这是八不可。或许俺答负约不到；就算到了，或许又会使用阴谋，设下伏兵突击而入；或者今天互市，明天又实行对我们的贼寇行径；或者用下等的马来索要上等的价钱。这是九不可。一年布帛数十万，得马数万匹。十年以后，布帛将不继。这是十不可。"

此外，他又列举了五谬，并说："这十不可、五谬，是显而易见的。大概有为陛下主其事的人，因此公卿大夫知道而一句话都不说。陛下应该奋起独断，将所有说要互市的人问罪，颁布明诏，选将练兵。不出十年，臣保证为陛下将俺答的首级挂在杆上放于藁街，以告示天下万世。"

【直言进谏遭贬职】

杨继盛的奏疏呈递上去，皇帝看了十分心动，将他的这个提议下到仇鸾及成国公朱希忠，大学士严嵩、徐阶、吕本，兵部尚书赵锦，侍郎聂豹、张时彻商议。仇鸾挥舞着胳膊厉声骂道："这个小子是没有看到贼寇的厉害，所以认为打败他们就那么容易。"诸位大臣于是说派遣的互市官员已经走了，势难中途停止。皇帝尚在犹豫之中，仇鸾又向皇帝呈递密疏，将杨继盛下诏狱，后贬为狄道典史。狄道这个地方，番人与汉人杂居，文化落后，罕知诗书。杨继盛从当地弟子中挑选一百多个优秀的人才，聘请三位经师教导他们。杨继盛卖掉他所乘的马匹，卖了他妻子的服装，卖了田地以资助诸生。这个县有煤山，被番人所占据，乡民都到二百里外砍柴。杨继盛召集番人并教导他们，番人都十分佩服他："杨公即使需要

● 杨继盛手札

我们的房屋，我们也舍得，更何况是煤山呢？"番民十分信赖爱戴他，称呼他为"杨父"。

不久俺答屡次违约进犯边境，仇鸾的奸情暴露，遂背上发疽而死，被戮尸。皇帝这才想起杨继盛的言论，改任他为诸城知县。过了一个多月，调任为南京户部主事，三日后迁任刑部员外郎。

▶【陈言严嵩十大罪】

在这个时候，严嵩正当权，他一直嫉恨仇鸾凌驾于自己之上，心中为杨继盛首先攻击仇鸾而欢喜，想要让他立刻显贵，复改任兵部武选司。然而，杨继盛却厌恶严嵩超过仇鸾。而且，他想到自己在贬谪后起用，一年之内连续四次升官，一心想着报国。到任才一个月，他就草拟奏疏，弹劾

🔴《钤山堂集》书影·严嵩

严嵩，斋戒三日才呈上奏疏，说：

"臣是孤直罪臣，蒙受天地的恩惠，多次得到越级的提拔。臣日日夜夜都感到十分惶恐，心中想着如何报答国恩，因此并未急于请求诛杀乱臣贼子。如今外贼只有俺答，内贼则是严嵩，没有不除去内贼却能除去外贼的。去年很长时间都没有听到春雷声，占卜说：'大臣专政'。冬天太阳下有红色，占卜说：'下有叛臣'。再加上四方地震，日食、月食交替出现。臣认为这些灾难都是严嵩所致，请允许臣陈述严嵩的十大罪状，即毁坏祖宗的宗法，窃取皇上大权，掩盖君上治理天下的功绩，纵容奸邪的儿子僭越窃权，冒领朝廷的军功，引荐背叛的奸臣，贻误国家的军机，专掌官吏的升降大权，失天下人心，败坏天下的风俗。

"严嵩有这十种罪行，而又有五种奸诈。他知道左右侍从能够洞察陛下的旨意，就用重礼贿赂结交他们。因此，陛下的言行举止，这些人全都报告给严嵩。这样，陛下的左右侍从都成了贼人严嵩的间谍。由于通政司是管理出纳的，所以严嵩便任用赵文华为通政司使。凡是有奏疏送上，总是先送严嵩看完，然后才送给皇上。严嵩害怕厂卫的缉访，便命令儿子严世蕃与他们结为婚姻。这样，陛下的爪牙都与贼人严嵩有瓜葛。严嵩害怕科道的多言，进士不是他的下属，便不得参与中书、行

人的选举。推官、知县如果不贿赂他，就不能参与给事、御史的选拔。被选拔之后，还要和他杯酒结欢，赠送财物。诸臣宁可辜负国家，也不敢触犯权臣。这样，陛下的耳目都成了奸臣严嵩的爪牙。严嵩虽然已经笼络了科道，而部里官署间或有如同徐学诗这样的人也是十分可怕的。严嵩就命令儿子严世蕃选择有声望的人，收罗门下，各部堂司大半是他的党羽。这样，陛下的群臣百官都成了贼人严嵩的心腹。陛下为何爱一个贼臣，却忍心陷百万苍生于水火之中呢？"

▶【杨继盛之死】

杨继盛的奏疏呈送上去之后，皇帝十分生气。严嵩看到有召问裕、景二王的话，欢喜地说可以指这为罪行，于是就秘密地在皇帝面前构陷杨继盛。皇帝更加生气，便下诏将杨继盛关入钦犯监狱，诘问为何引二王。杨继盛说："除了二王，谁不害怕严嵩呢？"供词呈上之后，杖打上百，令刑部将其定罪。侍郎王学益是严嵩的同党。受严嵩的嘱咐，王学益想坐以诈传亲王的旨令罪处以绞刑，郎中史朝宾坚持实情。严嵩为此勃然大怒，将其贬谪到外地。于是尚书何鳌不敢违抗，竟然按照严嵩的指使了结了官司，可是皇帝仍然不想杀他。关了三年，有人替他向严嵩求救。严嵩的党羽胡植、鄢懋卿害怕地说："您没有看到过养虎的人吗？将自留祸患。"严嵩点头同意。

刚好都御史张经、李天宠犯罪被判处死刑。严嵩揣摩皇帝的心意，认为皇帝要杀二人。等到秋审时，严嵩就附上杨继盛的名字一并奏上去，得到回报。杨继盛的妻子张氏伏在皇宫前上奏道："臣夫杨继盛误听了市井言语，又习惯于书生之见，于是发表了一番狂论。臣仰望的只有皇上的恩德，昆虫草木都想得到处所，岂吝惜回转一下皇上的顾念，垂怜臣下的沉冤。如果因为罪重，不可赦免，愿立即斩杀臣妾，代夫死去。我的丈夫即使在远方抵御贼寇，必能战死疆场，报答君父。"严嵩将她的奏疏扣压不报，于是在三十四年（1556年）十月初一斩于西市，时年四十岁。杨继盛临刑前赋诗道："浩气还太虚，丹心照千古。生平未报恩，留作忠魂补。"天下人竞相流泪传诵。

当初，杨继盛将受杖刑，有人送给他蚺蛇胆。杨继盛却推辞道："椒山（椒山，杨继盛的别号）自己有胆，要蚺蛇胆又有什么用呢？"等到他入狱，创伤日益加重。半夜苏醒，杨继盛就打碎了瓷碗，用手割掉腐烂的肉。将烂肉割完之后，筋上挂着一层膜，又用手截去。狱卒提着灯颤抖着快要掉到地上，杨继盛却神情自若。到了朝廷审讯他的时候，观看的人堵塞了街道，人们都为之叹息，甚至有人还为之落泪。七年后，严嵩失势。穆宗即位，体恤直言进谏的众臣，以杨继盛为首。追赠他为太常少卿，谥号"忠愍"，给予他厚葬，被他的一个儿子赐给官职。

俞大猷列传

俞 大猷是明代中期功绩卓著的抗倭将领。他一生戎马生涯，历经大小百战，"时而受重用，名声显赫；时而受贬责，沦为囚徒"，但他始终不改其忠诚为国的精神，领导部将进行抗倭斗争，他所领导的"俞家军"更是声名远扬，令倭寇闻之丧胆。

【勤学不止有奇才】

俞大猷，字志辅，晋江（今属福建）人。他从小就很喜欢读书，师从王宣、林福学习《易经》，得到蔡清的真传。他又听说赵本学以《易经》的道理来演兵法，俞大猷就又跟随他学习。俞大猷曾经说兵法数从五起，犹如人身有五体一样，虽然率领百万之众，但可以使他们协调一致、合为一人之用。没多久，俞大猷又跟随李良钦学习剑法。他的家中虽然贫穷，但他却意气自如。

嘉靖二十一年（1542），北方蒙古俺答部大举进攻山西，皇帝下诏选举天下英勇之士。俞大猷亲自跑到巡按御史处自荐，御史就把他的名字上报给兵部。当时，毛伯温为尚书，他就将俞大猷送到宣大总督翟鹏处。翟鹏将俞大猷召来讨论兵法，俞大猷的见解屡次让翟鹏折服。然而翟鹏最终还是没能重用俞大猷。俞大猷后来便告辞而去。

之后，毛伯温又起用他为汀州（今属福建）、漳州（今福建漳州）守备。俞大猷驻扎在武平（今福建）的时候，修建读易轩，和当地诸生一同举办文会，每

⊙ **日本倭寇甲胄**

日本甲胄被保留下来的极多，其数量和保存完好度堪称世界之最。因为铠甲和武器往往作为武士家族的传家之宝，成为高贵血源的象征，所以会被广泛地收藏并保护起来。

天还要教授武士击剑。俞大猷曾经率兵攻破海盗康老，俘获、斩杀了三百余人，因此被提升为署都指挥佥事，佥书广东都司。新兴（今广东新兴）、恩平（今广东恩平市）等山地民族以谭元清为首屡次造反，总督欧阳必进就将此事交给俞大猷去办。俞大猷就让当地的良民自卫，自己又亲自率领数人走访贼人，对他们晓之以祸福，且教他们击剑，贼人都惊恐地接受了俞大猷的建议。新兴（今广东新兴）、恩平（今广东恩平市）从此得以安宁。

【"俞家军"威名赫赫】

嘉靖三十三年（1554），倭寇占据了宁波普陀。俞大猷率领将士攻击贼寇，攻到半山腰的时候，倭寇突然杀出，杀死武举人火斌等三百人，朝廷因此给俞大猷以戴罪剿贼的处分，不久在吴淞（今属上海）将倭寇打得落花流水，皇帝就下诏消除之前的处分。倭寇从健跳所（今浙江健跳镇）入侵，再次被俞大猷攻破，很快，俞大猷就取代了汤克宽为苏松副总兵。这时，俞大猷所率领的将士还不足三百人，调集的各路兵马尚未集齐，倭寇就趁机进犯金山，在这次战斗中，俞大猷并未取胜。当时，倭寇屯集在松江柘林（今属上海）的超过两万人，总督张经督促俞大猷出战，俞大猷坚持不可轻举妄动，他说："倭寇兵士比我们多，如今硬攻，不但不会取胜，反而会惨遭失败。还是等待永顺、保

靖的军队赶到，采取'关门捉贼'的办法。先派兵守住倭寇的必经之路，再私下令一支队伍插入敌后，断绝水路，我们再围攻倭寇，势必破敌。"张经闻言，觉得此计甚妙，之后他们果然用此计大败倭寇。

嘉靖四十三年（1564）俞大猷调任广东。当时，潮州有倭寇两万人与大盗吴平形成了犄角之势，而蓝松三、伍端、温七、叶丹楼等人则经常劫掠惠州、潮州一带。福建则有程绍禄扰乱延平，梁道辉扰乱汀州。俞大猷以自己的威名震慑住这些贼寇，并单骑闯入程绍禄的营中，警告他回到自己的山寨中，并给程绍禄下令，让他将梁道辉赶回去，他们两人最后都被另外一支军队消灭掉了。惠州参将谢敕与伍端、温七作战失利，谢敕便以"俞家军"来了来恐吓对方，结果，伍端听了之后，立刻带着诸位酋长回去了。不久，俞大猷果真来到惠州（今属广东），擒获了温七。伍端听说之后十分害怕，就命人将自己绑了起来，来到俞大猷面前，向他乞求以斩杀倭寇来赎罪。俞大猷便以伍端的队伍为先锋，在邹塘包围了倭寇，一天之内连续攻破了三处巢穴，焚烧、斩杀了四百多人，大败倭寇。从此，"俞家军"声名远扬，倭寇闻之都丧胆而逃。

俞大猷为将清正廉洁，他屡建奇功，善待部下将领，名震南疆。俞大猷负有奇节，他以古代贤人豪士为自己修身的楷模。俞大猷忠诚为国，到老依然如此。

戚继光列传

戚继光是与俞大猷齐名的明代著名抗倭将领、军事家，他所率领的军队被世人称为"戚家军"。他历任南北边防重任，取得赫赫战功。他和俞大猷都是名将，虽然他的操行不如俞大猷，但是其果敢刚毅却远在俞大猷之上。俞大猷老成持重稳健，戚继光则如疾风闪电般迅速威猛，曾多次打败倭寇，其名气更大于俞大猷。

▶【"戚家军"名扬天下】

戚继光，字元敬，世袭登州卫指挥佥事。父亲戚景通，历官都指挥，任署大宁都司，曾选入神机营，很有节操。戚继光幼年就风流倜傥，气度不凡。当时，他的家中十分贫穷，但戚继光却依然不放弃读书，掌握了经史大义。戚继光自幼就十分痛恨倭寇，他十六岁的时候曾经慷慨赋诗："封侯非我愿，但愿海波平。"由此可见他抵御外辱的抱负。嘉靖中继承武职，被人推荐为署都指挥佥事，到山东防倭寇。后来，戚继光又改任浙江都司，以参将职分掌宁波、绍兴、台州（今均属浙江）三郡。

戚继光刚到浙江的时候，看到卫所的官兵十分闲散，战斗力低下，而金华、义乌（今属浙江）的民众向来都十分剽悍，于是，戚继光就招募三千人，教授他们搏击阵法，他训练出的部队因此也十分精悍勇猛。同时，戚继光还善于分析观察，他认为南方多为水湖区，不利于长距离作战，于是，他就根据地形研究出了一套阵法，将战船、兵器、兵械进行精心部署，从而便于步行作战。戚继光号令严肃，赏罚分明，言而有信，因此在沙场上，其士卒莫不为其冲锋陷阵。由此，戚继光所训练的"戚家军"也得以名扬天下。

嘉靖四十一年（1562），倭寇大举进犯福建。由于倭寇人数众多，官军不敢贸然攻击，双方相持不下，这种情况持续了一年有余。福建因此陷入危急之中，胡宗宪又调戚继光征讨倭寇。戚继光到此之后，首先进攻横屿（今属福建）的倭寇。同时，他还下令冲锋的士兵每个人手中拿着一捆稻草，填平壕沟前进。结果，"戚家军"将敌军打得落花流水，斩杀多人。取得胜利的戚继光并没有就此停步，他率军乘胜追击，捣毁了倭寇的其他营地，使得倭寇的余部一时之间纷纷逃至兴化。戚继光率军急速追赶，半夜时分抵达倭寇屯聚之地，连续攻破六十个敌营。

【守边之功】

隆庆二年（1568），戚继光奉命以都督同知总理蓟州、昌平、保定（三地今属河北）三镇练兵事务。自嘉靖以来，虽然修建了边墙，但是并未建造敌台。戚继光在巡视塞上的时候，建议修建敌台。他进言道："蓟州边墙，绵延二千里，一处出了毛病则到处都会崩溃。近年来，年年修建却年年崩塌，徒劳无益。臣请跨墙修建敌台一千二百座，可以睥睨四方。然边卒质朴，对他们施行军法他们将难以忍受。因此，臣请招募浙江人组成一支军队，用以提倡勇敢精神。"皇上看到他的建议，遂予以允许。于是，很快浙江的三千兵士来到边塞，列阵于郊外。天上刚好下着大雨，这些士兵从早上到中午，站在那儿纹丝不动。一时之间，边军为之骇然，从此才知道军令之严。隆庆五年（1571）秋，敌台得以建成，精坚雄壮，在绵延二千里的边塞颇具声势。

就在这时，边塞形势基本稳定，蒙古俺答部已经向明朝进贡，只有移居住在插汉的小王子的后代土蛮，经常进犯蓟门。而朵颜董狐狸（蒙古朵颜部酋长）与土蛮长昂（朵颜董狐狸的侄子）互相勾结，时而叛乱，时而臣服。万历元年（1573），朵颜董狐狸与长昂意图进犯。他们策马奔驰来到喜峰口，进行敲诈勒索，要求皇帝封赏他们，皇帝不理。他们没有达到目的，就肆意烧杀抢劫，并在边塞附近围猎，以诱使官军出战。戚继光率兵出击，几乎生擒朵颜董狐狸。第二年春天，长昂又窥视各边关塞口，但苦于没有办法进入，就和朵颜董狐狸共同进逼长秃（朵颜董狐狸的弟弟）使之入侵。戚继光率领军队在塞外追逐敌人，并俘获了长秃。这下，朵颜董狐狸可着急了，他和长昂就率领部落头目及亲族三百人，扣关请求放了长秃，赦免他们的死罪。戚继光与总督刘应杰商议，决定接受他们的投降。朵颜董狐狸等人对此感恩戴德，发誓再也不入侵边塞。之后，戚继光在边塞十六年，边塞防务完备，蓟门安然。

戚继光像

戚继光抗倭成功后，他的上司胡宗宪称赞说"勇冠三军，身经百战，累解桃渚之厄，屡扶海门之危"，"且任劳任怨，挺身干事，诚无出其右者"。同僚们称赞他"批亢捣虚，彼且畏之如虎，除凶雪耻，斯民望之如云"，"岂直当今之虎臣，实为振古之名将"。

白话精编二十四史

第十卷

徐阶列传

徐 阶善于忍辱负重、深藏不露，他和严嵩一起在朝十多年，非但没有被严嵩除掉，反而击败了严嵩，最终成为明朝首辅。

【屈意事严嵩】

徐阶，字子升，松江华亭（今属上海）人。出生刚满周岁的时候，就掉入枯井之中，救出后三天才苏醒。五岁时徐阶就跟随父亲前往括苍，从崇高的山岭上坠落，衣服挂在树上才没有死去。人们都为之感到惊奇。嘉靖二年（1523），徐阶考取进士第三名，被授予翰林院编修一职。徐阶身材矮小，皮肤白皙，容貌俊秀，举止优雅。他生性聪颖敏捷，胸有权谋，但却缜密持重而不外露。他学习古文经学，和王守仁的门生交游，在士大夫中颇有名气。

当时，严嵩倚靠皇帝对他的宠信独断专权，猜忌并加害同列。因为仇视夏言，便置其于死地，而夏言又曾经推荐过徐阶，严嵩因而更加忌恨徐阶。起初，孝烈皇后去世，世宗想要祭祀她于宗庙，但考虑到她前面有孝洁皇后，而且睿宗进宗庙不是公议，担心后世会议论宗庙，于是想在自己当世预祧仁宗宗庙，把孝烈皇后先祔于宗庙，自成一世，下交礼部议论。徐阶为之抗议，声称女后没有先入宗庙的，奏请在奉先殿祭祀她。奏疏递上之后，皇帝勃然大怒。徐阶诚惶诚恐地谢罪，不能坚持前议。

严嵩以为徐阶可以离间，便在皇帝面前百般中伤他。一天，皇帝单独召见严嵩，二人谈到徐阶时，严嵩缓缓地说："徐阶所缺乏的不是才干，仅多二心罢了。"

这时候，徐阶意识到自己处于极大的危险之中。一方面，皇帝十分怨恨他；另一方面，严嵩又想将他置于死地。面对这种岌岌可危的情况，徐阶考虑到不能与严嵩产生争执，从此便谨慎地奉事严嵩，而且更精

腰牌

心地撰写青词迎合皇帝心意。渐渐地，皇帝周围的很多人也为他斡旋。皇帝对他的怨恨才渐渐消解。不久，皇帝便加封他为少保，随即晋升兼任文渊阁大学士，参与机要事务。

【崛起下僚，智斗严嵩】

徐阶向皇帝献计，诛杀了仇鸾，皇帝因此更加重视他，徐阶又向皇帝奏请罢免提督侍郎孙裌。皇帝最初因严嵩的阻碍未能实行，时间长了则完全听从了徐阶的意见。徐阶一品三年满期，功勋有加，任柱国，进而兼任太子太傅、武英殿大学士。第九年，徐阶改兼吏部尚书。此时，皇帝虽然十分器重徐阶，但也只是稍微显露这种迹象罢了。

后来，杨继盛议论严嵩的罪行，用两位皇子的事为证，被打入锦衣卫的牢狱。严嵩嘱托陆炳追究主使人。徐阶告诫陆炳道："如果不谨慎，一旦涉及到皇子，宗庙社稷该怎么办？"同时，徐阶又用危言劝阻严嵩："皇上只有两个儿子，肯定不忍心以此责备您，到时候问罪的只是您左右之人。您何必公开同官邸结仇怨呢？"严嵩闻言惊恐，才算了结。

杨继盛弹劾严嵩，严嵩怀疑是徐阶所指使。赵瑾、王宗茂弹劾严嵩，徐阶又建议从轻发落。严嵩上书议论此事，公开称徐阶乃是主使，皇帝不听信他的话，秘密调查，大臣们都舍严嵩而趋徐阶，皇帝随即加封徐阶为太子太师。

皇帝居住的永寿宫遭遇火灾，移居玉熙殿太过狭小，便打算修建一番。皇帝询问严嵩，严嵩奏请返还皇宫，皇帝大为不悦。皇帝又询问徐阶，徐阶奏请用三殿的多余材料，责成尚书雷礼营建，可在几个月内建成。皇帝十分高兴，就按徐阶的建议建造。建成之后，皇帝移居那里，命名为万寿宫。由于徐阶为人忠诚，晋升为少师，而对严嵩则日渐疏远，其子严世蕃贪婪无耻，荒淫无度的劣迹也渐有传闻，徐阶便指使邹应龙弹劾，借机除掉了严世蕃。徐阶则取代严嵩担任首辅。

徐阶担任首辅之后，掌握着国家的权柄，一些人对他十分不满，高拱便是其一。高拱指令御史齐康弹劾徐阶，说他的两个儿子常常和人暗中交易，其家人横行乡里。徐阶上书辩解，终乞求告老还乡。即便如此，他依然被高拱一直倾轧打压，这种情况直到高拱被张居正倾轧而罢免才得以停止。万历十一年（1583），徐阶去世，时年八十一岁。被追封为太师，谥号"文贞"。

论赞

赞 曰：徐阶以恭敬勤勉而为皇帝所深知，慎密持重而不外露。虽然善于使用智慧谋略，但仍然不失其正气。

高拱列传

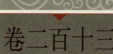

高 拱，大明朝又一位因做了皇帝的老师飞黄腾达的官员，官至内阁首辅。本可以作为首席顾命大臣再享荣华富贵，不料被大太监冯保和名相张居正赶下台，孤独终老。

【初次入阁】

高拱，字肃卿，新郑（今属河南）人。嘉靖二十年（1541）成进士，后任裕王的侍讲。性格怪异的嘉靖帝忌讳立太子的事情，按照封建继承顺序，裕王本应立为太子，但是嘉靖皇帝好像又比较器重景王。两位皇子前途未卜，也引得朝廷大臣们猜测种种。在担任裕王侍讲的九年时间里，高拱教导裕王要更加孝顺谨慎，想方设法开解裕王。裕王也很看重他，亲自写下"怀贤忠贞"赐给他。后来，高拱升为侍讲学士。

高拱被严嵩、徐阶两任内阁首辅先后推荐给嘉靖皇帝，自此官运亨通，历任太常卿、礼部左侍郎、吏部左侍郎兼大学士、礼部尚书等职，召入直庐，还被赐予飞鱼服。嘉靖四十五年（1566），高拱被拜为文渊阁大学士，和郭朴一起进入内阁。

嘉靖皇帝一直居住在西苑，内阁大臣们也要在西苑的直庐中值班。高拱因年过半百依旧没有儿子，焦虑万分，就将自己的家移到西华门附近，

直庐时常悄悄回家与妻妾团圆。一次嘉靖身体不好，被人误传说病情危急，高拱急忙把自己直庐内的书籍、器物等尽行取出。这件事遭到给事中胡应嘉奏劾。这个时候，嘉靖皇帝病得正厉害，也没顾得上追究高拱的责任。高拱入阁后，对徐阶不够尊重，徐阶对此很不满。遭到弹劾的事情一出，高拱更怀疑胡应嘉是受到了徐阶的指使，对徐阶怀恨在心。

穆宗即位，高拱被加封少保兼太子太保。他以老臣的身份和徐阶对抗，之后又得到了郭朴的帮助，徐阶逐渐无法抵挡。此时，徐阶的得意门生、也曾做过穆宗的侍讲的张居正也进入内阁。徐阶起草世宗朱厚熜的遗诏，只和张居正商议，却故意避过了同为内阁大学士的高拱。高拱心里更加不能平衡。朝廷商议穆宗登基赏赐军队和决定大臣去留的人事问题，徐阶也不同意高拱的意见，两人之间的矛盾逐渐加深。胡应嘉因为犯错要被处罚，在高拱等人坚持下，徐阶勉强同意。马上就有御史弹劾高拱因为私人恩怨

报复胡应嘉。徐阶代皇帝拟旨安抚挽留高拱，但并不谴责上疏弹劾的人。高拱更加愤怒，在内阁中处处和徐阶作对。支持徐阶的言官每天都要弹劾高拱，无奈高拱只好上疏请求退休，穆宗也无法挽留。隆庆元年（1567）五月，高拱以少傅兼太子太傅、尚书、大学士的身份回家养病。不久徐阶也辞官回家。

【再次入阁，革除弊政】

隆庆三年（1569）冬天，皇帝重新召高拱担任内阁大学士掌管吏部事务。高拱将徐阶的政策全部改变，凡是前朝获罪大臣因为世宗朱厚熜遗诏得以录用抚恤的，全部予以废除。高拱还上疏说："《明伦大典》已经颁布天下很久了，但是现在掌握大权的大臣假托遗诏的名义，将所有因为大礼议获罪的人全部褒奖，这样的做法让献帝（嘉靖皇帝的生父）和嘉靖皇帝的在天之灵如何安心？陛下您到太庙中祭祖的时候，也无言面对两位先人。我认为不能那么做。"穆宗深以为然。

高拱本就气量小，再次入阁做了内阁首辅，他专门和徐阶作对，总想给徐阶安点罪名。幸好穆宗仁义，没有让高拱达到目的。但高拱还是找到了机会。徐阶的子弟在家乡非常横行霸道，高拱将前任知府提拔成监司，将这些犯罪的徐阶族人治罪，都贬到了边关做守卫。高拱用尽各种办法报复徐阶，一直到高拱再次离职，才结束了这种报复。

高拱熟悉朝廷事务，有经济之才，他提出的很多建议都十分可行。他到吏部不久即在吏部建立了严格的官员考查制度。这种制度要求吏部将官员们登记造册，记录他们的表现，每月汇集一次，交吏部由高拱亲自过目，到年终将册籍全部汇

🏛 北京皇史宬

皇史宬是中国明清两代的皇家档案馆，又称表章库，位于北京天安门东边的南池子大街南口。皇史宬始建于明朝嘉靖十三年（1534年）七月。占地8460平方米，建筑面积3400平方米，是中国现存最完整的皇家档案库。

总吏部，作为官员们赏罚升迁的依据。通过这项制度，高拱为朝廷选拔了不少人才。高拱又奏请穆宗，对进士和举人应唯贤是用，量才录用，不应该因为出身而有区别。他在吏部考察官员，并不完全以文书作为标准，也不拘泥人数多少。被罢黜的人肯定要告知原因，让人们心服口服。当时朝廷的马政、盐政都被视为闲散的部门，大臣们都很轻视，因而官员任用不当、政务荒废，秩序混乱。高拱体察下情，知道这两个部门的官员经常地处远方贫薄苦寒的地方，非常艰苦，就提议让本省廉谨有才的人担任，并且放宽他们需要缴纳的数额，政绩优良的人还能得到破格提拔。这条建议也被采纳。高拱谋划的事情，大多是吏治这方面的。

【尽心辅政】

高拱眼光长远，忧心边境，请求穆宗增设兵部侍郎，以储备兵部总督的人选。这样由兵部侍郎到总督，再由总督到兵部，内外交流，通晓边境的人才更加丰富。他认为军事是专门的学问，除非是学习了很长时间，否则无法应付得来。但现在兵部任用官员往往不加选择，优秀的将才常常升迁到其他部门，为此特请批准兵部独自选拔并储备人才。他提出：培养兵部官员，当自兵部司属开始，从边将里选拔兵部司属。选得有智谋有才能的人，不得随意转升到其他部门。边镇官员责任重大，不应交给闲杂之辈或者遭到贬斥的人。这些建议都得到了穆宗的认可，被定为法令。古田（今属福建）少数民族叛乱，高拱让殷正茂做两广总督。他评价殷正茂说他虽然贪财，但是能够成事。贵州官员奏报有土司将叛乱，高拱让阮文中代为巡抚，临行前面授机宜说："那个土司肯定不会叛变的，你到了那里，不要有什么过激的变革就可以了。"阮文中照办，后来果然如高拱所言。

俺答的孙子把汉那吉向明朝投降，朝廷商议是否要授予官职。大多数大臣都不同意，只有高拱和张居正力主同意，最后力排众议向穆宗请示，得到穆宗许可。高拱任职期间，立下很多功劳，被加封为少师兼太子太师、尚书、大学士。高拱居

笔架

安思危，他怕边境稍稍安宁了将士们会懒惰松懈，就建议朝廷派人定期视察。后来，辽东奏捷，高拱被封柱国、中极殿大学士。从此，高拱在朝中更加飞扬跋扈了。

有一次，高拱与都察院一起考查科道，和掌管都察院的大学士赵贞吉意见不合。刚巧给事中韩楫弹劾赵贞吉，赵贞吉怀疑是高拱在幕后操纵，就上奏章弹劾高拱，高拱也上疏辩解。穆宗不支持赵贞吉，让他辞官归去。赶走赵贞吉后，高拱更加专横跋扈。弹劾他的几位大臣都被他贬到外地为官。高拱最初还比较清廉秉持操守，但是后来也放松了对自己的要求，连他的门生、亲属都开始大肆收受财物，遭到人们的激烈批评。但穆宗对他始终宠信不减。

【失势被逐】

高拱、张居正最初在太学为同事的时候，相互之间关系很融洽，高拱经常称赞张居正的才华。李春芳、陈以勤离开内阁后，高拱成了内阁首辅，张居正次之。高拱性情正直且高傲，经常有人和高拱产生冲突，只有张居正退而不和他争斗，高拱都没有注意到。

隆庆六年（1572），穆宗病重，安排高拱、张居正辅佐年幼的神宗朱翊钧。本来穆宗只是让内阁两位大臣成为顾命大臣的，太监篡改遗诏命两人和冯保一起承担重任。太监冯保非常狡猾，本该晋升掌管司礼监，但是高拱两次推荐别人，就是不推荐他，

冯保也因此开始怨恨高拱。同时冯保和张居正关系十分亲密。这些原因，直接导致了高拱的再次被逐。神宗朱翊钧即位，高拱因皇帝年幼，奏报惩办太监专政，废除司礼监的权力，归还内阁。他让党羽上疏攻击冯保，自己准备拟旨驱逐冯保。不料张居正将消息泄露给了冯保。冯保到太后面前告高拱擅权，建议驱走高拱。太后点头同意。第二天，皇帝召群臣入宫准备宣布两宫太后和皇帝的诏书，高拱以为肯定是要驱逐冯保，急忙入宫。等到宣诏的时候，才发现是在宣布自己的罪名并驱逐自己。高拱悲愤不已，伏地不起，被张居正架着出了宫，很快离开京城。

高拱离去后，冯保还遗憾没能将他置于死地，就编造了王大臣案，牵连到高拱。高拱被人解救，才得以赦免。几年后，高拱去世，终年六十六周岁。张居正请求恢复他的官位，并厚葬，冯保阻挠，只允许以半礼下葬，祭文中还有贬词。很久之后，高拱才被正名，追赠太师，谥"文襄"，他的儿子也被封官。

张居正列传

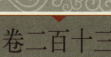

张居正，万历皇帝最尊敬的老师、最器重的首辅、最亲近的大臣，明朝历史上最优秀的内阁首辅之一，为万历初期新政立下汗马功劳。不想，他一死就被严厉清算，差点被掘棺鞭尸。如此痛恨他的恰恰是他忠心辅佐的万历皇帝。

【青云直上】

张居正，字叔大，江陵（今属湖北）人。自小就很有才华。十五岁的时候，参加乡试，巡抚顾璘欣赏他的文采，说他将来肯定是国家的栋梁。张居正中举后，顾璘把自己的犀带赠送他说："你将来是要腰上缠玉带的，犀带不足以匹配你。"嘉靖二十六年（1547），张居正成进士，任庶吉士。他每日研究国家典故，徐阶等人都非常器重他。

张居正眉清目秀，胡子长到腹部。他勇于承担责任，自认为豪杰。但是为人深沉有城府，别人都不知道他在想什么。严嵩担任内阁首辅的时候，忌恨徐阶，和徐阶关系好的人都会被他搁置。张居正却依然自行其是，严嵩也不得不器重张居正。后来他升任右中允，在国子监工作，在那里，他和祭酒高拱结下了良好关系。不久他成为裕王侍读，被裕王看重，裕王府中的太监和他关系也很好。

徐阶替代严嵩成为首辅之后，倾心支持张居正。嘉靖皇帝驾崩后，徐阶起草遗诏，还要和张居正一起商议。不久张居正成为礼部右侍郎兼翰林院学士。一个月之后，就以吏部左侍郎兼东阁大学士身份入阁。后来他被提拔为礼部尚书兼武英殿大学士，加少保兼太子太保。此时的内阁中，首辅徐阶资历最老，对其他内阁大臣十分尊重。张居正位列最后，从来不在人们面前自傲身份，说话也常常一语中的，人们反倒最忌惮他。

高拱走后，徐阶也辞官回乡，李春芳成为首辅。很快，赵贞吉入阁，对张居正虎视眈眈。张居正和司礼监太监李芳合谋，重新将高拱召回，并让他掌管吏部，以遏制赵贞吉，并夺取李春芳的地位。高拱回来后和张居正的关系更加亲密，两人一起将其他内阁大臣排挤掉，最后只剩两人一起执政。张居正就这样在短短时间内爬到了相当高的地位。

度量极小的高拱报复已经告老还乡的徐阶，徐阶几个儿子先后获罪。张居正几次劝高拱，高拱反嘲讽张居一系列改革，一改国家颓废的局面，史称"万历新政"。

张居正深受万历皇帝信任。他忠心辅佐小皇帝，亦师亦友亦臣。他编辑了之前各朝治乱的故事一百多条，绘成图，以俗语解之，便于小皇帝理解。小皇帝一旦有做错的地方，他和冯保一起劝谏。小皇帝想要看灯会，张居正趁机劝谏要节省，小皇帝就听从了。每次皇帝犯错，李太后都要说："张先生知道了怎么办？"

有皇帝、太后的信任，有冯保的合作，张居正大刀阔斧开始了自己的新政。他整顿吏治，开源节流。他加强官吏考核，斥责不能尽职的人，甚至贬职，裁汰朝廷的冗余机构，淘汰并惩治了一批官员。在执行上，他赏罚分明，执法严厉，言必信，行必果。在他执政期间，百官尽忠职守，不敢有丝毫懈怠，更不敢文过饰非。朝廷号令的效力空前增强，不管有多么远，一旦朝廷的命令到达就要立即奉行不悖。明朝官僚系统的行政效力得到大大提高。黔国公沐朝弼屡次犯法，按律应当逮捕，但朝廷上下都认为此事很难办，张居正就改立沐朝弼的儿子袭爵，派人捆绑沐朝弼，沐朝弼不敢反抗，抓到京师后，张居正免了他一死，将他幽禁在南京。那时的御史在外常常仗着可以上奏折弹劾的权力欺凌巡抚，张居正决定打压御史们的嚣张气焰。只要有一件事情做得稍有不对，就立即斥责，又责令他们的上司严加考查。万历年间，天下太平已经

张居正雕像

明朝内阁大学士、内阁首辅，明代最杰出的政治家。字叔大，号太岳。湖广江陵人。被明代思想家、文学家誉为"宰相之杰"，他也成为西方资产阶级政治和经济理论家关注的"中国经济第一人"，被载入了世界经济发展的史册。

正收了徐阶儿子三万金的贿赂，张居正脸色就变了，对天发誓也不能获得高拱的信任。从此两人关系逐渐疏远。

【整顿吏治】

太监冯保忌恨高拱，张居正则与冯保关系密切。穆宗去世，神宗朱翊钧初即位，高拱要弹劾冯保，张居正秘密给冯保通风报信，并与冯保合谋将高拱罢职，张居正一跃成为内阁首辅。在张太皇太后的支持下，张居正与冯保一起辅佐万历小皇帝，实行了

很久了，有盗贼群起，甚至抢劫官府库房，地方政府却常常隐瞒这类事情不上报，张居正下令如有隐匿不报者，即使优秀的官吏也必撤职。地方官再不敢掩饰实情，严厉制裁，盗贼因而减少。

▶【富国强兵】

张居正还极大改善了明朝的财政。他在全国范围内清查土地，用"一条鞭法"改革赋税。他通过裁减冗员、削减军费开支、减少皇家花销、用赋税考查官员等方法，让明朝在万历初年的短短十年内一改之前入不敷出的窘况。军费方面，张居正一方面与通贡互市，保持边境安定，减少战争费用，另一方面也大量削减粮饷开支。他还要求皇帝减少花销，不仅多次向万历提出"节省开支爱护民众"、"保住国家的根本"，

在皇室的奢侈性花费上，他也是锱铢必较，要求神宗朱翊钧节省不必要的开支。结果连上元节灯火、花灯费也被废止。在张居正的力争下，还停止重修慈庆、慈宁二宫及武英殿，停止提供内库用来封赏的开支，拼命节省服御费用，废除专门为皇室提供丝绸的织造等。他在官员考核中增加追收税赋的标准。万历四年（1576）规定，地方官征赋税不足九成者，一律处罚。同年十二月，据户科给事中奏报，地方官因此而受降级处分的，山东有十七名，河南二名；受革职处分的，山东二名，河南九名。这项政策使得各级官员再不敢懈怠，改变了拖欠税粮的状况，使国库日益充裕。

张居正不仅在富国上颇有建树，在军事方面也贡献很大。万历朝北方边境鞑靼进兵中原，南方土司争权夺利，东南倭寇骚扰沿海，民不聊生。张居正采取各种措施，效果明显。俺答部向明朝归顺时，张居正就力主招抚，给予首领册封，

他还在边境开放贸易，俺答部很长时间不在边境为害。蒙古部小王子率十多万人，多次入侵。张居正让李成梁镇守辽东，让戚继光镇守蓟门，保得了多年太平。他任用的两广督抚殷正茂、凌云翼等也多次破敌立功。浙江兵民叛乱，他用张佳胤去任职，就能立即平定。

▶【生死两重天】

李太后和万历皇帝对张居正也是十分礼遇，不仅给他加官晋爵，还很关心他。李太后十分信任张居正，常因为张居正的话惩罚万历小皇帝，她去慈宁宫后，还专门嘱咐"先生"要多加辅佐皇帝。皇帝称他为"元辅张少师先生"，待以师礼。张居正父亲去世，皇帝不断派太监去慰问，还送粥药，往来的太监络绎不断。封建礼制，父母死了，官员必须离职回家守孝三年，政务紧急也可以由皇帝"强迫"他留在位上，称"夺情"。户部侍郎李幼孜想讨好张居正，就首先上疏提出丧期内张居正"夺情"。两宫太后和皇上也不愿张先生离职，于是张居正决定遵旨"夺情"了，但遭到了许多人拼死劝谏。劝谏的人遭到了廷杖、贬斥甚至流放等。这件事也让很多正直的大臣对张居正失望。加上那些因为张居正考评官员、增加税赋得罪的人，他已经是四面环敌。

第二年，张居正回原籍安葬父亲，一路上地方大员郊迎郊送，还送上许多赙仪和奠金。而江陵城为了张居正

父亲的葬礼，倾城出动，仪式空前盛大。张居正本就过于骄傲，仗着太后和皇帝的信任，甚至对和自己一起在内阁的重臣也从来没有好脸色，容不下与之意见相左的人。张居正自从父丧后，更加偏激、骄纵，对官员升贬这样的大事也往往凭个人好恶。他周围办事的人多接受贿赂，他的三个儿子都成了进士，家奴也置身士大夫行列，人们对张居正越来越不满了。

万历十年（1582）张居正病逝。亲政的万历皇帝本就对从小压着自己的张居正不满，也要借清算张居正显示自己已经"乾纲独断"。各种反对势力也纷纷登台。辽王妃王氏上奏疏，说张居正诬陷辽王，霸占王府（张居正在老家江陵城住的是获罪辽王的王府），万历皇帝终于给张居正加上了诸多罪名，下诏将张居正家抄家充公，并把他的子孙发配边疆。

论赞

赞 曰：张居正深明大势，勇于承担责任，神宗初期的政治，能从衰堕中挽救过来，不可不称他为济世良才，但是权倾天下，功高震主，最终死后招来大祸。《尚书》中说"臣子不能因为宠信、功劳，自以为就成功了"，可以说是至理名言啊。

申时行列传

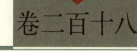

申时行因文采非凡而受到张居正的赏识，由于他含蓄蕴藉，毫无锋芒毕露之感，更让张居正为之安心。可惜，张居正没有料到的是，在他死后，申时行会接了他的班，同时，申时行也为此陷入了一种尴尬之境。面对舆论对张居正的批评以及张居正对自己的知遇之恩，申时行徘徊于这两者之间，终难得到平衡，最终还是由受到到谏官的弹劾而辞职。作为首辅，申时行并没有什么大的建树。

【含蓄宽容，成为首辅】

申时行，字汝默，长洲（今江苏苏州）人。嘉靖四十一年（1562年）考取进士第一名，被授予修撰一职。曾经担任左庶子，掌管翰林院的事务。

万历五年（1577年），申时行由礼部右侍郎调任吏部之职。当时，申时行因文笔好而得到张居正的知遇，由于他含蓄宽容而不标新立异，张居正对他十分放心。六年（1578年）三月，张居正将要回家安葬父亲，便向皇上奏请增加内阁大臣，申时行此时便以左侍郎兼东阁大学士的身份入阁参与机要事务。不久，申时行又晋升为礼部尚书兼文渊阁，后又升任为少傅兼太子太傅、吏部尚书、建极殿学士。张居正独揽大权已经很久了，操控群臣十分严厉，跟他意见不同的人大都被逐去。等到张居正去世，张四维、申时行相继执掌大权，着意宽大为政。

他们依次召用老成之辈，安排在各个职位，朝廷大臣为此都称赞他们。然而，这时内阁的权势积重，六卿大都顺着内阁大臣的意向办事。诸位大臣由张四维、申时行提拔而任用，大臣们喜欢他们的宽大政策，大多与他们相交善。

张四维守丧归家，申时行便担任首辅。余有丁、许国、王锡爵、王家屏先后都在内阁共事，彼此之间毫无猜忌。此前张居正一直控制着舆论，到了这时才有所舒缓。由于张居正过去一向和申时行关系很近，谏官们对此不无讽刺之意。申时行对外表面上显示出博大能容人的气度，但是他内心却不高兴。皇帝虽然希望言官攻讦张居正的缺点，但却十分厌恶他们品评时事，议论时事的人间或遭受贬官。众人因此都责怪申时行，言语之间更是谴责诋毁他。而诸位内阁大臣又都祖护他，申时行堵塞言官之口，言官更为愤恨，申时行的威望为此也遭到了损抑。

【内阁大臣与言臣的争斗】

万历十二年（1584年）三月，御史张文熙曾向皇帝进谏以前的内阁大臣专横跋扈的四件事，请求皇帝永远将其革除。申时行向皇帝上疏申辩道："张文熙认为部院的百官不应该设置考成簿，送交内阁考察；吏、兵二部解职授任，不应当一一送交内阁裁决；督抚巡按办事，不应当用密揭向内阁大臣请教；内阁中对奏疏所拟的批示，应当让同官知道。内阁大臣不称职的应当罢黜，如果连内阁大臣的职权都全部被剥夺，这等于是因噎废食。至于对奏疏所拟的批示，没有不与同官商议的。"皇帝认为他说得十分正确，遂罢黜张文熙的提议不用。

御史丁此吕又进言说，侍郎高启愚用试题劝张居正篡位，皇帝亲自批示后交给申时行看。申时行说："丁此吕用不明不白之事陷他人以斩首之罪，恐怕流言将会接踵而至，这不是清明的朝代所应该有的事。"尚书杨巍于是请求将丁此吕贬出京师，流放到地方为官，皇帝便依

从了杨巍的建议。而给事御史王士性、李植等人则接连呈上奏疏弹劾杨巍阿谀奉承申时行，堵塞了言路。不久，皇帝也为这件事而感到后悔，便罢黜高启愚的官职，留下了丁此吕。申时行、杨巍请求离去。余有丁、许国称："大臣关系到国家的前途，现在因为众人的议论而留下了丁此吕，恐怕难以安抚申时行、杨巍的心了。"许国尤其愤怒，专门写了奏疏请求离去，并攻讦那些谏官。副都御使石星、侍郎陆光祖也因此劝谏。皇帝于是听从了杨巍的劝谏，将丁此吕贬出京师，安慰、挽留申时行、许国，而谏官们则群起攻击许国。申时行奏请视情况来适当处罚谏官们，为此，谏官们更为不满。不久，李植、江东之便借用大峪山寿宫的事件企图动摇申时行的地位，结果未能实现，而他们则被贬

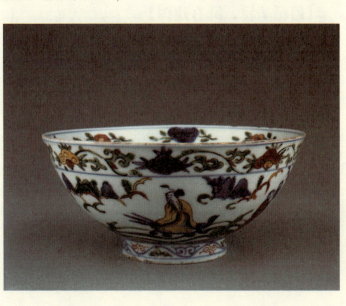

🔶 五彩八仙图碗·明万历

白话精编二十四史

第十卷

申时行撰，《赐闲堂集》有赋、诗共六卷，文及杂著共三十四卷。

黜，从此，内阁大臣与言官们一天天水火不相容了。

【遵循圣旨，鲜有建树】

此前，御史魏允贞、郎中李三才因为科举试场的事论及申时行的儿子申用懋，被贬官。给事中邹元标弹劾并罢免了申时行的姻亲徐学谟，申时行就借别的奏疏斥逐了他。不久，他知道了人们的情绪，稍稍提升了三人的官职，三人才得以不被废黜。世人因此称颂申时行为长者。申时行意图笼络人心，便废除了张居正时期所实行的考成法；一切变为简易，也多次有忠言进谏以供采纳。申时行曾经因为灾害之事，

极力进谏，称科税催促太急迫、征派增加，刑罚诉讼案繁多，用度奢侈浪费等的危害。申时行又曾经请求阻止抚按官员为支助工程乱罚银，请求减少皇宫要求织造的各种丝织品的数额，催促批复官员们的奏章。依照尚宝卿徐贞明的提议，申时行请求开辟京师地区的水田。他任用邓子龙、刘绖平定陇川，举荐郑洛为经略，催促顺义王东归，压制叶梦熊的奏章以便消除杨应龙的变乱。

然而，这时候天下太平，上下安逸和乐，法纪渐渐变得松弛起来。申时行以遵循皇帝的意旨为宗旨，在政治上不能有大的建树。皇帝每每到了讲筵日期，大多下令将其免讲，申时行奏请将侍讲免去，只要呈送讲章。从此，这就成为成例，而讲筵被永远废止了。评事雒于仁呈递《酒色财气四箴》，皇帝看了之后勃然大怒，便召见申时行等人逐条分析，准备对评事雒于仁重罚。申时行请求皇帝不要把雒于仁的奏章发下去，而劝雒于仁自己辞职，雒于仁因此得以幸免，没有遭受皇帝的惩罚。然而，奏章留在宫中不批复的做法也就由此开始。

【奏请立太子】

万历十四年（1586年）正月，光宗年满五岁，而郑贵妃受到皇帝的宠爱，生下皇三子常洵，颇萌生夺嫡的意思。申时行率领同僚再三请求皇帝确立太子，皇帝不听。朝廷大臣由

于贵妃的缘故，大都指斥宫闱之事，这触犯了皇帝，使得他勃然大怒，遭到了严厉的谴责。皇帝曾经下诏让臣下直言进谏，于是郎官刘复初、李懋桧等人公然冒犯了贵妃。申时行奏请皇帝下诏书，指令各部门的进言只议论本部门职权之内的事务，听任长官选择性地呈送奏疏，不可以擅自递交给皇帝。为此，皇帝感到十分高兴，然而，申时行却遭到了众人的指责。

申时行连续奏请确立太子。万历十八年（1590年），皇帝召见皇长子、皇三子，下令让申时行等人到毓德宫觐见。申时行跪拜祝贺，请求皇帝急速决定大计。皇帝犹豫良久，下诏曰："朕不喜欢激动聒噪。近来，诸位大臣的奏章一概被留在宫中，这是由于厌恶它们离间朕父子。如果明年朝廷中的大臣不再轻慢滋扰，朕定当在后年册立皇储，否则就等皇长子十五岁时举行册封。"申时行于是就告诫朝廷大臣不要再激怒扰乱皇上。

第二年（1591年）八月，工部主事张有德奏请准备册立仪式的礼节。皇帝勃然大怒，下令延期一年。此时内阁也有奏疏呈送上去。当时，申时行正在假期，次辅许国将申时行的姓名排在第一位。申时行暗中呈上奏疏说："臣正在度假，起初也不知道此事。册立皇储的事，皇上的意思已经十分明确了。张有德不识大体，希望皇帝亲自裁决，不要因为小臣而妨碍了国家大典。"为此，给事中罗大纮弹劾申时行，认为他表

面上附和群臣的提议请求册立皇储，而暗地里却延缓此事而与内宫交好。中书黄正宾又议论申时行陷害同僚，巧妙地逃避首事之罪。他们两个人都被罢黜官职。御史邹德泳又呈上奏疏，申时行坚持请求辞官。皇帝诏令他乘驿车回家。他回乡三年，光宗才出阁讲读；他回乡十年，光宗才被立为皇太子。

万历四十二年（1614年），申时行八十岁，皇帝派遣行人慰问。诏书传到他家门口他就去世了。申时行因为平定云南岳凤，加封为少师兼太子太师、中极殿大学士，诏赠太师，谥号"文定"。

论 赞

赞曰：神宗这个朝代，就当时来说是安乐的，就征候来看却是害人的。申时行这些人有报告安乐的坏处，却没有主持朝廷大政的谋略。在外畏惧清明的言论，在内又赚取皇帝的恩宠，凭依阿谀来保护自己，用掩盖粉饰而获取名声，辅佐君王并没有取得什么成绩，遇到麻烦，则会跟随一般人而用沉默来回避。《尚书》说："大臣懒散，万事败坏。"这就是孔子之所以叹息"焉用彼相"的缘故啊。

海瑞列传

海瑞是明朝的著名清官，他为人刚毅正直，为官清正廉明。在其他朝臣噤若寒蝉之时，海瑞能够挺身而出，甘冒死罪直言进谏，真是让人敬佩至极。

【海瑞死谏，被捕入狱】

海瑞，字汝贤，琼山（今属海南海口市）人。乡试中举，为官清正廉明，正直刚毅，后来被提拔为户部主事。

当时世宗朱厚熜在位日久，他整天不理朝政，经常不上早朝，深居西苑，一心沉迷于斋戒。自从朝廷大臣杨最、杨爵因进谏而被治罪以后，百官再也无人敢进谏。嘉靖四十五年（1566）二月，户部主事海瑞不畏强暴，甘冒死罪，单独上书皇帝，说："臣闻君主是天下臣民万物的主责，身上肩负着重大的责任，要想成为一名圣主，唯有把职责寄托在大臣身上，使他们尽情进言。因此，请允许臣畅所欲言。臣以为陛下犯了很多错误，最为主要的就是沉迷于斋祭，祈求长生不老。自古圣贤传下训诫，修身立命称'顺应公正'，从未听说过长生的

说法。况且，古代的那些圣王如尧、舜、禹等都没能长生不老，臣也没有听说哪个朝代时所谓的'神仙'到现在还有活着的。陛下接受陶仲文的方术，现在陶仲文已经死掉了，他尚不能长生不老，陛下又如何能长生不老呢？仙桃天药，这乃是荒诞无稽之谈。陛下错误地相信了，认为这是真的，真是过失啊。现如今，朝廷上大臣们为了求取俸禄而甘愿阿谀奉承，小官吏害怕被治罪就缄默不语。看到这种情形我十分愤恨，因此甘冒死罪，唯求陛下垂听。"

🔴 海瑞像
海瑞自幼处于守寡的母亲的严厉教导下，海母用强悍的意志主宰着海瑞的精神，使海瑞两度休妻，一妻一妾暴死，家庭生活十分不幸。

世宗朱厚熜看到海瑞的奏章后勃然大怒，将奏章扔到地上，对左右喊道："赶快抓住海瑞，别让他逃跑了。"宦官黄锦在一旁说："海瑞向来有痴名。听说他上奏之时，自知冒犯皇帝该死，就买了一副棺材，告别妻儿，在朝廷等候治罪，他是不会逃跑的。"世宗朱厚熜缄默不语，过了一会儿又取来奏章阅读，一天读了好几遍，连连叹息，把奏疏留在中宫几个月。世宗朱厚熜曾说："海瑞可以与比干相比，但我不是商纣。"

后来，世宗朱厚熜患病，他召见内阁大臣徐阶商议传位的事，说："海瑞所说的都是实情。现在我病了很久，这都怪我自己不知道谨慎珍惜，才招致这场病患。假如我能君莅便殿，又如何会遭此人骂呢？"于是，海瑞便被逮捕入狱，并判处死罪。但是，此案宗上报后，仍被扣留在世宗朱厚熜手中，海瑞也就这么一直在监狱里关押着。过了两个月，世宗去世，穆宗即位，海瑞才被放出来。

【海瑞除弊，备受排挤】

隆庆三年（1569）夏，海瑞以右金都御史的身份巡抚应天十府。官吏们都忌惮他的威严，有劣迹的人大部分都自动离职。有权势的人家原用朱丹漆门，听说海瑞来了，又将门漆成黑色。

海瑞锐意革故鼎新，厉行改革。他向皇帝奏请疏浚吴淞江、白茆河，让河水流入大海，百姓因此受益匪浅。

海瑞向来痛恨豪绅大户兼并百姓土地，他极力折损豪强，安抚贫穷羸弱。贫民的田地被富户侵占的，海瑞全部替他们要了回来。海瑞反对奢靡的生活，他裁减官员差旅费用，士大夫经过该地，一律不提供饮食，因此他们也极其怨恨海瑞。

海瑞的这些改革阻碍了豪绅大户掠取自己的利益，不久，给事中戴凤翔弹劾海瑞庇护奸民，鱼肉缙绅，沽名钓誉，扰乱政事，于是调他督办南京粮储。海瑞抚慰吴地刚半年，老百姓听说他将要离去，一时之间，哭声载道，很多人甚至还将海瑞的画像挂在家中祭祀。

海瑞即将就任新职，恰好遇上高拱主管吏部，此人向来对海瑞怀恨在心，他便将海瑞的职务并入南京户部，于是海瑞就告病回家。

海瑞后来再次被起用，但是由于他刚正不阿，直言进谏，导致小人对他怀恨在心，多次诋毁海瑞，海瑞也多次上书请求辞职，皇帝安抚挽留，不同意他辞职。万历十五年（1587），海瑞死在任上，时年七十三岁。

论赞

赞 曰：海瑞秉性刚烈，戆直而能做决断，能够与汉代的汲黯、宋代的包拯之风尚相媲美。他一生能够勉励自己洁身自好，实在是人们所难以做到的啊。

汤显祖列传

汤显祖是明代戏剧大家，其所著的《还魂记》（一名《牡丹亭》），至今仍盛唱不衰。在《明史》中，他并没有被列入传统意义上的《文苑》、《文学》等传中，而是和蔡时鼎、万国钦、饶伸、杨恂、姜士昌、马孟祯、汪若霖等人合为一传。这些人都是明代中叶不阿附朋党、敢于直言进谏的人。《明史》的编撰者将汤显祖厕身其间，不是为了表现他的戏剧成就，而是将他作为不依附权贵、直言进谏的典范来表彰的。

【不附权贵】

汤显祖，字若士，临川（今属江西）人。年轻时便善于做文章，很有名气。当时首辅张居正为了让自己的儿子考中进士，拉拢海内的名士来作为陪衬。他听说汤显祖和沈懋学的名声，派几个儿子前去邀请。汤显祖推辞不去，沈懋学则同张居正的儿子张嗣修一同考中进士。汤显祖直到万历十一年（1583）才考中进士，担任南京太常博士，后迁任礼部主事。

【直言谏君】

万历十八年（1590），万历皇帝因为天示星变严厉谴责言官们欺瞒君主，并且停发言官们一年的俸禄。对于这件事，汤显祖上疏进谏，其中说："言官们难道都不中用？实在是陛下您的权柄威福被辅臣窃取，辅臣有所偏好，言官们才会潜移默化。御史丁此吕第一个揭露科场营私舞弊，首辅

申时行嘱咐杨巍弹劾丁此吕将他罢官。御史万国钦深论封疆大吏营私舞弊，申时行暗示大学士许国将万国钦贬官边远地方。凡是有一句话侵犯辅臣的人，没有不被排挤去外地的。因此无耻之徒只知道巴结执政的辅臣。以为自己得到的爵位俸禄是执政的辅臣给予的。即便以后不能保有其身价名誉，但现在可因而得到富贵。给事中杨文举奉诏办理救灾事宜，征敛受贿以万计。抵达杭州后，每天在西湖宴饮，卖官鬻爵来求取丰厚的利润。辅臣在他回京复命的时候，竟然将他提升为御史台的主官。给事中胡汝宁攻击饶伸，不过是作为权门的鹰犬，因为他是辅臣的私人关系就被任用。陛下现在指责言官们欺瞒君上，而辅臣们欺瞒君上依然如故。这类情况现在不加治理，臣认为陛下可以惋惜的有四件事：朝廷用爵位俸禄本来是为培植善人，现在却是用来为私人培植

桃李，这是为爵位俸禄惋惜。群臣追逐这种风气，不知道廉耻，这是为人才惋惜。辅臣不违背常规给人富贵，不知道陛下的恩德，这是为国家制度惋惜。陛下统治天下二十年，前十年的政事，因为张居正的刚愎并且多有私欲，用来聚集私党，搅扰不安而败坏了；后来这十年的政事，申时行柔弱而多私欲，用来聚集私党，更加颓废而败坏了，这是为陛下圣政惋惜。恳请陛下马上贬斥杨文举、胡汝宁，下旨告诫晓谕辅臣，让辅臣反省悔过。"

▶【归老林下】

　　看到上面这份上疏，万历皇帝大怒，将汤显祖贬为徐闻县典史。后来迁任遂昌县知县。万历二十六年(1598)，汤显祖借进京报告地方治理情况的机会，自己弹劾自己辞官归乡。第二年适逢大计(明代考核外官的制度叫大计，每三年举行一次)，主持大计的官员商议贬黜汤显祖，当时李维祯担任监司，努力争辩，没有结果，汤显祖最终仍被褫夺官职。在家乡居住了二十年之后，

汤显祖去世。

　　汤显祖意气慷慨激昂，和李化龙、李三才、梅国桢关系很好。这三个人后来都官运亨通，在政事上很有建树，而汤显祖蹭蹬不得志而穷老终身。

　　李三才在担任淮河漕运总督的时候，曾经派人送信迎请汤显祖，汤显祖逊谢而不去。

🔶 **明代戏曲人物**
明代人物脸谱画得较拘谨，有一种古拙的美。在性格化上比元代有了较大进步。

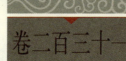

顾宪成列传

顾宪成为人刚正不阿，不事权贵，也正是因此，他遭到很多人的忌恨，终因此罢官回家，从此无意于官场。但是，他选择了另外一条参与政治的路——在东林书院著书讲学，品评时政，致力于东林党的创建和发展。

▶【刚正不阿，不事权贵】

顾宪成，字叔时，无锡（今属江苏）人。万历四年（1576），顾宪成在乡试中考取了第一名。万历八年（1580）成进士，担任户部主事一职。有一次，大学士张居正生病，朝廷大臣们都去为这位实权人物求神祈祷，只有顾宪成不愿前往。后来，一位好心的同僚怕他因此而被张居正忌恨，便悄悄替顾宪成在来宾名单上签了字。岂料顾宪成知道后，不但没有感谢这位同僚，反而气呼呼地跑过去将自己的名字画去了。由此可见其刚正不阿的品性，也正是由于他的这种性格，使得他的仕途充满了坎坷。

神宗朱翊钧因迟迟不立太子遭到大臣们的非议。为了搪塞舆论，神宗朱翊钧便下诏提出"三王并封"以作权宜之计。神宗朱翊钧的用意被顾宪成给识破了，他立刻上疏给神宗，说："皇上因为祖训立嫡的条例，想要暂时令三位皇子一同封王，以待有嫡子就立嫡子，没有嫡子就立长子。臣等思之，认为'待'之一字，极为不可。

太子，乃是天下之根本。预定太子，是为了固本。因此，有嫡子就立嫡子，没有嫡子就立长子。就目前而论，待将来是错误的。"顾宪成还在奏疏中一一驳斥了神宗朱翊钧所说的种种借口。

顾宪成又写信给内阁首辅王锡爵，对他进行严厉指责。当时，神宗朱翊钧和王锡爵对于顾宪成的指责十分恼火，但是，迫于舆论的压力，只好放弃了"三王并封"这个打算。

万历二十一年（1593），京官考查。吏部尚书孙钺、考功郎中赵南星秉公执法，将内阁大臣的私人全部革除，而赵南星之所以会这么做，实际上是顾宪成所左右的。他们的这一举动使得朝廷的权臣极为不满，于是就在神宗朱翊钧前诬陷赵南星，结果赵南星被斥退。顾宪成为此十分气愤，毅然请求罢官，未被批准。

不久，顾宪成又升任为文选郎中。他所推举的人和当朝权势都有抵触，王锡爵见顾宪成处处与自己作对，心中十分仇恨顾宪成。后来，王锡爵将要辞去政务，朝廷大臣就推选接替他的人。顾宪成推举前大学士王家屏，违背了皇帝的旨意，因此，神宗朱翊钧一怒之下，削去顾宪成的官职并将其遣送回家。

【东林书院，品评时政】

顾宪成虽然被罢免了官职，但他刚正不阿、敢于犯上的性格受到朝野内外正直之士的敬重，名声也更高了。朝廷内外举荐他的奏折超过上百份，神宗朱翊钧都不予回答。到了万历三十六年（1608），才起用他为南京光禄少卿。顾宪成已经厌倦了官场的腐败，他再也不愿混迹于此，于是就辞官不就。

在顾宪成的家乡，有一座东林书院，这里是宋代杨时讲道的地方。顾宪成和弟弟顾允成就提议修复这座书院，于是，在当地知府的资助下，书院得以落成。顾宪成便和一些志同道合的好友如高攀龙、钱一本等人在此讲学，学者称他为"泾阳先生"。当时，士大夫的抱负为当世所不容，于是便退隐山林，他们闻风纷纷前来。这些人在此一边研习学问，一边抨击时弊，评判人物。一次，顾宪成曾说："在朝廷做官，志向并不在皇上；在地方做大官，志向并不在民生；居于水

边林下，志向并不在世道。君子是不应该这么做的。"很多朝廷之士也仰慕顾宪成的风范，便与之遥相呼应，加以支持。一时之间，朝廷内外，东林声望大振，而忌恨他们的人也就越来越多，后来，他们的政敌便称这些人为"东林党"。

等到淮南巡抚李三才被弹劾，顾宪成就写信给叶向高、孙丕扬为他恢复名誉。这却被反对东林党的人趁机抓住了把柄，说他和李三才勾结，并有贿赂公使、讽议朝政等罪。

万历四十年（1612）顾宪成病死在家乡。天启初，追赠太常卿。后来，魏忠贤把持朝政，他的党羽石三畏又弹劾顾宪成，遂被夺去封号。崇祯初年，赠吏部右侍郎，谥号"端文"。

📍 无锡东林书院旧址

当年被罢黜里居的顾宪成、高攀龙等人先后主盟东林书院，聚众讲学。在讲习之余，他们还讽议朝政，裁量人物，指陈时弊，锐意图新；主张志在世道，躬行实践，反对空发议论，脱离实际。因此倾动朝野，成为议论国事的主要舆论中心。

李成梁列传

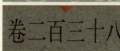

李成梁，四十岁时还只是个普通生员，却在后半生立下赫赫战功，纵横辽东，无人能敌，李家为举世瞩目的"大将世家"。他的儿子李如松、李如柏等人也屡立战功。

▶【大器晚成】

李成梁，字汝契，铁岭（今属辽宁）人。他的高祖李英从朝鲜投靠大明，授予世袭铁岭卫指挥佥事的官职，之后就一直住在那里。李成梁英勇善战，性格坚毅，有大将之才。因为家里没钱可以让他进京，一直不能继承官位，直到四十还是生员。巡按御史器重他的才能，让他入京，他才得以继袭官位。因战功擢升为辽东险山（今属辽宁）参将。

隆庆元年（1567），土蛮大举进攻永平（今属辽宁）。李成梁援助有功，得以升为副总兵，协助守卫辽阳（今属辽宁）。隆庆三年（1569）四月，李成梁将进犯的敌人击退，将驻守地附近的百姓迁徙一空。四年（1570）九月，辛爱大入侵辽东，总兵官王治道战死，李成梁被提拔为都督佥事代替王治道。那个时候，蒙古俺答虽然已经向朝廷归顺，但是插汉部首领土蛮与自己的叔父黑石炭、弟弟委正、大委正，堂弟暖兔、拱兔，儿子卜言台周，侄子黄台吉等人的实力正强大，

还有泰宁部首领速把亥、炒花，朵颜部首领董狐狸、长昂辅佐相助，加上东面还有王杲、王兀堂、清佳砮、杨吉砮这些人虎视眈眈。十年时间里，先后有殷尚质、杨照、王治道三位大将战死。李成梁任职后，厉兵秣马，选拔将校，召集四方好汉效力，给予丰厚的报酬，用为选锋，实力开始增强，声名大振。

隆庆五年（1571）五月，敌人侵犯盘山驿（今属辽宁），明军将其击败。不久土蛮率军入侵。李成梁中途阻击，并派副将赵完等两面夹击，大败敌人，乘胜追击到敌人的老巢，抓到两个部落首领，斩首五百八十多个。因功晋升为都督同知，世袭千户。六年（1572）十月，土蛮六百多骑兵攻来，又被李成梁击退。万历元年（1573），他不仅击退来犯的敌人，还击破铁岭（今属辽宁）附近的敌人堡垒，朵颜部兀鲁思罕带领四千骑兵毁掉城墙攻入，也被李成梁成功防御。万历二年（1574）十月，王杲率兵再次进犯，李成梁分兵设下埋伏，敌人

中伏逃回到营寨里，准备依靠深沟高墙坚守不出。李成梁不拘一格，他用火器攻击，手下将领冲锋在前，勇猛攀登，冲进了敌营。之后顺风放火，斩杀一千一百多名敌人的首级，把王杲的营寨毁掉后凯旋回师，大获全胜。王杲身负重伤，被李成梁派部下曹簠紧追不舍，逃走途中被南关都督王台抓获，后被斩。王杲部就此衰落。

【辉煌军旅生涯】

万历三年（1575）春天，土蛮进犯长勇堡（今属辽宁）失败。冬天，敌人会聚各部兵马两万多人，转战到沈阳，在城外扎营，占据西北的高点。李成梁邀敌人出战，趁其不备，突然用火器攻击，敌人战败，四下逃散，所有的辎重都被遗弃。李成梁乘胜一直

架火战车

这是明军野战时使用的防卫车辆，一般放在军队前方使用，提供火力支援。

追过河，斩获数以千计的首级。此战之后，李成梁加封太子太保，世袭锦衣千户。万历四年（1576），黑石炭、大委正率军在大清堡边外扎营，图谋不轨。李成梁率领自己的选锋奔驰二百里，攻破敌人的大营，四名部落首领被杀，斩获六十多首级。万历五年（1577）五月，李成梁直捣敌营，再败土蛮；六年（1578）正月，奇袭敌人后方，大胜速把亥。他也被加封太保，世袭本卫所指挥使。三月，辽东又有胜利，万历皇帝祭祖后，大行封赏。李成梁封世袭指挥佥事。

这些只是李成梁辉煌军旅生涯的开始。他每战必胜，赫赫威名已经传遍辽东。在他的守卫下，辽东成了一道坚固的屏障，大大小小的游牧部落无论是联合出兵还是单独挑衅，都只有被挫败的下场。李成梁更是带领辽东将士扩大疆域七百多里，先后建造了宽甸（今属辽宁）等六个堡垒，并在边境开办多个贸易市场，与当地部落建立友好关系。

万历九年（1581）正月土蛮率众攻击不成功，后撤。十月，更是纠集了十万骑兵围攻广宁，也没有获得成功。万历十年（1582）三月，李成梁设伏，射死了速把亥。

海西叶赫部经不断打击、分化瓦解之后，万历十七年（1589）被征服，首领那林孛罗请降。万历八年

(1580)，李成梁又将王兀堂重挫并逐出塞北，其部自此衰落不起。万历十一年（1583），王杲去世，他的儿子阿台开始为祸辽东，大肆劫掠。李成梁从抚顺（今属辽宁）出塞一百多里，用火攻击并射死阿台，王杲部就此被灭。

▶【晚年留污点】

李成梁起初一心立功封侯，英勇善战，他治军依仗个人的威望和感召力，以荣华富贵来激励军队的士气。后来自己和属下官越做越大，地位越来越高，当初的勇气和锐气也就随之烟消云散了，甚至开始夸大胜利，隐瞒失败，杀害百姓冒功。万历六年（1578），就有大臣举报他的部下杀掉投靠的普通少数民族百姓来冒功。万历九年（1581）四月，他的副将曹簠追击敌人遇伏，从千总陈鹏一直到普通士兵一共损失三百十七人，丢掉马匹四百六十匹，敌人满载而归。对这样的失利，李成梁也不追

究责任。万历十七年（1589）九月，三万多骑兵进犯，多名将领战死，连李成梁的选锋也死伤数百人。李成梁害怕交战，放纵敌人在沈阳（今属辽宁）附近烧杀抢夺了八天才退走。万历十八年（1590）二月，五万多敌人深入大明境内大肆劫掠，李成梁悄悄派兵准备趁着敌人不防备进攻，结果中了埋伏，光战死的就有一千多人。李成梁却只是上报斩首二百八十的功劳，隐瞒了自己战败的消息，以骗取朝廷的奖赏。土蛮十万人深入海州（今属辽宁），身为大将的李成梁不敢出击，贼兵纵横抢掠了好些天才缓慢撤退，老百姓苦不堪言。万历十九年（1591）闰三月，李成梁趁着给事中侯先春来视察边境军务，和他商议直捣敌人的老巢以获得军功。他派出副将李宁等人去偷袭板升，结果反倒折损二百八十人。回师的路上又遭遇敌人，数千人死亡。成梁及总督蹇达都不向朝廷禀报，再次隐瞒失败的消

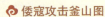

🔶 倭寇攻击釜山图

李成梁的儿子李如松也是一代名将，指挥了万历三大征，特别是在壬辰抗倭援朝战争中，在入朝参战的短短四个月的时间里，掠地千里，横扫半岛，收复平壤、开城、王京（汉城）三都，打出了中华天朝的赫赫声威。

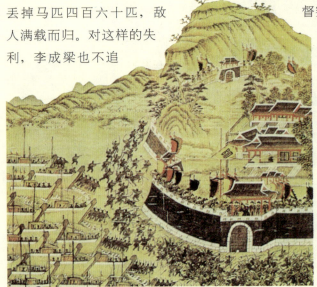

息。万历十九年（1591），巡按御史胡克俭向皇帝上奏李成梁多次欺君瞒上，骗取功劳。上疏虽然没有被皇帝同意，但也让李成梁自此坐立不安。万历二十年（1592），他专程到京城为自己辩解，万历皇帝差点被他说服。李成梁想要功成身退，两次上疏说自己生病了，请求辞去官职，但弹劾他的奏折还是接踵而来。万历二十年（1592）十一月，万历皇帝最终允许李成梁卸任，以宁远伯的身份享受朝廷的供养。万历二十一年（1593），宁夏有哱拜造反，御史梅国桢向皇帝建议重新起用李成梁，给事中王德完坚持说不可以，最终只是让李成梁的儿子李如松率兵平叛。

【中饱私囊】

李成梁镇守边关的辉煌战绩经常让皇帝为之祭祖祭天，向祖宗、上天祷告，接受廷臣的恭贺。李成梁也屡屡受到丰厚的赏赐。他后来进封宁远伯，又加太子少保，太傅，世袭锦衣指挥使等荣誉和职位，一时功劳无人能比，权倾辽东，成了地地道道的东北大帅。

李成梁在边关镇守二十二年，立下无数战功，功劳之大，是二百年来从来没有的。他地位逐渐显赫，就开始骄奢淫逸，生活奢靡。他的子弟全部身居高位，连奴仆们也都享受荣华富贵。李成梁当时不仅掌控着辽东的军事，也控制着整个东北的经济，不管是军备、马价、盐税，还是边关贸易、朝廷进贡，只要是经手的都要贪污，几乎整个辽东的利益都被他收入私囊。他用这些钱向权贵行贿，大肆结交朝廷大臣，朝廷重臣都收取了他大量贿赂。李成梁每次奏凯，从内阁六部到各地都督、巡抚，都能收到好处。因此即便有人弹劾，他也能轻易平息。直到后来在朝廷中失去了帮助和支持，他才离职。李成梁留下的是积弱不堪的兵马，辽东十年间换了八个统帅，但边境军备还是江河日下。万历二十九年（1601），七十六岁的李成梁再次镇守辽东。他坚壁清野，强迫边关六万户居民迁到内地，很多人被驱赶致死。九十岁的时候李成梁去世。

论赞

赞曰：自从俺答投靠朝廷后，明朝只有辽东边境还有战乱。李成梁因此独霸战功，一直到因功劳受封，光耀当世，这也是上天赐给他的好运！麻贵也在边境驻守，能称得上勋阀。他们两家的后人，大多在要镇驻守。因此世人都将李、麻并列。但是子弟并没有继承他们的勇猛，反而害怕出征，只给家族抹黑。人们都说："将门多出武将"，这些后人能不惭愧吗？

赵南星列传

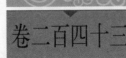

赵南星是明末东林党的重要人物，面对当时黑暗腐朽的政治，赵南星"慨然以整齐天下为己任"，进行改革。他的政治改革思想及实践，在当时曾起过积极作用，对我们今天的改革仍有借鉴意义。

【不慕权贵，直言善谏】

赵南星，字梦白，高邑（今属河北）人。万历二年（1574），赵南星考取进士，被授予汝宁（今河南汝南）推官。他为政廉洁公正，不久就升任为户部主事。张居正病重，朝中大臣纷纷为他祈祷，只有赵南星、顾宪成、姜士昌不去。张居正去世后，赵南星就被调任为吏部考功，称病辞官回乡。

赵南星后来又被起用，被任命为文选员外郎。赵南星便上奏疏陈述天下四大害，他说："杨巍请求退休，左都御史吴时来企图取而代之，忌妒户部尚书宋纁的声望，接连上书排挤他。副都御史詹仰庇极力谋取吏部、兵部的侍郎。大臣尚且如此，拿什么来责备小臣，这是不正当的干进之害。礼部尚书沈鲤、侍郎张位、谕德吴中行、南京太仆卿沈思孝相继离职，唯独南京礼部侍郎赵用贤在位，词臣黄洪宪之辈每每在暗地里说他的坏话，言官唐尧钦、孙愈贤、蔡系周又公开地诋毁诬陷他。不能容忍正直的人而使小人得志，这叫做倾轧排挤之害。州县的官吏选拔任用过于随便，部寺的官员不超过一个月就可以当上郡守，从不考察他的才干品行。而巡抚、按察使品评人物全看是否对自己有利，不是说还差得太远，就是说资历太浅，一概不加升迁或者降职。本意以为是惜才，殊不知这实在是爱惜庸才。吏治一天天地污秽，民生一天天衰竭，这叫做地方州县之害。乡官的权力大于守令，横行无忌，没有人敢奈何他们。如渭南知县张栋，治理品行天下无双，约束贬抑乡官，结果被人谗言中伤而不得升迁，这叫做乡官之害。这四害不除，国家就不会得到治理。"奏疏一出来，朝中的议论都认为正确。而其中所抨击的全部都是内阁大臣所庇护的，于是给事中李春开就起来反驳他。李春开的奏疏先交给廷议，赵南星几乎被贬。给事中王继光、史孟麟、万自约、部曹姜士昌、吴正志鼎力协助赵南星攻击李春开，并且揭发吴时来、詹仰庇、黄洪宪谗害忠良的情形。李春开为此十分沮丧，而赵南星最终因病回家。后来再次被起用，担任考功郎中。

万历二十一年（1593），考核京官，他与尚书孙钺一起秉公执法，淘汰选择，澄清吏治。最先废黜他亲近的都给事中王三余及孙钺的外甥文选司员外郎吕胤昌，其他依附内阁的人连大学士赵志皋的弟弟都未能幸免，内阁十分难堪。给事中刘道隆于是弹劾吏部建议留任被纠察的庶僚不合法。皇帝下旨，认为赵南星等人专权培植自己的党羽，便连降他三级。不久，由于李世达等人上疏救他，皇帝才最终贬斥赵南星为平民。后来，议论挽救他的人都受到了谴责，孙钺也被去其官职，一时之间朝廷之上的正直之人全都走光了。

🌀 **河北高邑赵南星祠堂**

【以治理天下为己任】

赵南星在乡里居住的时候，名声更大了，他与邹元标、顾宪成，并称为"三君"。朝廷内外上疏举荐他的不下百十次，最终还是没被起用。

光宗即位，起用为太常寺卿。不久又改为右通政，晋升为太常卿，到任之后又被提升为工部右侍郎。过了几个月，他改任左都御史，慨然以治理天下为己任。天启三年（1623）考核京官，因之前的给事中亓诗教、赵兴邦、官应震、吴亮嗣在先朝营私结党，扰乱国政，便建议废黜他们，吏科都给事中魏应嘉坚决不同意。赵南星著《四凶论》，最终与考功郎程正己将此四人置于"不谨"。其他考核情形，完全跟他做考功时相同。浙江巡按张素养推荐部内的人才，包括了姚宗文、邵辅忠、刘廷元。赵南星弹劾他的谬误，张素养就被剥夺了俸禄。在此之前，巡抚地方的人有提拔举荐人才的先例，赵南星已经上疏制止了。而陕西高弘图、山西徐扬先、宣大李思启、河东刘大受，依然实行旧例，赵南星便上奏弹劾他们，巡抚地方的人才知道畏惧法令。

不久，他便取代张问达为吏部尚书。在这个时候，每个人都奔走于升迁之道，贿赂横行，言官之间尤甚。每次文选郎外出的时候，就在半路拦住他，替别人求官。若没有求到，就恶言攻击，或者将他赶下台。选官即使公正地行使权力，也无可奈何，尚书也只有叹息而已。赵南星向来十分憎恨这一弊端，他锐意施行改革，独行自己的意志，内阁和宦官也不得有所请托。大家都害怕他的刚正严厉，不敢有所冒犯。

【耿介清正，遭忠贤恨】

魏忠贤一度十分器重他，曾经在皇帝面前称赞他很有才干。有一天，魏忠贤派遣娣子傅应星介绍一位中书拿着礼物来拜见他，赵南星赶走了他。赵南星曾经和魏忠贤一起坐在弘政门，选拔通政司参议，他严肃地对魏忠贤说："皇上年幼，我们这些朝廷内外的臣子应该尽力做好每一件事。"魏忠贤沉默不语，脸上露出愠色。大学士魏广微，是赵南星的朋友魏允贞的儿子，赵南星向来以世交弟子对待他。魏广微进入内阁，曾经三次到赵南星家，都被拒之门外。他又曾感叹道："见泉没有儿子。"（见泉，是允贞的别号。）魏广微对此恨之入骨，从此与魏忠贤一起排挤攻击赵南星。

东林党势力日盛，在朝廷上有很多正直之人。赵南星便更加努力地去寻找举荐被遗漏的东林党人，将他们安排在各个部门。高攀龙、杨涟、左光斗执掌法令；李腾芳、陈于廷辅助选举；魏大中、袁化中主管科道；郑三俊、李邦华、孙居相、饶伸、王之寀之辈全都做了侍郎。而这四司的属僚，邹维琏、夏嘉遇、张光前、程国祥、刘廷谏也都有民誉。朝廷内外欣喜地期望国家能大治，而小人侧目，更想将赵南星赶走。给事中傅槐以邹维琏改任吏部自己不知道为由，首先凭借汪文言发难，弹劾赵南星让旧制变得紊乱，培植自己的党羽。邹维琏引咎辞职，赵南星想要上疏挽留他，小人更加不满。正好杨涟上疏弹劾魏忠贤，宫中太监与政府官员更加对立，势同水火。赵南星于是闭门乞求退休，皇帝不同意。

高攀龙弹劾崔呈秀，赵南星也上疏让他充军。崔呈秀的处境十分窘迫，连夜跑到魏忠贤的住所，叩头苦苦哀求，说："不除去赵南星及高攀龙、杨涟等，我们二人将不知死在哪儿啊。"魏忠贤认为的确是这样，于是便和他一起谋划。刚好山西缺巡抚，河南布政使郭尚友请求这一官职。赵南星认为太常卿谢应祥有清望，便将他列在第一位请求皇帝批准。已经获得圣旨恩准，御史陈九畴受魏广微的指使，说谢应祥在出知嘉善时，魏大中是他的门生，魏大中就以师徒关系的缘故，同文选郎夏嘉遇商量要启用他，是徇私舞弊，理当斥责。魏大中、夏嘉遇上书争辩，语言涉及陈九畴，陈九畴再次上疏极力诋毁，二疏一起交给部里讨论。赵南星、高攀龙确切

指出谢应祥是因为在老百姓中有声望而被推荐的，魏大中、夏嘉遇没有私情，陈九畴的胡言乱语不能听信。魏忠贤大怒，假传圣旨废黜魏大中、夏嘉遇及陈九畴，并斥责赵南星等人互相勾结、结党营私。赵南星随即引咎辞职，魏忠贤再次假传圣旨痛责他，放赵南星回家。第二天，高攀龙也引咎辞职。给事中沈惟炳上奏疏想要救他们，为此也被流放在外。不久因为会同推举官员违背魏忠贤的意思，同时排斥陈于廷、杨涟、左光斗、袁化中，而把赵南星摈弃了的徐兆魁、乔应甲、王绍徽等人安排在政府要害部门，小人竞相升迁，国家大权都被魏忠贤所垄断。

【赵南星之死】

魏忠贤及其党羽十分憎恨赵南星。每当假传皇帝下诏、告示时，总是将他看作罪魁祸首。于是，御史张讷就弹劾赵南星的十大罪状，并弹劾邹维琏、程国祥、夏嘉遇及王允成。阉党得到圣旨，将他们全部削职，贬为平民。又叫人再次上奏赵南星的同伙，张讷又列上李邦华及孙鼎相等十四人的名字，将他们全都贬黜了。自此被赵南星摈弃的人，没有不被提拔任用的；他向来所推重奖赏的人，全都遭到了意想不到的灾祸。石三畏也被起用任命为御史，上疏攻击赵南星以及李三才、顾宪成、孙丕扬、王图等十五人。已经去世的都剥夺其官职，有官职

的遭到更加惨烈的迫害。不久，因为汪文言的供词牵涉到赵南星，交给抚按审讯。正好郭尚友巡抚保定，而巡按马逢皋也对赵南星怀恨在心，于是几个人便相邀在公庭上污辱他，鞭笞他的儿子赵清衡及外孙王钟庞，将他们关入监狱，让赵南星赔偿赃款一万五千两银子。赵南星家本来十分贫穷，最后靠亲友捐助才将官司了结。最后将赵南星发配代州。嫡母冯氏、生母李氏，都因哀痛过度而死。七岁的儿子也因过度惊吓而死去。赵南星到达发配地，泰然自处。

庄烈帝即位，下诏赦免他回京。巡抚牟志夔是魏忠贤的同党，故意推迟遣送他回来，赵南星最终死在发配的地方。崇祯初，赠太子太保，谥忠毅。

论赞

赞曰：赵南星等人，持守名节礼法，磨砺节操，气性刚正严肃，以刚强正直立朝，天下人像仰望泰山高岳一样仰望他们。《诗经》中有言曰："国家的正直之人。"说的就是这些人吧。邪恶的当权者充斥朝廷，他们相继遭到谴责贬谪。"贤人没有了，国家也灭亡了"，可悲啊！

杨涟列传

杨涟，官位不高，因正直成为光宗的顾命大臣。他以一人之力扶持熹宗朱由校顺利即位，六天时间须发全白。他拼死弹劾魏忠贤，最终被害身亡。

▶【被光宗赏识】

杨涟，字文孺，应山（今属湖北）人。他为人光明磊落，有气节。万历三十五年（1607）成进士，担任常熟（今属江苏）知县。官员考察他居清廉第一，先后提拔为户科给事中、兵科右给事中。

万历四十八年（1620），神宗生病，半个月都吃不下饭，皇太子都见不到皇帝。杨涟等人催大学士方从哲去向皇帝问安，方从哲说："皇帝忌讳说自己病了，即使问服侍皇帝的人也不敢传话。"杨涟说："宋代文潞公问宋仁宗的病情，太监也不敢说。文潞公就说：'天子起居这么大的事情，你们还不让宰相知道，肯定是有谋反的想法，带下去交给中书治罪。'您是大学士，只需要每天多问几次，不需要见到皇上，也不需要让皇上知道，只要让宫里知道有朝廷大臣在，事情就可以解决。您也应该在内阁里住下。"方从哲说："没有这样的典故。"杨涟说："文潞公肯定不会让史书记载这样的事情的，现在都什么时候了，您还在问是不是有这样的事情？"两天后，方从哲才带着大臣去询问皇帝的病情。等到皇帝病情加重，太子依然在宫门外踟蹰不定，杨涟、左光斗派人告诉太子的伴读说："皇帝的病情加重了，不是不想召太子。太子应该强烈要求入宫侍奉皇帝，为皇帝尝药送膳，天黑了再回来。"太子深表同意。

不久，神宗朱翊钧驾崩，光宗即位。光宗即位仅四天就开始身体不适。人们都说是郑贵妃送了八名美女让光宗身体虚弱，又让太监崔文升送上泻药，导致皇帝腹泻不止。此时郑贵妃住在乾清宫，与光宗宠爱的李选侍关系很好，贵妃为李选侍请封皇后，选侍为贵妃请封皇太后。光宗果然要把郑贵妃封为皇太后。对皇帝忠心耿耿的杨涟便与左光斗联络群臣，成功请郑贵妃从乾清宫移走搬到了慈宁宫。他又上疏弹劾崔文升用药没有分寸，同时揭露郑贵妃欲封皇太后的野心。大家都为杨涟担心，怕光宗不高兴会责罚他。

上疏三天后，皇帝宣大臣们第二天到宫里，还叫上了杨涟和锦衣卫官校。锦衣卫官校被宣到皇宫里，一般都是要执行廷杖的责罚，大臣们以为杨涟获罪肯定要被杖责了，让方从哲劝解杨涟认罪。杨涟说："死就死了，我有什么罪要认的？"次日上午，光宗只是态度很温和地说话，几次看着杨涟，嘱咐外廷不要轻信流言。结果是崔文升被逐出皇宫，册封郑贵妃为皇太后的诏书也被收回。此后每次召见大臣，光宗都要叫上杨涟。

【扶持太子】

自此，杨涟也参与到了光宗临终托付大事的大臣行列里。杨涟觉得自己这样的小臣也能参与到顾命中，是光宗对自己的赏识，他十分感激光宗，要以死报答。九月，光宗驾崩。大臣们忧虑皇长子没有嫡母、生母，势单力孤，想要托付给李选侍。杨涟就说："天子怎么能托付给妇人？况且李选侍曾在先帝召群臣商议事情时，强逼着皇长子到里间又把他推出来，这样的人怎么可以托付幼主呢？待会我们觐见新皇的时候，即呼万岁，拥出乾清宫，暂时居住在慈庆宫。"话音未落，几位内阁大学士到了，杨涟催促大臣们

一起到了乾清宫。太监不让大臣们进门，杨涟大骂："奴才！皇帝召见我们，我们现在来迎驾，你竟然不让我们进门，你想干什么？"太监吓得退下。大臣们进殿大呼万岁，请皇长子初六那天登基，并把皇长子奉驾到文华殿，接受群臣的拜见。刚到中官的时候，李选侍命太监从寝宫里蹿出，大呼："你们要把少主拉到什么地方？主年少怕见人。"甚至有人要抢夺皇长子。杨涟推开太监并且斥责："殿下是群臣的主人，天下都是殿下的臣子，怎么会害怕人呢？"就这样把皇长子带到了文华殿接受群臣的参拜，正式成为储君，之后把他带到慈庆宫居住。因为李选侍现在正在乾清宫居住，大臣们就说让皇长子先在慈庆宫居住，等到李选侍离开再回归乾清宫。群臣就退而商议登基的日期，议论纷纷，有人说要改到初三，有人说即日午时。

杨涟说："现在四海承平，内无嫡庶之嫌，先帝刚刚驾崩，现在就登基称帝，不合礼制。"还有人说

🔴 明光宗朱常洛

杨涟在神宗立太子问题上，坚决支持太子朱常洛，最终获得"争国本"的胜利。在移宫案里，又是他力主大局，史书上称在六天内"须发尽白，帝亦数称忠臣"。后民间称此事为杨涟抱太子登基，京剧《二进宫》演义的正是此事。

登基就能安定人心。杨涟说："人心安定不安定，不取决于登基的早晚。处理得当，怎么都可以。"杨涟又连夜和太仆少卿徐养量、御史左光斗一起在朝房商议，认为李选侍没有恩德，绝对不能让她和皇帝在一起。

【斗倒李选侍】

第二天，周嘉谟就和左光斗分别上疏请李选侍从乾清宫移出。但是李选侍坚持要和皇长子一起住，并且因为左光斗上疏中提到武则天很生气，召皇长子去见她，要重罚左光斗。杨涟半路遇到传令的太监，他义正词严地说："殿下在东宫是太子，现在是皇帝，李选侍她怎么能召见皇帝？而且皇帝已经十六岁了，将来即使对李

文华殿

文华殿始建于明初，位于外朝协和门以东，与武英殿东西遥对。因其位于紫禁城东部，并曾一度作为"太子视事之所"。朱由校就是在这里接受百官参拜，正式即皇帝位的。

选侍无可奈何，你们将置身何地？"怒目将他们斥退。给事中惠世扬、御史张泼一进东宫门，就害怕地说："李选侍想要垂帘听政处罚左光斗，你们怎么还这么安然处之？"杨涟说没有这样的事情。大臣们商议集体上疏，最终也没形成统一意见。

初五，李选侍还是不肯从乾清宫里迁出，杨涟和大臣们在慈庆宫门前聚集。杨涟让方从哲催促，方从哲认为晚些时候迁出也没有关系。杨涟说：

"之前以皇长子的身份居住在太子宫还可以，明天就要登基为皇帝了，还居住在太子宫以避开李选侍吗？即使嫡母、生母在，先帝死了就要听儿子的，选侍是个什么身份，怎么能如此藐视皇帝？"太监们往来如织传话。有人说李选侍也是先帝顾命的人，杨涟斥责说："我们这些大臣受先帝顾命，先帝要顾及儿子，何尝说先顾及他的嬖媵？请李选侍到太庙前对质。你们这些人难道是吃李家俸禄的吗？你们能杀我就罢了，否则今天不迁出乾清宫我死都不离开。"刘一燝等人在旁相助，声色俱厉，声音都传到了皇长子那里。在杨涟等人的坚持下，朱由校只好下旨遣李选侍即日移宫。李选侍无奈接旨，只好迁到仁寿殿。次日，朱由校正式登基，即熹宗，改次年为天启元年。

自从光宗驾崩之后，到熹宗朱由校即位一共六天时间，杨涟和刘一燝、周嘉谟等人平复了宫廷的危机，言官中只有左光斗相助，其余所有人都听从杨涟的指挥。六天时间里，紧张焦虑的杨涟须发都白了，熹宗朱由校几次赞扬他为忠臣。

【被害致死】

之后，杨涟历任兵科都给事中、礼科都给事中、太常少卿、左金都御史、左副都御史等官职。熊廷弼遭到攻讦，唯独杨涟为其公正辩护。不久，魏忠贤开始掌权，奸佞小人纷纷依附他，但还害怕朝中正直的大臣，不敢放肆。杨涟和赵南星、左光斗、魏大中等人与魏忠贤的党羽在朝廷中激烈斗争。魏忠贤及其党羽兴汪文言狱，罗织杨涟这些人的罪名。

天启四年（1624）六月，杨涟上疏弹劾魏忠贤二十四条大罪。魏忠贤听说后，十分害怕。他的党羽和客氏在熹宗朱由校面前为他说情，杨涟被斥责。杨涟本打算早朝时再次弹劾，恰好魏忠贤让熹宗朱由校取消了早朝。熹宗朱由校出来，数百太监紧紧围在皇帝周围，命令官员不得奏事，杨涟不得已停止上奏。从此之后，魏忠贤越发想要杀掉杨涟。

魏忠贤先是诬陷杨涟大不敬之罪，将杨涟和吏部侍郎陈于廷、金都御史左光斗一起贬为平民。这样也不解恨，他命人再次追究汪文言案。天启五年（1625），杨涟、左光斗被弹劾党同伐异、招权纳贿，并逼迫汪文言诬陷杨涟接受熊廷弼行贿。汪文言仰天大呼："世间怎么会有贪赃的杨大鸿呢？"他至死不肯陷害杨涟。魏忠贤党羽就自己编造供词，诬陷杨涟受贿两万并逮捕了他押解赴京。百姓、官员数万人在路边为他呼号，经过的村子、市集全部为他焚香祷告，祈祷杨涟能够生还。下狱之后，杨涟被阉党许显纯严刑拷打，体无完肤，当年七月深夜，杨涟在狱中被杀害，享年五十四岁。

崇祯二年（1629年），他的案子被平反，追赠太子太保、兵部尚书，谥"忠烈"。

左光斗列传

左光斗是明朝后期一位学识渊博、为人正直的大臣，他刚正不阿，敢于直言进谏；他不畏权势，毅然逼迫光宗选侍搬出东宫；他一生忠烈，不想却被奸臣魏忠贤构陷入狱，遭受酷刑拷讯而死。

▶【光斗打假，兴修水利】

左光斗，字遗直，桐城（今安徽桐城）人。万历三十五年（1607）成进士，任中书舍人。后被授为御史，巡视京城，逮捕吏部作恶多端的官吏，缴获假印七十余枚，查得假官一百余人，一时之间，京师为之震惊。

后来，左光斗出任屯田方面的官员，他说："北方人不知水利，一年而荒，二年老百姓就开始到处迁徙，到第三年人都走光了，土地也悉数荒芜。现在，若是想要使旱涝不成灾害，只有兴修水利这一个办法。"于是，左光斗就上疏提出了"三因十四议"建议，"三因"即根据天时、利用地利、依靠人情。十四议为：疏通河流、挖渠引水、修坝、建闸、修水库、查勘土地、修筑池塘、招徕百姓、选人、选领导人员、军士屯田、设立垦田机构、富民可以拜爵。左光斗的这个建议井井有条，自成系统，皇帝下令全部施行。由此，水利得以大兴，北方人才知道种植水稻。邹元标曾经说道："三十年前，京师的人都不知道水稻为何物，如今到处都种水稻，全是兴修水利的好处。"宦官刘朝谎借太子之名，要讨回过去皇亲国戚废弃的庄田。左光斗将太子的命令原封退回，说道："天下的寸尺土地都属于天子的，今天怎么敢私自交割呢？"那个宦官就气呼呼地走了。

▶【迫李选侍移宫】

光宗驾崩，李选侍占据着乾清宫，强迫皇太子封皇后。左光斗上奏疏说："内廷有乾清宫，就像外廷有皇极殿一样，只有天子才能居住，只有皇后配天子才得以共同居住。其他嫔妃虽然也与天子以次相配，但不能长久地居住。这不但是为了避嫌，也是为了区别尊卑。李选侍既不是皇子的嫡母，又不是生母，却泰然占据着正宫，而殿下却退居慈庆宫，不能守祭席，行大礼，名分又如何区分呢？李选侍侍奉先皇时没有成为皇后的德义，对于殿下又无养育之恩，这样的一个人，如何能将天子托付给她呢？况且，殿下年已十六岁，内有忠诚正直的老臣相辅佐，外有公卿诸臣相辅佐，怎怕无人，还需要哺乳而抱在怀里吗？况且圣智初开，正应该不接近女色，何必托付给妇人之手？如果现在不赶快决断，她将借抚养之名，行专权之实。这样的话，武则天之祸再出现于今天，将来就会有不忍言的事。"

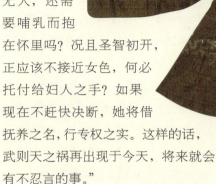

🔆 茶色罗织金蟒袍·明

此为孔府旧藏。交领，右衽，宽袖。前胸、后背、左右肩、臂各一条四爪金蟒，下摆处各绣十条金蟒。共十六条金蟒。

当时，李选侍想要独揽大权，对于廷臣的上疏，都让先进乾清宫，然后再转到慈庆宫。李选侍见到左光斗的奏疏之后，勃然大怒，准备严加责罚，屡次派人宣召左光斗。左光斗说："我是天子的命官，不是天子宣召的话，我就不去。你们来干什么？"听到左光斗这么说，李选侍就越发地恼怒了，便邀熹宗朱由校到乾清宫商议。熹宗朱由校不肯去，派人取来左光斗的奏疏看，看后认为左光斗说得很对，敦促李选侍选择个日子早日移宫，左光斗这才免于被李氏治罪。在这时，宫廷多事，人人自危，左光斗和杨涟齐心协力，排除宦官干扰，扶持幼主，使得皇权没有旁落。由于他二人出力最多，因此，朝廷内外并称他二人为"杨左"。

过了不久，御史贾继春就上书内阁，说皇帝不应该薄待庶母。左光斗听说这事之后，就向皇帝进言道："先

皇帝去世，大臣们从乾清宫奉皇上居于慈庆宫，臣等以为不应该回避李选侍。因此，臣于初二日上奏《慎守典礼肃清宫禁》一疏，宫中为之恼怒，几乎要降罪于我们。多亏皇上保护，将臣的奏疏发于内阁。初五日，阁臣等上疏再次催促，便奉令移宫了。至初六日，皇上即位，便驾临乾清宫。由此，宫内秩序井然，内外和睦。皇上既然应当还住在乾清宫，那么，李选侍就应当迁出，这是明白易晓的道理。移宫之后，应存大礼节而不计小的过失。若为小事牵引使得内宫不安宁，则将会对国家造成损害。臣请立刻诛杀盗宝宫奴刘逊等人，其他人则宽大处理。"熹宗朱由校便告谕群臣，详述了李选侍虐待皇帝生母的各种罪状。到召见大家时又说："我与李选侍有仇。"贾继春因此而获罪离去。

左光斗手札

左光斗在桐城被捕时，家乡父老头顶明镜，手端清水，拥马首嚎哭，声震四野，"缇骑亦为之涕零"。左光斗死后，长兄左光霁受株连致死，其母哭子身亡。魏忠贤一伙倒台后，左光斗冤案得以昭雪平反，追赠为太子少保，谥"忠毅"，其父时年已84岁，接旨后端坐瞑目，不语不食而亡。

【直言进谏，被小人怨】

当时，朝廷大臣议论改元。有人说，可以去掉泰昌年号不纪；有人说去掉万历四十八年，即以今年为泰昌；还有人说以明年为泰昌，后年为天启。左光斗力排众议，建议以今年八月以前为万历，以后为泰昌，大家便同意了他的意见。孙如游由中旨入内阁，左光斗坚决反对，上疏请求予以排斥。后来，左光斗负责畿辅地区的教育，杜绝各种请托，识鉴准确。

天启初年，朝廷议论要起用熊廷弼，治罪言官魏应嘉等人。左光斗坚持反对意见，他说，熊廷弼虽然有优秀的才能，但是气度却不宽宏，过去让他守备辽敌可以胜任，而现在让他去收复辽地却难以完成。不久，熊廷弼果然战败。天启三年（1623）秋，左光斗上疏请求召回文震孟、满朝荐、毛士龙、徐大相等人并加以任用，并请求召回贾继春及范济世。范济世也是在"移宫"事件上和左光斗有着不同意见的人。他的这一奏疏并未被熹宗朱由校采纳。

天启四年（1624）二月，左光斗出任左佥都御史。这时候，韩爌、赵南星、高攀龙、杨涟、郑三俊、李邦华、魏大中等人都身居要职。左光斗和他们的政见相同，经常为国家前途品评人物，正人君子都十分信赖他们，嫉妒他们的人越发不能容忍他们了。左光斗与给事中阮大铖为同乡，便将他召入京师。恰好吏科都给事中缺职，应补升的人，首先应该是周士朴，次为阮大铖，再次魏大中。阮大铖求得皇上命令，使得周士朴不能升迁官职，并暗自以为这个官职将会落入自己手中。赵南星憎恶他的这种做法，要按规定处置阮大铖。

阮大铖怀疑是左光斗发现了他计取名位的阴谋，十分憎恨他。熊明遇、徐良彦都想得到佥都御史一职，而赵南星却推荐左光斗担任这一职位，因此他二人在心中也对左光斗充满恨意。江西人又因他事而憎恨魏大中，于是他们共同嗾使给事中傅櫆弹劾左光斗、魏大中与汪文言朋比为奸。为此，左光斗上书辩解，而且指责傅櫆与东厂理刑傅继教结为兄弟。傅櫆为此对左光斗十分怨恨，又上书攻讦左光斗。左光斗乞求免职，这件事才算了结。

【被魏忠贤杀害】

杨涟弹劾魏忠贤，左光斗曾和他一起谋划，又和高攀龙一起揭发崔呈秀贪赃。因此，魏忠贤和他的党羽都十分憎恨他。等到魏忠贤驱逐了赵南星、高攀龙、魏大中以后，接着就着手驱逐杨涟、左光斗。左光斗十分气愤，便草拟奏疏，弹劾魏忠贤和魏广微三十二条罪状，准备十一月二日上奏，并事先将妻子遣回原籍。魏忠贤打探到了这件事，便提前两天把他和杨涟免职。这些奸佞小人还不解恨，又制造汪文言案，同时还挂上左光斗的名字，派差役前往逮捕。当时，父老乡亲见状都抱着马头痛哭，哭声震彻原野，差役也为之流泪。到达京师之后，左光斗就被关入狱中，遭受严刑拷打，许显纯污蔑他们收受杨镐、熊廷弼的贿赂，杨涟等人最初不承认，后来担心不承认的话会被他们毒打致死，希望被送往法司，可以缓死，

这样的话，以后还有机会澄清事实，诸人于是都诬服。左光斗被诬告贪污受贿白银两万两。魏忠贤又矫旨，仍令许显纯每隔五天就拷打他们一次，并不将其交给法司。诸人这才后悔当初失算了。容城孙奇逢是一位侠义之士，他与定兴鹿正因左光斗对畿辅做了很多好事，便提议大家凑钱。他的这一提议得到了大家的争相响应，凑钱达数千，原打算代为交纳，以缓解对左光斗的刑狱。但左光斗和杨涟在同一天被狱卒所杀害，时为天启五年（1625）七月二十六日，左光斗年五十一岁。

左光斗已死，所谓"赃银"还没有交清。魏忠贤便令抚按严加追赃，逮捕左光斗的亲属十四人。他的大哥左光霁被株连致死，母亲悲痛而死。都御史周应秋还认为官员追赃不力，上疏要求查办官员，因此导致很多人家破人亡。当魏忠贤编定《三朝要典》时，"移宫案"以杨涟、左光斗为罪魁祸首，甚至准备开棺戮尸。有人劝解，这才没有实行。等到魏忠贤被杀，左光斗被追赠为右都御史，录用他的一个儿子为官。此后，又追赠左光斗为太子太保。福王时，追赠左光斗谥号"忠毅"。

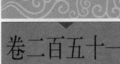

徐光启列传

徐 光启是明代具有代表性的科学家，可是《明史》对此并没有用浓墨重彩给予描写，而将他与钱龙锡、成基命、文震孟等人合传。究其原因，这些人是崇祯年间任命的五十多位阁臣中少有的能够保全身命的人，将这几个人列举出来，实际上是为了表明崇祯时期并非得人才之难，而是用人不易。

【学贯中西，忠心为国】

徐光启，字子先，上海人。万历二十五年（1597），徐光启在乡试中考取第一名，七年之后考中进士，由庶吉士历官至赞善。在此期间，徐光启向西洋人利玛窦学习天文、历法、算数和火器制作，全部掌握了利玛窦的知识。接着徐光启逐步学习了兵法谋略、屯田、盐务和水利等著作。

杨镐在四路进军伐辽全军覆没之后，京师震动。徐光启连续上疏请求练兵以报效国家，神宗很赞赏他，将他越级提拔为少詹事兼任河南道御史。徐光启在通州练兵，上疏提出了十条建议。当时由于辽东军事紧急，不能完全满足徐光启的请求。徐光启上疏努力争辩，朝廷才稍稍给民兵发放了一些兵器。

没过多久，熹宗即位。徐光启的志向得不到施展，自请裁撤，没有得到允许，不久徐光启便告病归家。辽阳被后金攻占之后，朝廷招还徐光启复职。回到朝廷，他恳求多铸造西洋大炮，用以守城，熹宗很重视他的意见。当时正商讨采纳徐光启的意见，然而徐光启和兵部尚书崔景荣意见不合，御史丘兆麟弹劾徐光启，徐光启再度告病回家。天启三年（1624），徐光启官复原职，不久被提升为礼部右侍郎。天启五年（1626），魏忠贤党羽智铤弹劾徐光启，徐光启再度罢官归乡。

【进言献策，修明历法】

崇祯元年（1628），徐光启被召还，回京之后，徐光启再度重申练兵的建议。没过多久，徐光启以礼部左侍郎的身份管理礼部事务。崇祯皇帝因为国家财用不足而发愁，敕命廷臣上奏屯田、盐务的好政策。徐光启上奏说屯田在于垦荒，盐务在于严禁私贩。崇祯帝褒奖并采纳了徐光启的意见，并将他提升为礼部尚书。当时崇祯帝因为日食的出现和历书不合，想要处罚钦天监官员。徐光启上书言道："钦天监官员测算天文依照的是元代郭守敬的方法，元朝的时候按照此法测算应该出现日食而没有出现，郭守敬尚且有如此，不能怪罪钦天监官员失算。臣听说历法时间长了必定会有差错，应该及时进行修正。"崇祯皇帝听从了他的建议，下诏命令西洋人龙华民、邓玉函、罗雅谷等推算历法，徐光启担任监督。

崇祯四年（1631）春正月，徐光启向崇祯皇帝进献《日躔历指》一卷、《测天约说》二卷、《大测》二卷、《日躔表》二卷、《割圜八线表》六卷、《黄道升度》七卷、《黄赤距度表》一卷、《通率表》一卷。这一年冬季十月辛丑初一日食，徐光启再次进献测候四说，其中分辨时差、里差的方法，最为详细缜密。

徐光启与利玛窦

徐光启一生所做的重要事情共有五件：一、提倡农学，引进番薯；二、练兵和造炮；三、编纂《农政全书》；四、与利玛窦合作译《几何原本（前6卷）》；五、组织编纂《崇祯历书》。

崇祯五年（1632）五月，徐光启以礼部尚书兼东阁大学士，入阁参与机务，和郑以伟同时被任命。不久加封太子太保，进封文渊阁大学士。徐光启负有经时济世的才能，积极想施展抱负。等到入阁参赞机务，年纪已老，又恰逢周延儒、温体仁专权，徐光启没法有所建议。第二年十月，徐光启去世，追赠少保。

熊廷弼列传

熊廷弼，名列"明末三杰"，是明朝末年著名的民族英雄。他用出众的策略多次成功抵御势头正盛的努尔哈赤，最终被宦官魏忠贤陷害，含恨九泉。

【崭露头角】

熊廷弼，字飞百，江夏（今属湖北）人。万历二十五年（1597）他乡试高中第一，二十六年（1598）成为进士，被授保定推官，后来擢升为御史。

万历三十六年（1608），熊廷弼巡按辽东（今属辽宁）。巡抚赵楫与总兵官李成梁放弃宽奠新开拓的八百里疆域，迁徙六万户百姓到内地，论功受赏之际，被人弹劾。皇帝派熊廷弼重新查验，查出他们放弃土地驱赶民众的惨状，熊廷弼上奏朝廷并弹劾他们，却没有得到支持。那时皇帝有命令要大建屯田，熊廷弼认为辽东多的是没主人的土地，每年让三分之一的边军屯田种地就能够得到一百三十万石的粮食。他的主意得到了万历皇帝的赞赏，就让他在边关推行。当时的边关将领喜欢直捣敌人的巢穴，既能缴获财物又能立功，但却经常因此肇启边衅。熊廷弼建议驻守边关以防守为上策，并阐述了修建城堡的十五个好处，得到了皇帝支持并

推行。他实行的这两条方略效果很好。有一年大旱，他到金州（今属辽宁），向城隍神祷告，祈求在七天内下雨，否则就把城隍庙毁了。等他到了广宁（今属辽宁），等了三天，还没下雨。他就派人带着白牌和剑，准备去斩城隍庙的神像。不一会儿，风雨大作。辽东的百姓都认为他是神。他驻守辽东好几年，杜绝贿赂，核查军队士兵的实际数目，弹劾不法的军官，从来不予姑息，辽东的纪律变得很好。不久调任南直隶（今江苏、安徽、江西地区）督学，因为严格清明远近闻名。后因杖死好几个书生，他与巡按御史荆养乔互相攻击。荆养乔被罢官免职，熊廷弼也奉命听候处置。

万历四十七年（1619），辽东经略杨镐在与后金军队的萨尔浒之战中惨败，从此明朝力量由强转弱，在辽东力量对比中失去优势，不得不由进攻转为防御。廷议认为熊廷弼熟悉辽东事务，就把他擢升为兵部右侍郎兼右佥都御史，代杨镐为辽东经略。

【初次经略辽东】

那时，开原、铁岭（今均属辽宁）相继失陷，沈阳（今属辽宁）军民纷纷逃奔，辽阳（今属辽宁）也岌岌可危。熊廷弼日夜兼程火速前进，遇到逃兵，就命令他们返回。他斩杀了逃将刘遇节、王捷、王文鼎等人，诛杀了贪污的将领陈伦，并且弹劾罢免了总兵官李如桢，由李怀信接任。熊廷弼督造军器，修缮城堡，调兵遣将扼守各冲要地点，互为应援，守备得以大大稳固。他还挑选精悍士兵趁机袭击那些落单的骑兵，扰乱敌人的耕田和放牧，等敌人疲于奔命之时，自己再相机进剿。

熊廷弼最初到达辽东时，命令佥事韩原善前往安抚沈阳（今辽宁沈阳）军民，韩原善不敢去。后来又命令佥事阎鸣泰去，阎鸣泰走出

不远害怕得痛哭不已。熊廷弼于是亲自到沈阳（今辽宁沈阳）巡视，又不顾雪夜路滑危险赶赴抚顺（今属辽宁）。总兵贺世贤劝阻他说太接近敌人了，他说："冰天雪地，敌人肯定料不到我要来。"反倒敲锣打鼓地进城。那时战争使得数百里渺无人烟，熊廷弼在祭奠死者的时候痛哭。他不管到哪里都要招收流徙的民众，修理防守的工具，安排兵马，辽东的人心才安定下来。他还向朝廷禀报了自己的策略，就是以守为主，反对浪战，并联合朝鲜牵制后金。这条策略卓有成效，后金军一年多时间里不敢轻进。

光宗元年（1620），熊廷弼在辽东抵挡入侵的努尔哈赤失利，与他一直不和的给事中姚宗文、辽东人刘国缙、御史冯三元等人连番上奏弹劾熊廷弼。光宗在位仅仅一个月就去世了，明熹宗朱由校刚刚即位

🔥 山海关城楼和古炮台

为皇帝，朝廷内部纷乱不堪，对边疆的攻讦非常激烈。熊廷弼被弹劾说在辽东不训练军马，不部署将领，不安定人心，只知道酷刑惩罚，只知道修建城堡。冯三元还弹劾说他无谋且欺君，如果不罢免，辽东必将不保。熊廷弼上疏自我辩护请求辞职，不料又被弹劾。御史张修德又弹劾他破坏辽阳（今属辽宁）。廷弼更加愤怒，他遂缴还上方剑，说辽东现在基本已经安定下来，请求罢免自己。最终熊廷弼被免职，由袁应泰代替。

【再回辽东】

朝廷派人去调查熊廷弼在辽东的作为，他回来奏称："我到辽东的时候，百姓士兵在路边为熊廷弼哭泣，都说几十万的生灵都是熊廷弼一个人挽救下来的。而且熊廷弼最了解辽东的事情，敌人进攻沈阳，他带兵前去救援，是个勇敢的好统帅。他为保卫辽东立下了汗马功劳。"于是，皇帝准备重新起用他。天启元年（1621），辽东重镇沈阳、辽东首府辽阳（今均属辽宁）相继失陷，袁应泰畏罪自杀，辽河（今属辽宁）以东全部为后金所占。老百姓和士兵争相从失陷的城池里向南逃命，二百多里不见人烟，京师震惊。内阁大学士刘一燝说："假如熊廷弼镇守辽东，决不会到这种地步。"皇帝就下诏重新让熊廷弼到辽东，并且提拔王化贞为巡抚。之前弹劾熊廷弼的人也被贬官。

六月，熊廷弼入朝，首先请求免除之前因弹劾他而遭到贬谪的那些御史的罪名，皇帝不同意。他又向朝廷建议三方布置策：在广宁（今属辽宁）派马步兵驻守以牵制后金主力；在天津与登、莱（今山东蓬莱、掖县）各设巡抚，设立水师，乘机入辽南；在东面联合朝鲜从后方打击后金；在山海关设经略，节制三方。他任兵部尚书兼右副都御史，驻山海关，经略辽东军务。

王化贞为人愚蠢而又刚愎自用，他对敌我的军事力量分析不够客观，严重低估了后金的实力。他主张主动出击，要在三个月内荡平后金。二人一主战，一主守，战略思想严重不合。王化贞

🔴 努尔哈赤

努尔哈赤是否是在宁远城下为红衣大炮所伤致死，史学界一直并无定论，也有人认为是宁远兵败导致精神抑郁，身患毒痈而死。

将所有来援辽东的军队称作"平辽军"，熊廷弼觉得辽东并不是叛乱，认为这个名字不合适，两人矛盾不断加深。王化贞手下的毛文龙攻占镇江（今属辽宁），明军士气大振。王化贞据此更加坚定了自己的想法。熊廷弼气量小，一旦有人得罪他，他总要睚眦必报，经常骂人，大臣很多都厌恶他。两人的争论一直延伸到了朝廷，朝廷争论的结果是支持王化贞的策略。最后，王化贞拥十多万兵马驻守广宁（今属辽宁），而熊廷弼则只有经略虚名，仅有数千军士。熊廷弼向兵部尚书报告，从来没有得到同意的，熊廷弼因此和兵部尚书鹤鸣关系破裂。熊廷弼和王化贞的政见矛盾最终严重影响了辽东的军事计划，朝廷不得不讨论如何处置。

【兵败冤死】

王化贞不听熊廷弼的命令，计划以降将李永芳作为内应，不战而胜。他的计划还没来得及实施，天启二年（1622），努尔哈赤亲率五万人马，分三路进攻，西平堡（今属辽宁）被围。王化贞调出广宁、闾阳（今均属辽宁）的守兵去攻打后金军队，三万大军全军覆没。王化贞非常信任的手下孙得功叛变，在城内高呼敌人大举攻来，人心惶惶，城中秩序大乱。王化贞被属下救出，狼狈不堪地逃出广宁（今属辽宁），在大凌河（今属辽宁）见到熊廷弼。

王化贞在熊廷弼面前痛哭流涕，熊廷弼嘲笑他："你打算一举荡平后金的六万军队，现在怎么样了？"王化贞惭愧不已，向熊廷弼建议设法阻击后金军队，熊廷弼认为已经无计可施，率领溃逃的军民撤回山海关。两日后。孙得功开门迎接清军入广宁城。辽东重镇广宁（今属辽宁）失守，熊廷弼竟然也不率军入城殊死战斗。熊廷弼丝毫没有尽到守土的责任，只是消极退至山海关（今河北山海关），接着王化贞也被清兵连追二百里，连饭都来不及吃，狼狈地退入关内。山海关（今河北山海关）以外的整个辽东完全被努尔哈赤占领，消息传至北京，朝野大震。

熊廷弼和王化贞因此被捕，两人被判处斩。熊廷弼向宫里的太监重金行贿，后又反悔。大太监魏忠贤十分生气，诬陷熊廷弼向御史行贿并用计陷害他，最终，熊廷弼被皇帝冤杀。他的头颅也被送到边境传看，以示警戒。御史梁梦环诬告熊廷弼生前侵盗军资十七万余两，追抄其家产，连熊廷弼的姻亲们也因此破产。熊廷弼的长子熊兆圭，不堪受辱自杀。熊兆圭的母亲喊冤，江夏知县王尔玉为讨好阉党，将熊家两名婢女的衣服褪去，鞭打四十下。人们无不为之愤怒、叹息。直到崇祯二年，他的冤情才被昭雪，崇祯帝朱由检下诏允许熊廷弼的儿子把熊廷弼的头颅拿回去埋葬，谥"襄愍"。

袁崇焕列传

袁崇焕是明末清初中国政治军事舞台上，一位杰出的军事统帅和著名的民族英雄。他毕生驻守山海关，成名于宁远大捷，后督师蓟辽，保卫京师，但最终因皇太极的反间计被明崇祯帝赐死。但袁崇焕在中国历史上已是青史留名，千古永垂。

▶【驻守山海关】

袁崇焕，字元素，号自若，祖籍东莞（今广东东莞）。他为人慷慨，富于胆略，喜欢和别人谈论军事，关心国家大事；每每遇到老兵和退伍的士卒，便要与他们讨论边塞上的事，了解那里要塞的情形，自许号"边才"。

万历四十七年（1619），袁崇焕在北京参加廷试而成进士。杨镐于该年二月誓师辽阳，三月间四路丧师。新进士和大战溃败这两件事在同一个时候发生，袁崇焕那时在京城，听到了不少辽东战事的消息。

他成进士后，被分派到福建邵武去做知县。天启二年（1622），他到北京来述职。在和友人谈话时，发表了一些对辽东军事的见解，引起了御史侯恂的注意，便向朝廷保荐他有军事才能，于是获升为兵部职方司主事。不久，王化贞大军在广宁覆没，满朝惊惶失措。

清兵势如破竹，锐不可当，自万历四十六年（1618）到那时，四年多的时间内，覆没了明军数十万，攻占抚顺、开原、铁岭、沈阳、辽阳，直逼山海关。明军打一仗败一仗，山海关是不是守得住，谁都不敢说。山海关一失，清兵就长驱而到北京了。于是北京宣布戒严，进入紧急状态。

可是关外的局势到底怎样，传到北京的说法多得很，局势越是不利，谣言越多。当时，谣言满天飞，谁也无法辨别真假。就在京师人心惶惶的时候，袁崇焕骑了一匹马，孤身一人出关去考察。兵部中忽然不见了袁主事，大家十分惊讶，家人也不知他到了哪里。不久他回到北京，向上司详细报告关上形势，宣称："只要给我兵马粮饷，我一人足可守得住山海关。"于是，朝廷升他为兵备佥事，派他去助守山海关。

▶【宁远大捷】

袁崇焕到达山海关后，开始整饬

军纪，筑城宁远（辽宁兴城）。天启二年（1622）九月，孙承宗派袁崇焕与副将满桂带兵驻守宁远，这是袁崇焕领军的开始。天启三年（1623）九月，袁崇焕到达宁远。本来，孙承宗已派游击祖大寿在宁远筑城，但祖大寿料想明军一定守不住的，只筑了十分之一，敷衍了事。袁崇焕到后，当即大张旗鼓、雷厉风行地进行筑城，立了规格：城墙高三丈二尺，城雉再高六尺，城墙墙址广三丈，派祖大寿等督工。袁崇焕与将士同甘共苦，善待百姓，当他们是家人父兄一般，所以筑城时人人尽力。次年完工，城高墙厚，成为关外的重镇，成为袁崇焕一生功业的基础。宁远城一筑成，明朝的国防前线向北推移了二百余里。

天启四年（1624），袁崇焕与大将马世龙、王世钦等率领一万二千名骑兵步兵东巡广宁（今辽宁北镇县）。天启五年（1625）夏，袁崇焕领兵分屯锦州、松山、杏山、右屯、大凌河、小凌河诸要塞，又向北推进了二百里，几乎完全收复了辽河以西的旧地，这时宁远又变成内地了。但此时，魏忠贤一党大肆干预朝政，袁崇焕在朝中

袁崇焕

袁崇焕身材矮小，万历四十七年中进士。这样一个身不满五尺的书生却心雄万夫，使后金势力十分忌惮，在明末的军事政治局势中产生了重大影响。

已无人支持。接替孙承宗做辽东经略的高第下令将锦州、右屯、大小凌河、松山、杏山的守兵都撤去了，丢弃了粮食十余万石。

天启六年（1626）正月，努尔哈赤率军大举渡辽河攻宁远，兵十三万，号称二十万。二十三日，攻抵宁远（辽宁兴城）。在这紧急关头，袁崇焕奋发了英雄之气，决意抗敌。

他和大将满桂，副将左辅、朱梅，参将祖大寿、何可纲等，集将士誓死守城。袁崇焕刺出自己鲜血，写成文告，让将士传阅，更向士卒下拜，激以忠义。全军上下在他的激励下人人热血沸腾，决心死战。

努尔哈赤于是大举攻城。袁崇焕亲自搬石来堵塞缺口，连受了两次伤，部将劝他保重。他厉声道："宁远虽只区区一城，但与明朝的存亡有关。宁远要是不守，数年之后，咱们的父母兄弟都成为奴隶了。我若胆小怕死，就算侥幸保得一命，又有什么乐趣？"撕下战袍来裹了左臂的伤口又战。将士在他的影响之下，人人奋勇，终于堵上了缺口。清军攻打宁远三日后，损失惨重，主将努尔哈赤也身受重伤，终于不得不下令退兵。

高第因不援宁远而免职，以王之

🐉 **天下第一关**

山海关古城作为中国古代军事防御体系最完整的建筑群，是中国古代边防建设思想与科学的结晶和集萃、是中国建筑史上的奇葩，是国内外罕见的历史遗存。历来享有"天下第一关"的美誉。

臣代。袁崇焕升为右佥都御史。三月，复设辽东巡抚，由袁崇焕升任。

【督师蓟辽】

宁远一战之后，努尔哈赤郁郁而终，继位的皇太极为了休养生息，提出与明和议。而袁崇焕为了训练一支既能守，又能战，再能进一步收复失地的精锐野战军，同时修复锦州、大凌河等城堡的守备，屯田耕种，同意议和。但是，朝廷认为袁崇焕议和是汉奸所为，极力反对。

皇太极无法和明朝达成和议，却见袁崇焕修筑城堡的工作进行得十分积极，时间越久，今后进攻会更加困难，于是决定"以战求和"，对宁远发动攻击。

天启七年五月，皇太极亲率两黄旗、两白旗精兵，进攻辽西诸城堡，攻陷明方大凌河、小凌河两个要塞，随即进攻宁远的外围要塞锦州。五月十一日，皇太极所率大军攻抵锦州，四面合围。这时守锦州的是赵率教，他和监军太监纪用守城，派人去与皇太极议和，那自是缓兵之计，以待救兵。皇太极不中计，攻城愈急。袁崇焕派遣祖大寿和尤世禄带了四千精兵，绕到清军后路去包抄，又派水师去攻东路作为牵制。从五月十一打到六月初四，二十四天之中，无日不战，战况的激烈，不下于当年宁远大战。六月初四那天，皇太极增兵猛攻。锦州城中放西洋大炮，又放火炮、火弹和矢石，清兵受创极重。次日，守军又以葡萄牙大炮轰击，碎清方大营帐一座及皇太极的白龙旗，杀伤清兵无数。皇太极见部队损失严重，只得退兵，再攻锦州南面，亦不能拔，将士又有不少伤亡，将领觉多拜山、巴希等阵亡。七月，清兵败回沈阳。

天启七年八月，天启皇帝熹宗朱由校驾崩，其弟信王由检接位，年号崇祯。崇祯元年四月，崇祯帝朱由检升袁崇焕为兵部尚书兼右副都御史，督师蓟辽，兼督登莱天津军务。七月，袁崇焕到达北京，崇祯帝朱由检召见于平台，先大加慰劳，然后说道："建部跳梁，已有十年了，国土沦陷，辽民涂炭。卿万里赴召，忠勇可嘉，所有平辽方略，可据实奏来！"袁崇焕奏道："所有方略，都已写在奏章里。臣今受皇上特达之知，请给我放手去干的权力，预计五年而建部可平，全辽可以恢复。"崇祯帝朱由检道："五年复辽，便是方略，朕不吝封侯之赏。卿其努力以解天下倒悬之苦！卿子孙亦受其福。"袁崇焕谢恩归班。

这一月，川、湖戌守宁远的士兵，因为四个月不发军饷而大为骚动，其余十三营起而响应，把巡抚毕自肃、总兵官朱梅、通判张世荣、推官苏涵淳绑在谯楼上。毕自肃伤重，

兵备副使郭广刚到，用身体保护赵自肃，搜集了抚恤赏赐和钱库的二万金来散发，不能满足，借贷商人市民凑足五万，事情才解决。毕自肃上疏认罪，奔回卫所，上吊自杀。

袁崇焕在八月初到关，听到事变急速赶来与郭广密谋，宽宥首恶杨正朝、张思顺，下令逮捕十五人在闹市处死，斩杀知道阴谋的中军吴国琦，责罚参将彭簪古，贬谪都司左良玉等四人。调正朝、思顺到前锋部队立功，张世荣、苏涵淳因为贪赃酷虐招致变乱，亦加以驱逐。只有都司程大乐一营不参加变乱，特为奖励。一方才得安宁。

关外大将有四五人，事情多受牵制。后规定设二人，以朱梅镇守宁远，祖大寿仍驻守锦州。到这时朱梅将离任，袁崇焕请将宁、锦合为一镇，祖大寿仍驻守锦州，提升中军副将何可刚为都督金事，代替朱梅驻守宁远，而调蓟镇的赵率教到关门，关内外只设两员大将。

袁崇焕极力称赞三人的才能，说："臣自定五年的期限，专靠这三人，必当与臣始终在一起。到期没有成效，臣亲手杀死三人，而自己到刑部就死。"崇祯帝许可，袁崇焕就留守宁远。

【诛杀毛文龙】

袁崇焕一接受任命，就要诛杀毛文龙。毛文龙，仁和（今属浙江杭州）人。以都司的官衔支援朝鲜，在辽东逗留。朝鲜丢失，从海道逃回，乘虚

袭击杀死大清镇江的守将，上报巡抚王化贞，而不报经略熊廷弼，王熊两人开始有隔阂。朝臣支持王化贞，于是授毛文龙总兵的官职，经累次提升做到左都督，挂将军的印信，赏赐尚方宝剑，在皮岛设立军镇就像内地一样。

皮岛也称为东江，在登、莱的大海之中，绵延八十里，不生草木，远离南岸，靠近北岸，北岸海面八十里就抵达大清的边界，它东北的海面就是朝鲜。岛上的士兵本是河东的居民，自从天启元年河东失陷，居民多逃到岛中。毛文龙招纳岛上的居民为士兵，分布放哨的船只，联结登州，做互相声援的打算。朝中加以肯定，皮岛的事端由此兴起。

毛文龙居住东江，形势虽然足以牵制对方，但他本人原来就没有什么谋略，每到一处总是失败，而每年耗费的军饷没法计算；并且广泛招徕商贾，贩运贸易违禁物品，名义上支援朝鲜，实际上是阻拦出塞，没有事就以贩卖人参布匹为业，有事亦很少派上用场。

工科给事中潘士闻弹劾毛文龙耗费军饷，滥杀投降的人，尚宝卿董茂忠请求撤换毛文龙，让他到山海关、宁远带兵，兵部议定不可，而袁崇焕心里讨厌他，曾上疏请派遣兵部官员去督理军饷。毛文龙厌恶文官监视控制，上疏抗争辩驳，袁崇焕不高兴。到毛文龙来拜谒，以宾客的礼节来接待他，毛文龙又不谦让，崇焕杀他的打算更坚决。

到这时，袁崇焕就以阅兵为名，泛海抵达双岛，毛文龙前来相会。崇焕与他设宴聚饮，常常到半夜，毛文龙没有觉察崇焕的来意。袁崇焕数落毛文龙十二大当斩首的罪过，就取尚方宝剑在帐篷斩杀文龙。把他的士卒二万八千人分为四部，以毛文龙的儿子承祚、副将陈继盛、参将徐敷奏、游击刘兴祚掌管。把那些情况上报，最后说："毛文龙是大将，不是臣能擅自诛杀的，谨坐在草席上请罪。"当时是崇祯二年五月。

皇上突然听说，很惊骇，想到毛文龙既已死去，又正倚重崇焕，就颁优旨给予褒奖答复。不久传令暴露毛文龙的罪状，用来安崇焕的心；毛文龙爪牙潜伏在京师的，下令有关部门搜捕。

自此，袁崇焕杀了毛文龙，同时多次打击来犯的后金兵，使山海关真正成为"天下第一关"。

【含冤而终】

袁崇焕上言："毛文龙只是一个寻常的人，不法到这等地步，因为海外容易作乱。他的部众加上老幼共四万七千，妄称十万，而且平民多，士兵不到二万，胡乱设置将领上千名。如今不宜另置统帅，就以继盛代理，方便于谋划。"崇祯帝一一批准。

袁崇焕虽然诛杀了文龙，顾虑他的部下作乱，增加饷银到十八万。然而岛上的军人失去主帅，人心逐渐背离，更加不可使用，此后导致有叛变离去的。袁崇焕说："东江一镇，是牵制敌人所必须依托的。现确定两协的编制，马军十营，步军五营，每年饷银四十二万，米十三万六千石。"

崇祯帝对于兵员减少军饷增加很怀疑，但因为袁崇焕的缘故，同意这个请求。

袁崇焕在辽，与率教、大寿、可刚确定军队的编制，逐渐推广到登、莱、天津，到确定东江的军队编制，四镇兵加起来有十五万三千多，马八万一千多，每年开支计划内费用四百八十余万，比原先减少一百二十余万。崇祯帝于是嘉奖他。

天启九年（1629年）十月，皇太极率领数十万后金军分路进入龙井关、大安口（今河北遵化北），直扑京师。

听说后金军进逼北京，袁崇焕急了，立刻督率祖大寿、何可刚等入关守卫，他自己则率兵奔赴京师，所到之处皆留下士兵防守。皇帝听说袁崇焕到了，十分高兴，便对其加以褒奖勉励，并调拨官库银两犒劳众将士。袁崇焕因为兵马疲敝，请求进入城中休息，皇帝不允许。袁崇焕无奈之下只得和金军展开鏖战，双方伤亡惨重。

袁崇焕最初一听到京师的变故就奔走千里相救援，自认为有功无罪。岂料，这时，京师却是谣言四起，说袁崇焕纵容敌兵，拥兵自重。正所谓众口铄金，再加上崇祯帝朱由检是个猜疑心极重的人，听了这些谣言，也不免怀疑起来。

恰在此时，皇太极决定利用明朝廷内部君臣之间互相猜疑、嫉贤妒能的状况，以"反间计"杀死袁崇焕。

崇祯三年（1630）八月，皇太极故意放走被俘的两个明朝太监，利用他们把自己诬陷袁崇焕的话通报给了崇祯帝朱由检。崇祯帝信以为真，将袁崇焕关入大牢，不久将其凌迟处死，并查抄其家，发配其兄弟妻子。袁崇焕没有儿子，家中也没有什么财产，天下人都为他感到冤枉。

论赞

赞曰：袁崇焕的谋略虽然粗疏，却还算有胆略之人，庄烈帝却因为听信他人的谗言，中了离间计而将其杀害。自此，国家的命运将要改变，刑章颠覆，这难道不是天意吗！

秦良玉列传

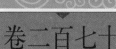

秦良玉可以说是明史中的另类，她是中国历史上唯一单独载入正史将相列传的巾帼英雄。她生在多事之秋的明朝，可是却能提兵裹粮，奋勇作战，毫无闺阁之气，连崇祯帝都佩服得吟出了"世间多少奇男子，谁肯沙场万里行"这样赞美秦良玉的诗句。冯玉祥也曾说过："纪念花木兰；要学秦良玉。"

▶【嫁与千乘，率领劲旅】

秦良玉，忠州（今四川忠县）人，早年嫁给石砫宣抚使马千乘为妻。万历二十七年（1599），播州（今贵州遵义）土司宣慰司使杨云龙造反，朝廷派兵镇压，并命石砫宣抚使协助征战。于是，马千乘就率领三千人从征播州（今贵州遵义），秦良玉率领五百名精兵运粮相随，同副将周国柱在邓坎扼制贼寇。第二年正月初二，贼兵意图乘着官军设宴摆酒之机，在夜里过来偷袭，被秦良玉夫妇发现并击败，他们乘胜追击，直捣贼兵老巢，一连打下金筑等人的七个营寨。后来，他们跟酉阳（今属重庆）的各路官军联手一举消灭了贼兵，为南川路战功第一。平定贼兵之后，秦良玉并没有自报战功。

后来，马千乘被部落内的百姓起诉入狱，病死在云阳（在四川东部，毗邻湖北）监狱，朝廷便下诏，由秦良玉代替了他的职务。秦良玉为人有胆有谋，善于骑马射箭，兼通词翰，仪态娴雅。但是，她对部下却要求十分严格，每次行军传令，将士都严格执行。她的军队因惯用一种长矛，矛身则以白木为之，不假装饰，号称"白杆兵"，是周围地区所忌惮的一支劲旅。

天启元年（1621），秦良玉的哥哥邦屏率兵赴敌，渡浑河时战死，弟弟民屏突围而出。秦良玉亲自率领三千精兵前来，所过之处秋毫无犯。朝廷给她封官加赏，秦良玉向朝廷陈述了哥哥邦屏的死状，请求给予抚恤，并借机又说："臣自出征播州（今贵州省遵义市）以来，所建立的战功却堵不住别人妒忌贤能的嘴巴，他们故意编造谣言恶意中伤我，有谁表彰过我的忠诚呢？"熹宗朱由校遂宣布了一道措辞婉转的诏书予以答复。兵部尚书张鹤鸣说道："浑河这场血战斩获敌人的首级数千，实际上是石砫、酉阳两土司之功劳。邦屏死后，秦良玉派遣使者来京城，请求为她的军队缝制了一千五百套冬衣，分给了残存的士兵，然后就率领三千精兵抵达榆关。她之所以这么做，既是忧心国家的危难，又是为了报自家的仇恨，因此气势更为雄壮了。朝廷应该把邦屏的儿子收录入官，提升民屏的官职。"于是，熹宗朱由校就追赠邦屏为都督金事，准予子孙世袭，又提升民屏为都司金书。

【平定贼寇，赫赫战功】

秦良玉所率领的白杆兵已经深得朝廷的信任，后来，兵部下令让秦良玉再征集两千名士兵。秦良玉与民屏骑马返回，准备增兵，到家才一天的时间，奢崇明的党羽樊龙就在重庆谋反，让人带着金银布帛来拉拢秦良玉。秦良玉斩杀了他派来的使者，立即带领民屏及邦屏的儿子翼明、拱明溯流而上，乘敌人不备，抵达重庆南坪关，截断了贼兵的归路。又埋下了伏兵攻袭贼寇占领的两条河流，烧毁了他们的船只。然后分别派遣兵士守护忠州（今四川忠县），派人骑马传布檄文到夔州（今四川奉节），要当地驻军急忙防守瞿塘峡上下游地段。

没多久，奢崇明就围攻成都，情况十分紧急，巡抚朱燮元檄调秦良玉前往征讨。当时各地的土司都贪图贼人的贿赂，按兵不动，只有秦良玉击鼓西征，解救了成都之围。秦良玉接着回师攻打二郎关，又攻克了佛图关，收复了重庆。到这时，秦良玉已经被封为都督金事，担任总兵官，她从此更加感激朝廷，奋不顾身，先后打下了红崖墩、观音寺、青山墩等贼窝，四川的贼寇才算是彻底被平定了。

天启三年（1623）六月，秦良玉上书道："臣率领翼明、拱明提兵裹粮，先后取得了红崖墩诸捷。可是，那些军队中的将领，他们从未见过贼兵的面，却在那儿整天挥着胳膊吹嘘，等

秦良玉墓

秦良玉是古代唯一登录中国正史的女将军，和她的传奇人生一样，她死后的墓葬也具有神秘的传奇色彩，在渝东一带流传着秦良玉死后，同时发了48道丧、分别葬在48个地方的48座陵墓。

到和贼兵对垒时，就闻风而逃。那些自己被贼兵大败的人就担心别人战胜了贼兵；自己被贼兵吓倒的人就担心别人的胆量比贼兵还要大。如总兵李维新，他在渡河一战中失败回营，反而关上门拒臣于门外，不容我相见。以一个堂堂六尺的须眉男子却忌妒一个巾帼妇人，他如果在夜深人静时想一想，应当羞愧而死。"熹宗朱由校遂下诏书好言安慰她，并命文武百官都要对她以礼相待，不得再对她有任何猜忌。

釉里红松竹梅纹带盖梅瓶·明

【巾帼英雄，有勇有谋】

崇祯三年（1630），永平（位于大理白族自治州西部）四城失守，秦良玉与翼明奉诏出兵勤王，并拿出家中的资产当做军饷。崇祯帝特下诏书表扬她，并在平台召见她，赐予她彩帛和羊酒，并赋诗四首以赞其战功，其中有"世间多少奇男子，谁肯沙场万里行"这样的诗句。

十三年（1640），秦良玉守住巫山（位于重庆市东北部），扼住了罗汝才的去路。罗汝才进犯夔州，秦良玉的部队援救，罗汝才逃离。后来，她在马家寨阻击罗军，斩获了六百首

级，又在留马垭追击大败了他们，杀其首领东山虎。同时，秦良玉又联合友军大败罗汝才，后来，她出奇计取了罗汝才的军旗，捕获大将闯塌天，罗军势力渐衰。

此时，督师杨嗣昌把贼兵全部驱赶到四川来。四川巡抚邵捷春带领两万弱兵戍守重庆。所能依靠的只有秦良玉和张令两支军队。绵州知州陆逊之罢官回家，捷春让他负责按查营垒。他看到秦良玉的部下军容整齐，感到十分奇怪。秦良玉安排酒席招待他时，对逊之说："邵公不懂得兵法。我一妇道人家，蒙受国恩，论情理应当卫国而死，所恨的只是要与邵公一起死。"逊之问她是什么缘故，秦良玉说道："邵公调我到他附近来，距离他所驻守的重庆只有三四十里，而派遣张令守黄泥洼，很大程度上丧失了地利。贼兵如果占据了归山、巫山的巅峰，就可俯瞰我们的军营。再用铁骑居高临下，张令守地势必会被攻破。张令被攻破

明史 列传

184

后再来打我，我失败后还能解救重庆的危急吗？况且督师把四川当做沟壑，想要将贼兵都赶到四川来，这一点无论是聪明人还是愚蠢的人都明白。邵公不在此时争山夺险，令贼兵不敢来攻击我们，却一味地在这儿坐以设防，这是必败之道。"陆逊之认为她的话很对。

【献忠进犯，誓死抵抗】

没多久，邵捷春就把军营迁移到了大昌，监军万元吉也屯兵于巫山，与秦良玉相互接应。这年十月，张献忠在观音岩、三黄岭接连打败官军，接着从上马渡过江进军。秦良玉协同张令急忙在竹簬坪截断他们，并打败了他们的前锋。当张令被张献忠部杀死时，秦良玉前去救援没有成功，辗转作战又失败了，部下的三万人几乎全部死光。于是，她单枪匹马去求见捷春说道："现在情况紧急，把我溪峒的士兵全部调出，还能有两万人。我自己拿出一半粮饷，其余的一半如果能向官府支取，就能和贼寇继续作战了。"捷春看到嗣昌的意见和自己相左，而仓库中又没有现成的粮食，不用其计。秦良玉便叹息而归。

张献忠完全攻陷了湖北，打算再次进攻四川。秦良玉画出了四川全境的形势图，上呈给巡抚陈士奇，请他增派兵力守住十三个关隘，陈士奇并不听取她的意见。秦良玉再次上呈给巡按刘之勃，之勃赞同她的建议，但是并没有兵士可以拨出。十七年春，张献忠就长驱直入进犯夔州。

秦良玉骑马前往援助，终因寡不敌众败退而归。等到四川全都被攻陷以后，秦良玉慷慨激昂地对她的部下说："我的兄弟两个人都死于国事，我作为一个孱弱的妇道人家，蒙受国家恩典达二十年之久，现在不幸沦落到了这一地步，怎么敢拿所剩不多的年月去投降贼寇呢？"于是，她召集部下的将士给他们订立规约说："有跟随贼兵走的，杀无赦。"接着分兵把守四处边界。张献忠部在四川到处招纳土司，唯独无人敢到石砫来。后来，张献忠死了，秦良玉竟然享尽天年才去世。

论赞

赞曰：马世龙等人在边疆多事之时，能发扬其英勇谋略，在军队中取得卓越的功勋，有的牺牲生命而奋勇作战，捐躯旷野，可以说无愧于武将之责了。攻入并摧毁敌人的阵地，这对于那些久经沙场的老将来说尚且十分艰难，但是秦良玉一个土舍妇人，却能提兵裹粮，辗转战斗于困境之中，其急公赴义之心值得赞美。而那些拿着斧钺面临战争却畏首畏尾持观望态度的人，看到这怎能不感到惭愧、无地自容呢？

史可法列传

史可法，明末著名忠臣，就是在他的带领下，孤城扬州（今属江苏）抵抗顽强，给无往不利的清军带来很大损失。最后城破，他誓死不降，以身殉国，忠义传天下。

▶【带兵剿贼】

史可法，字宪之。他祖籍大兴（今属北京），是祥符（今河南开封）人。祖父史应元，父亲史从质。史可法的出生十分离奇，据说，史从质的妻子怀孕，梦到文天祥到了自己卧室，生下了史可法。崇祯元年（1628），史可法成进士，被授予西安府（今属陕西）推官，后来升为户部主事、户部员外郎、户部郎中等职。

崇祯八年（1635），史可法升为右参议，镇守池州、太平（今均属安徽）。这年秋天起，他一直负责剿灭安徽、江苏和湖北等地的起义军，崇祯十年（1637）七月，史可法被提升为右佥都御史，率兵万人提督军务。史可法个子不高，但强壮精悍，黑脸但目光炯炯有神。他非常清廉且令行禁止，能和部下同甘共苦，行军途中，士兵没吃自己绝不先吃，士兵没有下发衣服自己绝不先穿，因此得到了士兵的拼死效力，在镇压起义军过程中屡立战功。崇祯十二年（1639），他回家丁忧。

服阙后任户部右侍郎兼右佥都御史，总督漕运，且巡抚凤阳（今属安徽）、淮安、扬州（今均属江苏）。史可法在任上忠于职守，弹劾罢免督粮道三名，增设漕储道官一名，疏通南河，漕运事务得到很大发展。他也升至南京兵部尚书，参与内阁事务。

崇祯十七年（1644）四月，史可法听到消息说李自成进攻京城，誓师带兵勤王。渡江不久就听说北京已经沦陷，他们全部穿上孝衣为皇帝发丧。这时南京也在讨论重新立皇帝的事情。张慎言、吕大器、姜曰广等人属于东林党，他们畏惧福王朱由崧上台后，还会纠缠神宗朱翊钧当初的三件案子，就主张舍弃和崇祯帝朱由检血统最近的福王，并找出他的七个不足，极力要立潞王朱常淓为皇帝。他们告知史可法，史可法也十分赞同。这时，凤阳总督马士英秘密和阮大铖商议，准备立福王，咨询史可法。史可法将福王的七个缺点告知马士英，但马士英已经带兵将福王送到了南京附近，史可法等人只好去迎接福王。

【受人排挤】

崇祯十七年（1644）五月，福王拜皇陵、奉先殿。群臣参拜福王，福王脸色发红还想要避开，史可法说："福王您不要躲开，请接受我们的参拜。"福王唯唯称是。第二天再上朝，讨论监国的事情。张慎言说："皇帝大位空虚，可以直接即位。"史可法说："太子存亡还不知道，如果太子来了怎么办？"诚意伯刘孔昭说："今天既然已经定下，那还有谁敢更改？"史可法说："这样的事情还是要徐徐图之。"第二天，大臣们议定由福王监国，又开始推选内阁人选。史可法、高弘图、姜曰广被大家推举入阁，但是刘孔昭也想成为内阁大臣，大家以本朝没有无勋臣进入内阁的先例加以阻止。刘孔昭勃然大怒，说："即使我不能，那马士英为什么不能？"转而推举马士英。两天后，史可法被拜为礼部尚书兼东阁大学士，与马士英、高弘图一

史可法手札
其书法赠益之札写得豪迈雄强，笔势奔腾，结体硕大，亦可见奇崛之气流于字里行间。

起担任内阁大臣。史可法依旧掌管兵部事务，马士英督师凤阳（今属安徽）。在三人的主持下，恢复了原来兵营建制，连侍卫和锦衣卫都被编入队伍里，锦衣卫和东西厂以及南北两镇抚司官员都被废掉，以杜绝告密，安定人心。

此时的马士英每天都在盼望着自己能够成为内阁首辅，等到任命下来，大怒，不仅上疏弹劾史可法，自己还亲自带兵觐见皇帝。史可法在朝中被排挤，于是自己请命到淮扬督师。

十五日，福王即位，史可法被封为太子太保、兵部尚书、武英殿大学士。马士英自即日起担任内阁首辅大臣。

此时的南明朝只有半壁江山，在清朝、大顺两方面压力之下，危在旦夕。可悲的是，南明朝中还是无法上下一心、同仇敌忾，仍旧党争不断，文武大臣之间争权夺利、钩心斗角。东林党人与马士英、阮大铖

史可法纪念馆

史可法纪念馆位于江苏省扬州市广储门外街24号，南临古城河，梅花岭畔。占地6000多平方米，现为省级文物保护单位史可法祠墓所在地，省级爱国主义教育基地。

之间的矛盾，以及姜曰广、高弘图、刘宗周等人的辞官，说明了明朝廷的四分五裂，这也决定了弘光朝败亡的最终命运。

【壮烈殉国】

被排挤出朝廷的史可法对皇帝依然忠心耿耿，他前往扬州统筹刘泽清、刘良佐、高杰、黄得功等江北四镇军务机宜，出发后就立即派人寻访崇祯帝、皇后的尸体以及各皇子的下落，并奉命去凤阳（今属安徽）祭告皇陵。四镇飞扬跋扈，各自占领城池称雄，自己如同匪兵一样劫掠百姓，史可法和南明朝廷都无力约束。史可法驻守扬州（今属江苏）后，真诚对待高杰等人，极力调解四镇守将之间的关系，克服马士英在朝廷中掣肘和压制、缺兵少粮等困难，极力抵抗南下的清兵，南明朝廷得以维持。弘光元年（1645），和马士英关系破裂的左良玉率数十万兵力，由武汉举兵东下，要清君侧，除掉马士英和阮大铖。马士英认为如果清兵攻来，自己还能纳贡退兵，如果左良玉来了只有丧命一个结果，便强命史可法把江北布防的兵马扯到西面防守左良玉。史可法只得兼程援助，淮防空虚。左良玉半路身死，全军投降清兵。史可法奉命回江北，清军已经攻陷泗州（今属安徽），史可法只好退回到扬州防守。

回到扬州的史可法兵微将寡，高杰此时已经身死，手下的兵马四散。当年（1645）五月十日，清豫亲王多铎兵围扬州，史可法向各镇请求援兵，没有一支军队来援。二十日，大清屯兵扬州城外。二十一日，总兵李栖凤、监军副使高岐凤拔营出降，城内更加空虚。史可法派文武官员分路把守，他自己亲自守旧城西门。他还写信给自己的母亲和妻子，留下遗言说："如果我死了就把我埋葬在高皇帝陵寝附近。"二十三日，清兵兵临城下，用炮击破西北角，扬州城破。史可法自刎被拦，逃走途中被清军俘虏。他大呼："督师的是我史可法！"誓死不降被杀。扬州知府任民育等众多官员全部殉国。清军下令屠杀扬州百姓。大屠杀持续了十天时间，八十万人死亡，史称"扬州十日"。

【高风亮节】

史可法因功先后被加封少保兼太子太保、少傅兼太子太傅，因为江北战功加封少师兼太子太师，因擒杀起义军程继孔的功劳被加封太傅。他每次都极力推辞，都没得到许可。因为要庆贺宫殿建成，封史可法为太师，他再三推辞才得到允许。

他在外面督战，不管是行军、吃饭、睡觉，不论寒暑，从来不肯铺张、奢华。他四十多岁，直到死也没有儿子。他的妻子想给他娶妾，他叹息说："国家大事正在紧要的时候，我怎么能计较这些儿女小事呢？"有一次他工作到深夜，十分疲倦想喝酒提神，厨师报告说已经将菜肴、肉分给将士们了，已经没有什么下酒菜了，史可法就拿盐豉下酒。史可法向来酒量很大，喝几斗都不会醉，但在军中他滴酒不沾。有一次，他喝了几十盅酒，想到崇祯帝朱由检，潸然泪下，靠着桌子就睡了。等到天亮的时候，将

士们在辕门外集合，也没看到门开启。史可法的随从悄悄把原因告诉了他们。知府民育说："史相公难得能够多睡一会儿。"于是，就让人仍旧击鼓四下，让左右随从千万不要惊动史可法。不一会，史可法醒来听到鼓声大怒，说："是谁敢违反我的命令？"将士把民育的意思告诉了史可法，他才没有追究。

史可法经常独自待在房里或者船中，有人劝他提高警备，他说："生死在天，不必在乎。"史可法死后，当时正好赶上天气热，尸体腐烂，无法辨认他的尸首。一年后，他的仆人将他的衣冠埋葬在扬州城外的梅花岭。之后，还有很多人冒充史可法的名号，所以才有史可法没有死的传言。

论赞

赞曰：史可法叹息国家艰难，忠义奋发，屯兵在长江边，以当军锋，与四镇互相联络，力图兴复明朝。但是国家正是割据的时候，朝廷内部有权臣掣肘，外面有将领骄横跋扈，以至于兵力匮乏，粮饷断绝，版图一天天地缩小，举步维艰，最后孤城扬州不保，以身殉国，可悲可叹啊。

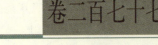

陈子龙列传

陈子龙是明末清初江南之风云人物，他关心社稷，力主抗清，为挽救明朝命运，呕心沥血。同时，他又是明代著名文学家，他被誉为"明诗殿军"、"明词第一"。

▶【才华横溢，招降许都】

陈子龙，字卧子，松江华亭（今属上海）人。陈子龙擅长应试的时文，同时也擅长写诗赋古文，取法魏、晋，所写的骈文尤其精妙。崇祯十年（1637），陈子龙中进士，被任为绍兴（今属浙江）推官。

东阳（今属浙江）儒生许都，是副使达道的孙子，他家里十分富裕，但是很有侠士的风范，锄强扶弱，乐善好施，还暗中按兵法训练家中门客的子弟，希望有机会能够得以施展自己的抱负。陈子龙曾经向上司推荐他，但上司并没有接受。这是由于东阳县令因私事对他怀恨在心。这时，刚好

义乌（今浙江义乌）有坏人假借中贵人的名义招募士兵的事被揭发，许都的母亲去世，他正在山中葬母，前来参加的有万余人。便有人瞅准时机，向监司王雄报道说："许都谋反了。"王雄闻言勃然大怒，立刻下令逮捕许都，这下，本来没有谋反之心的许都真的造起反来。由于他很有侠士之风，

🌀 中华门藏兵洞

南京中华门是中国现存最大的古城堡，为明初都城的正南门，后称"聚宝门"，1931年改为中华门。中华门瓮城上下两层分布有13个藏兵洞，加上东西两侧马道下方的14个藏兵洞，共计27个，可藏兵三千。

很多人都很仰慕他，十来天内就聚集了几万人，并接连攻下了东阳、义乌、浦江（今均属浙江），遂进逼郡城，不久又带兵离去。

巡按御史董象恒因事犯法被逮捕，而替代他的人尚未到达，巡按御史左光先因此总管军事，他便命令陈子龙担任监军前去讨伐许都，俘获不多。而游击蒋若来则打败了来进犯郡城的部队，许都于是率领余下的三千人，退保南寨。

陈子龙说："我和许都原本是老朋友，就请让我前去探查一番。"说毕，陈子龙就独自骑马进入许都军营，斥责数落他的罪行，命令他归降，并赦他不死。接着陈子龙还逼迫许都一起去见王雄，又逼着他同到山中，遣散他的部下，只带了二百人归降。

遗憾的是，左光先因和东阳县令交好，竟然在江边把许都等六十多人杀掉了，陈子龙极力阻止，无济于事。

【辅佐福王，志士雄心】

由于平定叛乱有功，陈子龙被提升为兵科给事中。可是，命令刚下达的时候，京城就陷落了。于是，陈子龙就在南京辅佐福王。在辅佐福王的过程中，陈子龙直言善谏，富有远见。那年六月，陈子龙向福王上奏疏，提出江防之策，他认为没有比训练水军更重要的，并说建造海船刻不容缓，请专门委托兵部主事何刚训练处理。他的这一建议被福王的采纳。之后，

太仆少卿马绍愉出使清廷回来，见到福王，说到陈新甲主和通好而被处死的事，福王说："这样的话，应该给予陈新甲抚恤。"当时，朝廷大臣并未说话，只有少詹事陈盟说："可以。"因此福王下诏给予陈新甲抚恤，并追究此前弹劾陈新甲的人的罪责。朝廷大臣苦于刘孔昭殿上相争一事，因此谁都不敢说话。后来，只因陈子龙和同官李清交互上奏，竭力进谏，才没有抚恤陈新甲。第二年二月，陈子龙就告辞还乡了。

陈子龙和他的同乡夏允彝都很有名望，夏允彝死后，陈子龙也想自杀，但想到自己的祖母已经九十岁了，他不忍心，于是就遁入空门做了和尚。不久，他又接受了鲁王部院的官衔，集聚太湖一带的武装力量，意图组织大规模的抗清斗争，可惜事情败露，陈子龙便被抓获了。陈子龙不甘忍受屈辱，乘人不备，投水而死。

论赞

赞曰：国家兴废，难道不是天意吗？金声等人以乌合的军队，铺张扬厉，高声疾呼，意图挽回明朝国运于已废之后，人心已离，形势涣散，很快就失败了，又能有什么裨益呢？然而，他们最终仍然献身以完成自己的心志，视死如归，事情虽然并没有成功，但是他们的心志却被存留下来了。

祝允明列传

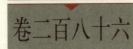

祝允明与唐寅、文徵明、徐祯卿并称"吴中四才子"。其书，隶、楷、行、草诸体均工，尤以草书成就为最；其诗取材颇富，造语颇妍；其文多奇气，潇洒自如。

祝允明，字希哲，长洲（今江苏苏州）人。他的祖父祝显，是正统四年（1439）的进士。中进士后，内侍传旨，要考试善于做文章的，选拔四个人，祝显便是其中的一个。进入皇宫的掖门，祝显知道是要让他们教小太监读书，于是，他没有参加考试就退了出来。后来，由给事中历任山西参政，为官很有名声。

祝允明生下来就是六指，因此自

关公庙碑·明·祝允明

号枝山，又号枝指生。五岁的时候就能写一尺见方的大字，九岁的时候能做诗文。年龄稍长，博览群书，文章有奇气，经常在筵席上当场做文章，奋笔疾书，文思泉涌。祝允明尤其擅长书法，名声传遍了海内。同时，他还喜好酒色、下棋，擅长新曲，向他求诗文、书法的人接踵而至，很多人是贿赂了妓女才得到的。祝允明十分讨厌那些墨守成规遵守礼节的人，他也从不过问家里的生计，有了收入，就邀请宾客狂喝滥饮，直到把钱花光为止，或者是将钱分给宾客，自己不留分文。祝允明晚年则陷于困境之中，每次出门，后面总是追着一大群讨债的人，祝允明却以此为乐。他著有诗文集六十卷，其他杂著一百多卷。

祝允明在弘治五年（1492）考中举人，很久都没考中进士，被任命为广东省兴宁（今广东省兴宁市）知县。在他担任知县时，捕杀盗贼首领三十多人，县内盗贼销声匿迹。后来仅仅升他为应天府通判，祝允明就告病假回乡。嘉靖五年（1526），祝允明逝世。

唐寅列传

唐寅是明代著名书画家、文学家，被誉为明中叶江南第一风流才子。他博学多能，吟诗作曲，能书善画，经历坎坷。绘画与沈石田、文徵明、仇英齐名，史称"明四家"。诗词曲赋与文徵明、祝允明、徐祯卿并称"江南四大才子"（也称吴门四才子），为江南四大才子之首。

唐寅，字伯虎，又字子畏。唐伯虎生性聪颖敏锐，与同乡的"狂生"张灵交友纵酒，不事诸生业。后在好友祝允明规劝下，才决心发奋读书，如此闭门读书一年，并考取了弘治十一年（1498年）乡试第一。考官梁储看到他的文章之后极为惊叹，回到朝廷之后还将他的文章拿给学士程敏政看，程敏政看过之后也认为乃是奇文，十分欣赏唐寅。但是，程敏政的赞赏并没有使唐寅的仕途之路更加顺畅，反而给他带来了灾难，使他卷入了"会试泄题案"，"功名富贵"从此也都和他无缘。

据说，当时京城会试的主考官由饱学之士——程敏政和李东阳担任，他们将试题出得十分冷僻，很多应试者都难以答上。只有其中的两章试卷，答题贴切，文辞优美，程敏

政一时高兴，便脱口而出："这两张卷子肯定是唐寅和徐经的。"正所谓，说者无意，听者有心，这句话随即被

⊙ 西园雅集图·明·唐寅

此画仿宋李唐笔意，山石、树木勾皴如博金削铁，人物线条流畅如行云流水，构图安排得体，引人入胜。

在场的人传了出来，同时，一些平时忌恨程敏政的人一直渴望抓到他的小辫子，有了这么一个好机会，当然不会错过了。于是，一群人纷纷启奏皇上，弹劾程敏政，说他受贿泄题，如若不严加追查，将有失天下读书人之心。孝宗皇帝闻言勃然大怒，立即下旨不准程敏政阅卷，并让李东阳重新审阅程敏政阅过的卷子，程敏政、唐寅和徐经三人也被押入大理寺狱。这个江阴的富家子弟徐经入狱之后经不起严刑拷打，招认自己用一块金子贿赂程敏政的家僮，得到了试题。后刑部、吏部会审，徐经又推翻自己的供词，说那是屈打成招。孝宗皇帝下旨"平反"，程敏政出狱后，愤懑不平，发痈身亡。

而期待"一鸣惊人"的唐寅不但没有高中，反而为此被关入钦犯监狱，后被贬为小吏。性格孤傲的唐寅觉得自己遭受了奇耻大辱，拒绝接受这一职务，回家后变得更为狂放不羁。

▶【狂狷孤傲有奇才】

后来，宁王朱宸濠听闻唐寅的才华，便用重金聘请他，唐寅看出他有异心，便假装疯狂，还借着酒醉揭露出宁王朱宸濠的卑鄙行为。宁王朱宸濠难以忍受，便放他回去。

明正德四年（1509），唐寅在苏州城北的宋人章庄简废园址上筑室桃花坞，有学圃堂、梦墨亭、竹溪亭、蚊蝶斋等（亦称唐家园，遗址在今桃花坞大街），和来客每日饮酒其中，他曾

写过《桃花庵歌》，这首诗也成为他的诗词中最著名的一首，他在诗中写道："桃花坞里桃花庵，桃花庵下桃花仙。桃花仙人种桃树，又摘桃花换酒钱。酒醒只在花前坐，酒醉还来花下眠。半醉半醒日复日，花落花开年复年。但愿老死花酒间，不愿鞠躬车马前。车尘马足显者事，酒盏花枝隐士缘。若将显者比隐士，一在平地一在天。若将花酒比车马，彼何碌碌我何闲。别人笑我太疯癫，我笑他人看不穿。不见五陵豪杰墓，无花无酒锄作田。"

唐寅的诗文，最初崇尚才情，晚年颓废自我放纵，常说后人了解我不在于此，议论的人也都诋毁他。吴中自从祝枝山等人就因放荡不羁而被世人所指责，但是他们的文才轻艳，在同辈中人引起巨大的轰动，关于他们传说也经常增添附会，经常超出礼教之外。

晚年的唐寅生活拮据，常常以卖画为生。他在一首诗中写道："不炼金丹不坐禅，不为商贾不耕田。闲来写幅丹青卖，不使人间造孽钱。"唐寅借这首诗表其淡泊名利、专事自由读书卖画生涯之志。在卖文卖画之余，唐伯虎也逐渐从人生的灰暗中走了出来。同时，他开始蔑视科举、权势、荣名，并写诗嘲笑利禄之徒"傀儡一棚真是假，骷髅满眼笑他迷"，自称"此生甘分老吴阊，宠辱都无剩有狂"。

唐伯虎晚年精神空虚，"皈心佛乘，自号六如"。明嘉靖二年（1523）年，唐伯虎去世，时年54岁。

文徵明列传

文徵明，擅长诗文书画，诗宗白居易、苏轼，文受业于吴宽，学书于李应祯，学画于沈周。在诗文上，与祝允明、唐寅、徐祯卿并称"吴中四才子"。在绘画上，画风典雅秀丽，与沈周、唐寅、仇英合称"吴门四家"。

文徵明，长洲（今江苏苏州）人，最初名璧，以字行世，因改字徵仲，别号衡山。文徵明小的时候并不聪明，年龄稍长，却聪颖异常。他学文于吴宽，学书于李应祯，学画于沈周，他们都是他父亲的朋友。文徵明又和祝允明、唐寅、徐祯卿等同辈人相切磋，声名日益显著。他为人随和耿介。巡抚俞谏想要送钱财给他，指着他的破衣服说："怎么破到这种地步？"文徵明假装没听明白，说："被雨水打坏的。"俞谏竟不敢提送钱的事。宁王朱宸濠仰慕他的声名，就派人送来书信和礼物聘请他，文徵明称病不去。

正德末年，巡抚李充嗣向朝廷举荐他，当时正好文徵明以岁贡生的身份去吏部考试，便任命他为翰林院待诏。世宗即位，文徵明曾经参与纂修《武宗实录》，并担任经筵讲官，过年过节所得到的赏赐，与同在翰林院的官员相等。但是当时崇尚科举出身，文徵明因自己非进士出身，心里很不自在，便连年请求离任回乡。

在此之前，他的父亲文林担任温州（今浙江温州）知府的时候，曾在当时的秀才中发现了张璁。张璁得势之后，暗示文徵明归附他，文徵明推辞不就。杨一清被征召为内阁辅政大臣，文徵明最后才去拜见他。杨一清对他说："你难道不知道我是你父亲的朋友吗？"文徵明严肃地说："我的父亲去世已经三十多年，如果他生前曾经说过您一个字，我都不敢忘记的，我实在不知道您和我的父亲是朋友。"杨一清脸有惭色，不久就和张璁谋划，要升文徵明的官职。文徵明急切要求还乡，才获准退休。四面八方请求他的诗文书画的人，在路上一个接着一个，但是有钱有势的人想要得到他的片纸只字，极为不易，他尤其不肯给王府和宦官作画，他说："这是国法所禁止的。"外国使者经过吴门，面对他的住所行礼，因不能和他见面深感遗憾。文徵明的墨宝遍布天下，他的门下有很多人冒充他的名字作书画，文徵明也不加以禁止。嘉靖三十八年（1559年），文徵明去世，时年九十岁。

徐渭列传

徐渭可以说是明代的一个怪才，他一生命途多舛，坎坷不断，致使他激愤成疾。他被自己的狂疾所折磨，却依然不放弃创作，他自己就曾说"吾书第一，诗二，文三，画四"。徐渭在各个方面都取得了很高的成就。

▶【才华横溢为门客】

徐渭，初字文清，后改字文长，山阴（今属浙江绍兴）人。徐渭自幼就十分聪明，他十岁的时候就可以模仿扬雄的《解嘲》作《释毁》，长大之后师从同乡的季本。徐渭天资聪颖，二十岁考取秀才，然而后来连应八次乡试都名落孙山。徐渭天生便才智过人，诗文在当时无人能出其右，擅长草书，擅画花草竹石。他自己曾说过："我的书法第一，诗词第二，文章第三，画第四。"除却过人的才华，徐渭也是一个孤傲之人，明世宗嘉靖年间，王世贞、李攀龙组建七子社，谢榛因为不是名门贵族而遭到排斥。徐渭对于他们以官位压制寒士的这种行为感到十分愤慨，他发誓永不加入王世贞、李攀龙组建的这个团体。

徐渭因其才华而闻名遐迩，于是，总督胡宗宪把他招到幕府，与歙县人余寅、鄞县沈明臣——二人都因能写一手好诗而闻名——共同负责管理文书。

有一次，胡宗宪得到一头白鹿，打算把它献给朝廷，于是，他就命徐渭起草奏章，并将其他门客所拟奏章一起寄给相处得不错的学士，选择优秀的上奏。学士将徐渭所拟奏章上奏给皇帝，世宗朱厚熜特别高兴，便更加宠信胡宗宪，而胡宗宪也因此更加看重徐渭。胡宗宪曾经在烂柯山，酒酣乐起，沈明臣便作《铙歌》十章，其中有一句是"狭巷短兵相接处，杀人如草不闻声"。听闻此言，胡宗宪旋即起身，捋着胡须说："沈生是何人，竟然如此豪爽痛快！"便立刻下令将其刻在石碑上，给予的礼遇与徐渭相同。总督府位高权重，将吏们都不敢仰视。徐渭却头戴方巾身着布衣，向总督长揖并高声侃侃而谈。幕府有急需徐渭的事，深夜开门等待他。徐渭有时候竟然喝醉不来，胡宗宪却没有因此而怪罪他，反而善待他。余寅、沈明臣也都是孤傲之人，因为二人都十分耿直，受到胡宗宪的礼遇。

徐渭通晓军事，用兵善奇计。当时，徐海与王直和倭寇相勾结，胡宗

宪率军抵御倭寇，而徐渭作为胡宗宪的幕僚，便常常为胡宗宪出谋划策。最终，胡宗宪擒获徐海，诱捕王直，徐渭都参与了谋划。

【一朝权失人潦倒】

徐渭仗着胡宗宪的权势与庇护，十分恣肆。但是，正所谓"天有不测风云，人有旦夕祸福"，胡宗宪后来失势，并以"党严嵩及奸欺贪淫十大罪"被捕，在狱中自杀。而身为胡宗宪的门客的徐渭因害怕受到牵连，一度因此发狂，他装疯卖傻，用大锥子刺耳朵，锥子刺进几寸深，他又用短木棍打破肾囊，但都没能死去。此时，他的精神已经濒临崩溃。不久，徐渭又将继妻给打死了（徐渭的原配妻子很早就死了），因而被判死罪人狱。

万历元年（1573年）大赦天下，徐渭的同乡张元忭竭力将徐渭营救出狱，出狱后的徐渭已经五十三岁了，此时的他已经看破仕途，便开始四处游历，出游金陵，抵达宣府（今河北宣化）、辽东，纵观各边关要塞，与李成梁的几个儿子相处得很好。徐渭回

到京师之后，便寄住在张元忭家。张元忭用各种礼法引导他，不能遵守，时间久了难以忍受下去，于是他便愤怒地离去。

徐渭的晚年之境变得更为凄惨，生活潦倒不堪，他很少出门，只是在张元忭去世的时候前去吊唁。当时，徐渭身穿白衣前去悼念，扶着棺材痛哭流涕，离去也不留姓名。徐渭这样一个天才却一生郁郁不得志，最后，在"几间东倒西歪屋，一个南腔北调人"的境遇中结束了自己惨淡的一生。

徐渭死之后二十年，袁宏道（公安派代表之一）游越中，偶然读到徐渭遗留的诗文，并将其给当时的国子监祭酒陶望龄看，他们两人看后对徐渭的奇文都十分欣赏，于是把他的遗作整理成集、刻版发行，才让徐渭的遗作流传于世，给当世与后代都留下了深远的影响。

❀ 徐渭·行书烟云之兴

徐渭是明代著名文人、军事奇才、戏剧家、书法巨擘、大诗人，还是中国画大写意派的开山祖师，他是中国历史上罕见的奇才和怪杰。

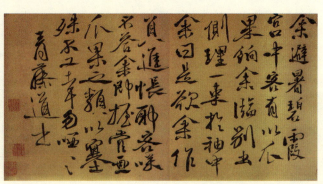

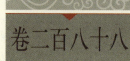

张溥列传

中国明末一代文豪张溥，后因嗜学成才留下千古佳话"七录七焚"。他未曾做过一日官，却名噪全国，社会各界人士争先恐后拜其为师，千方百计加入"复社"。他亦因复社而遭遇朝廷执政官僚妒忌陷害，含冤离世。他去世后，皇上下诏收集其遗书，其中《五人墓碑记》得以流芳百世！

▶【七录七焚，嗜学成才】

张溥，字天如，太仓（今属江苏）人。张溥出身官宦之家，伯父张辅之曾任南京工部尚书，父亲张虚宇也是一名地方绅士。张溥自幼勤奋好学，嗜学似渴，也因此留下了"七录七焚"的佳话。张溥学习时，他把所读之书都用手抄一遍，抄好后接着朗诵一遍，朗诵后毫不犹豫地将抄稿焚毁，紧接着，又奋笔再抄一次，朗读一遍，最后将抄稿焚毁。重复七次这样的抄写、朗读与焚毁，他才罢休。久而久之，他右手握笔的地方，手指已经磨起了厚厚的胼。每当冬天来临，天气异常寒冷，手指自然被冻裂，只能每天晚上用热水浸泡数次接着继续努力。后来，他把书斋取名为"七录"。

也正因为这种扎实工夫，张溥终于获得了渊博的学识，成了著名的文学家。张溥诗文思路敏捷，文笔流畅，内容深邃，各地人士纷纷向他求取诗文，每当此时，他总是不假起草，直接面对客人潇洒挥笔，不一会儿的工夫，就完成了大作，因此名声远扬，亦高于当时的同行人。

他年仅二十四岁便在苏州创立了著名的学术团体"应社"，是苏南颇具影响力的青年领袖，当地士绅与官员纷纷对他另眼相待。

❀ 五人墓

明代苏州市民反对魏忠贤斗争中殉难的颜佩韦、杨念如、沈扬、马杰、周文元五位义士之墓，张溥为他们作名文《五人墓碑记》。

【志大难舒，郁郁而终】

崇祯元年（1628）张溥以选贡生入京，其同乡张采这时刚成为了进士，两人的声名遍播于京城。张采去临川做官，张溥就回到了家乡。在"应社"的基础上，张溥将各地著名学术团体召集到一起，主张恢复国学，最后统一改为全国性的学术读书团体，并将其命名为"复社"。崇祯四年（1631），张溥成进士，改授庶吉士。全国各地的人便慕名前来，争相求学于他的门下，张溥也因此有机会广交贤士，名声也传到朝廷上下。奔走归附他的人自豪地说："我们是通过复社来继承东林。"

但是"复社"名噪的同时，亦招来了朝廷执政官僚的憎恶与排挤。张溥有一个同乡，叫陆文声，通过行贿捐了个监生，请求加入复社却遭到了张溥的拒绝。对此，陆文声怀恨在心，便借机向朝廷上奏说："现在这些风俗的弊端都起源于读书人，而张溥和张采正是他们的领导者，他们创办复社想扰乱天下。"温体仁当时正掌管国事，他把此事交给了有关部门处理，提学御史倪元洪等三人为张溥说情，说"复社"没有定罪的理由，三人均遭到了贬斥，皇帝也下圣旨要求必须彻底追查此事。此外，曾担任苏州推官的周之夔，因犯错误，被罢免官职，他怀疑是张溥在中间捣鬼，乘陆文声攻击复社的时机，也向皇上上疏，诬陷张溥在把持官员考核的过程

🔴 **江苏太仓的张溥像**

中，使计谋导致自己被罢官，并乘机抨击复社如何专横霸道。奏章批复下发之后，巡抚张国维等人上奏说周之夔的罢官与张溥无关，岂知他不但没有能帮张溥摆脱冤情，自身反而受到圣旨谴责。直到崇祯十四年（1641），张溥去世之后，此事还没有了结。刑部一官员因是薛国观的党羽而被捕入狱，他并不知道张溥已去世，竟揭发他在背后操纵朝廷大权，与张采等人私结同党以扰乱朝廷，自己的罪便是张溥冤屈定的。皇帝责令张溥、张采回奏。后来该事终于在张溥的主考官周延儒的帮助下得以了结。皇上也下诏收集张溥的遗书，先后抄录了三千多卷！

郑和 侯显列传

说 起明朝，就不能不提到七下西洋的郑和。郑和是中国历史上的航海家，同时也是中国与亚非各国友好往来的先驱者。而郑和下西洋，其时间之长、规模之大、范围之广都是空前的，都远远超过后来发现新大陆的哥伦布，环球航行的麦哲伦。同时，郑和下西洋，大大提高了中国在海外各国的声望，是中国古代对外关系史上的丰碑。

【接受重任，初下西洋】

郑和，云南人，世人称其为三宝太监。郑和最初被分配到燕王府当太监，随侍朱棣。后来燕王朱棣为了夺取皇位，发动了靖难之役，随同燕王出生入死，屡建功绩。成祖朱棣登基后怀疑惠帝朱允炆逃到了海外，便想要找寻他的踪迹，再加上，明成祖朱棣想要借此向海外各国炫耀明朝的实力，显示国家的富强。于是，永乐三年（1405）六月，成祖朱棣命郑和及其同辈王景弘等率领士卒二万七千八百余人，还携带了大量的瓷器、金银、钱币等出使西洋。

🪧 郑和像

郑和七次下西洋，前后时间长达28年，宣德八年（1433）回程到古里时，在船上因病逝世，享年62岁。

为了出使西洋，他们还建造了长四十四丈、宽十八丈，可以乘坐千余人的大船六十二艘。郑和率领士卒乘坐着大船自苏州刘家河泛海至福建，又从福建五虎门扬帆起航，首先到达占城，并先后游历了海外各国，所到之处皆宣读天子诏书，赏赐他们的君主，如果不臣服明朝的话，则用武力威胁他们。

【再下西洋】

永乐五年九月，郑和等人返航归来，各国使者也都借着这次机会跟着郑和前来朝见成祖朱棣。郑和献上所俘获的旧港酋长。这旧港，乃是过去的三佛齐国，它的酋长陈祖义，大肆抢掠商旅。郑和派遣使者去招抚，岂料，陈祖义竟然使出阴谋

郑和纪念邮票

诡计，表面上假装投降，而暗中则谋划着拦路抢劫。后来，郑和打败了他们，并擒获了陈祖义，并将其杀于都城中的集市上示众。

永乐六年（1408）九月，郑和再次率领船队前往锡兰山（今斯里兰卡岛）。国王亚烈苦奈儿引诱郑和到他们国家，并对他们实施敲诈勒索。郑和派兵侦查到其国内兵力空虚，便率领所统帅的两千余人，乘其不备攻破该国的都城，并活捉了亚烈苦奈儿及其妻子儿女和官员。抢劫郑和船队的人听到消息之后，火速回来救助，又被郑和所率领的兵士给打败。永乐九年（1411）六月，郑和向朝廷献上所俘获的俘虏。成祖朱棣赦免了他们的罪行，不但没有将其杀害，还把他们释放回国。这时，交趾（今越南）已经被攻灭，明朝在那个地方设立了郡县，各邦国听闻此事极为震惊，担心自己也会遭遇同样的命运，于是纷纷来京朝见，人数一天比一天多。

永乐十年（1412）十一月，成祖朱棣命郑和等三下西洋，抵达苏门答剌。该国以前的伪王子苏干剌，正意图谋杀国君自立为王。由于郑和到达该国之后没有将赏赐给他，而是给了国王，他便率军截击明军。郑和率兵奋力作战，活捉了喃渤利，并俘获了他的妻子儿女，并于永乐十三年（1415）还朝。成祖朱棣大喜，并依次奖赏了众将士。

永乐十四年（1416）冬，满剌加、古里等十九国都派遣使者朝贡，之后便要回国。成祖朱棣便又命郑和等人一同前往，赏赐他们的君长。永乐十七年（1419）七月返回。永乐十九年（1421）再次前往，第二年八月返回。永乐二十二年（1424）正月，旧港酋长施济孙请袭宣慰使一职，郑和便带着敕印前往赐给他。等到他回来，明成祖朱棣已经

白话精编二十四史

第十卷

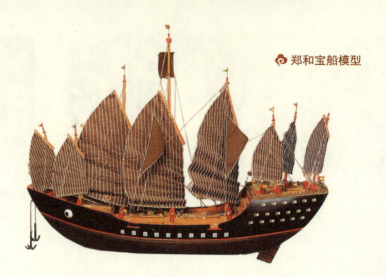

驾崩了。洪熙元年（1425）二月，仁宗就命令郑和用下西洋的守卫戒备南京。南京设置守备，是从郑和开始的。宣德五年（1430）六月，皇帝登基已经很久，而诸番国远的还没有前来朝贡，于是，郑和、王景弘再次奉命出使历忽然鲁谟斯等十七国而回。

郑和先后七次下西洋，途经占城（印度支那古国）、爪哇（今属印度尼西亚）、真腊（今属柬埔寨）、旧港（今属印度尼西亚）、暹罗（今泰国）、满剌加（今马来西亚马六甲州）、渤泥（亚洲加里曼丹岛北部文莱一带的古国）、苏门答剌（在满剌加之西）、锡兰山（今斯里兰卡岛）等三十多个国家和地区。在这七次航行中，郑和一行与当地人开展和平贸易，用中国的手工业品换取各国的土特产品，所获取的无名宝物，不可胜数，而中国的耗费也难以计算。从宣德以来，远方国家时常有使者来，但这种繁荣气象已远远不如永乐时代，而郑和也年老将死了。

自郑和之后，凡是奉命到海外的人，没有不盛赞郑和以向外邦夸耀的。因此，世人俗传之为三宝太监下西洋，这是明初的一大盛事。

【侯显列传】

成祖时期，专心与四夷交往，奉命出使的人多用宦官。出使西洋的是郑和、王景弘，西域是李达，北方是海童，而西番都是派侯显。

侯显，生卒年不详，明成祖时宦官，任司礼少监。成祖听说乌思藏和尚的尊师哈立麻有法术，善于魔术变化，想招来一见，就通使到西方各番国。成祖命令侯显携带书信和礼物去迎接，选择壮士和骏马护送。永乐元年（1403）四月奉命出使，陆地行走几万里，到四年十二月同那和尚一起来到中国，成祖命令驸马都尉沐昕迎接他。成祖在奉天殿接见他，给予优厚的恩赐，仪仗、鞍马、各种器具多用金银做成，通行的道路场面威势盛大。

永乐五年（1407）二月，在灵谷寺设置普度大斋，替高祖、高后祭神求福。有人说卿云、天花、甘露、甘雨、青乌、青狮、白象、白鹤及舍利吉祥之光，接连几天显现，又听到梵呗歌咏的天乐从高空传下来。成祖愈加欣喜，朝臣上表庆贺，学士胡广等人都献上《圣孝瑞应歌》。就封哈立麻为万行具足十方最胜圆觉妙智慧善普应祐国演教如来大宝法王西天大善自在佛，领导天下佛教，授给官印和诏令如同各王，他的三个门徒也封为灌顶大国师，又在奉天殿设宴。侯显因奉命出使有功劳，提升为太监。

十一年春，侯显又奉命出使，去赏赐西番尼八剌和地涌塔两国。尼八剌的国王沙的新葛派使者跟随侯显来朝廷，向成祖上表并进贡当地土产。成祖诏令封为国王，赐给诰书和官印。

十三年七月，皇帝想与榜葛刺各国交往，又命令侯显率领船只和军队前往，那些国家就是东印度地域，距中国很遥远。它的国王赛佛丁派遣使者进献麒麟和各种土产。皇帝很高兴，赐给的东西加等。

榜葛刺的西面，有一个叫沼纳朴儿的国家，是古老的佛国，侵略榜葛刺。国王赛佛丁向朝廷告急。十八年九月，成祖命令侯显去沼纳朴儿宣布皇上的命令，赐给金币，于是就停止战争。

宣德二年（1427）二月，宣宗又派侯显去赏赐各番国，历经乌斯藏、必力工瓦、灵藏、思达藏各国而回国。路上遇到强盗抢劫，侯显督领将士奋力作战，斩杀和俘获的人很多。回到朝廷，记录功劳和升官、获赏的人有四百六十多个。

侯显有才能且善于辩论，五次出使到极远的地域，其功绩与郑和相当。这十数年中，侯显几乎成了明王朝出使西南诸国的全权代表，频繁出入南亚各国。

🔶 **明代阿拉伯文铜香炉**

王振列传

王振，是英宗朱祁镇时的大宦官，依靠英宗对他的信任专横擅权。对军事一窍不通的他妄图名留青史，怂恿明英宗仓促出兵五十万征讨瓦剌，最终酿成"土木堡之变"，英宗朱祁镇被俘，王振被杀。

▶【专横擅权】

王振是蔚州（今河北蔚县）人。他从小就被选入宫里给太监教书的内书堂，之后到东宫服侍当时的太子朱祁镇，担任局郎。明朝初期，太祖严禁宦官干预朝政。到成祖朱棣，太监开始承担一部分的职责，但是一旦犯法就处以极刑。宣宗的时候，太监一旦有犯事违法的，全部处死，宦官们都不敢放肆。英宗朱祁镇登基的时候年纪还很小，王振靠着小聪明讨得英宗朱祁镇的欢心，后来掌管司礼监。他诱导英宗朱祁镇采用极其严酷的刑法驾驭大臣，来防止大臣蒙蔽皇帝。大臣们因此经常有人被抓到监牢中，王振反而利用手中的权力收受贿赂。但是那个时候，贤良的太皇太后还掌握朝政，与内阁中三朝元老杨士奇、杨荣、杨溥三个人齐心协力处理政务。王振心里忌惮他们，不敢随便恣意妄为。正统七年（1442），太皇太后去世，三位内阁老臣死的死、退的退、病的病，王振就开始跋扈嚣张，无法无天。

他为自己在皇城东面建造面积广大的府第，兴建智化寺，大兴土木，穷奢极欲。

王振在朝廷中倒行逆施。谁若顺从和巴结他，就会立即得到提拔和晋升；谁若反对了他，立即受到处罚和贬黜。正统八年（1443）侍讲刘球因为雷击坏了宫殿的一角，上疏建言，里面的话讽刺到了王振，就把刘球抓到监狱，派指挥使马顺把他肢解。大理寺少卿薛瑄、祭酒李时勉向来看不起王振，薛瑄被陷害，差点死掉，李时勉被杖责。御史李铎遇到王振不下跪，就被王振找了个事由发配边境戍边。王振嫌驸马都尉石璟对待家中的太监不好，就把石璟抓进监狱。有人向英宗朱祁镇匿名举报王振，被王振发觉后，在街市上凌迟处死，甚至都不奏报英宗。凡此种种，王振的嚣张气焰可见一斑。但是英宗朱祁镇非常信任王振，甚至称呼他"先生"而不称呼他的名字，对他赏赐丰厚，很是褒扬。王振权力日益变大，连公侯勋戚都叫他"翁父"。想要躲避灾祸的人争相攀附，用重金贿赂王振。工部郎中王祐善于阿谀奉承王振，被提拔成为工部侍郎。很多官员都到王振面前巴结他，因此得到提拔。王振的私党马顺等人也仗势欺人、肆行无忌。

【土木堡之变】

正统十四年（1449）瓦剌太师也先朝贡马匹，王振克减马价，使者很生气。到了七月，也先以此为借口率兵入侵，王振蛊惑英宗朱祁镇御驾亲征。朝廷的群臣争相劝谏，皇帝不听。大军走到宣府（今河北宣化）的时候遇到大雨，又有劝谏的人，王振更加愤怒。成国公朱勇等人都要跪着走路向王振报告事情。尚书邝埜、王佐没有听从王振的意思，就被罚跪到草丛中。王振的党羽钦天监正彭德清用天象来劝王振，王振还是不听，一意孤行。八月，英宗朱祁镇到了大同（今属山西），王振想要再往北出征。城里的镇守太监郭敬把敌我的态势原原本本告诉王振，王振才感觉到害怕后悔了，就要班师回朝。路上雨更大了，王振最初建议英宗朱祁镇从紫荆关（今属河北）返回，好经过自己的家乡邀请英宗朱祁镇去自己的府第，后来

怕践踏家乡人的庄稼被骂，又改道途经宣府。士兵们反复迁回奔走，到达土木堡（今属河北）的时候被瓦剌兵马追上，军队被击溃。英宗朱祁镇被俘，王振被乱兵所杀。御驾亲征失败的消息传到了京师，百官痛哭不已。都御史陈镒等人廷奏王振的罪恶，王振的死党马顺和两个太监当即就被诛杀。留在京师监国的郕王命令把王振的党羽全部诛杀，他的家族无论老人小孩全部处斩。原镇守大同的郭敬，依照王振的命令擅自制造箭矢与瓦剌交易马匹。王振专权七年，最后抄没他的家产时，发现仅金银就有六十多间房子，一百多个玉盘，二十多株高六七尺的珊瑚树，还有无数的珍贵玩物。

⚛ 智化寺

智化寺位于北京东城区禄米仓胡同东口路北。始建于明正统九年(1444)，原为司礼临太监王振的家庙。后由明英宗赐名为"报恩智化禅寺"。

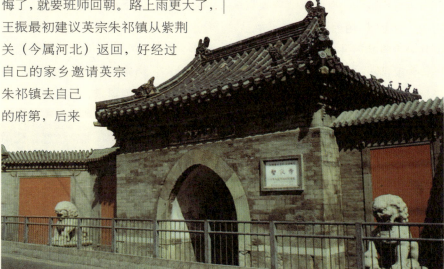

汪直列传

汪直是明朝成化年间的大宦官，他依靠万贵妃上位，深受宪宗的信任，担任西厂的首领，骄横跋扈，大兴冤狱，天下读书人对他又恨又怕。汪直却也是明朝少有的最后得以善终的大太监。

【初掌西厂，权势熏天】

汪直本是桂平西北大藤峡（今广西境内）人，瑶族。最初在昭德宫服侍万贵妃，后成为御马监太监。成化十二年（1476），有妖人勾结太监私自进入皇宫，事情泄露后被诛杀。宪宗心里厌恶这种事情，就更加想要知道宫外的事情。汪直为人狡猾且善于奉承，宪宗看重他，就让他乔装打扮后和几个军官悄悄出宫调查事情，人们都不知道这些事，只有都御使王越和汪直结交。成化十三年（1477），宪宗设立西厂，由汪直担任首领，专门负责打探事情。有南京镇守太监覃力朋进贡返回，用近百艘船装载私盐，而且沿途骚扰州县。武城县典史责备他，他反倒殴打典史，把牙齿打掉，还射杀了一个人。汪直得到这个消息后，准备依法将覃力朋问斩，后来，覃力朋得以幸免。宪宗因此认为汪直能够查出奸人，就更加器重他。于是汪直将锦衣卫百户韦瑛收为心腹，屡屡搞出大案。

建宁（今属福建）卫指挥杨晔，是少师杨荣的曾孙，和父亲杨泰被仇家诬告，逃到京师，藏在了自己姐夫家里，后求到了韦瑛。韦瑛表面允诺，之后却马上报告了汪直。汪直将两人抓起来，严刑拷打，杨晔被屈打成招，说把财物藏到了自己叔叔兵部主事杨士伟家里。汪直也不奏请，直接将杨士伟和他的妻子、孩子抓到了监狱。最终，杨晔死在狱中，杨泰被判处斩刑，杨士伟等人都被贬官，很多无辜的人被牵连。从各藩王边镇到南北河道，到处都有西厂校尉，老百姓因琐事动辄被处以重刑，人心惶惶。汪直每次外出，前呼后拥，王公高官都要给他让路。有一次，兵部尚书项忠不给他让路，结果被羞辱，西厂的气焰甚至比东厂还要嚣张。五月，大学士商辂与万安、刘珝、刘吉向宪宗告发了汪直的罪状。宪宗非常恼怒，让司礼太监怀恩、覃吉、黄高到内阁，气势汹汹地传旨："上奏疏是谁的主意？"商辂历数汪直罪状确凿，并说：

"我们几个臣子都是这个意思，要为国除害，不分先后。"刘翔激愤之下痛哭流涕。怀恩据实报告了宪宗。不久，宪宗传旨慰劳几位臣子。次日，项忠等几位大臣的奏疏也送到了宪宗面前。宪宗不得已撤掉了西厂，只是让人训斥了汪直，让他回到御马监任事，把韦瑛调到了边疆守卫，西厂的旗校仍回锦衣卫。全国上下都很高兴。

【再掌西厂，日渐失势】

但是宪宗对汪直的器重并没有衰减。有个御史叫戴缙，他只会阿谀奉承，任职九年也没有升官，他看透了宪宗的心思，就使劲夸赞汪直的功劳。于是皇帝重新设置了西厂，这次汪直的气焰更加嚣张。不久，他命令东厂官员向宪宗诬告项忠，又组织御史告发项忠。皇帝命令三法司和锦衣卫一起审问，大家都知道这件事出自汪直的授意，没有人敢违背，最后项忠被削职为民。大学士商辂等人也被罢免，一时之间，数十名官员被弹劾罢免。汪直趁机将与自己关系好的王越、陈钺等人提拔为高官。

成化十五年（1479）秋，汪直奉旨巡视边关，率人骑马一日飞奔数百里，各地官员身穿华丽的衣服出城百里毕恭毕敬地迎接，他动辄就鞭打官员。辽东陈钺以极高的规格欢迎他，贿赂他的随从，让汪直很是高兴。只有河南巡抚不照办，秘密奏报汪直巡边扰民，宪宗反倒一点都不理会。兵部侍郎马文升奉旨到辽东，对汪直不够尊重，又上表弹劾陈钺，就被汪直诬陷戍边。此时汪直已经权倾天下。

汪直年少时喜欢兵法军事。陈钺劝汪直带兵征讨立功以稳固自己的地位。汪直让亲信抚宁侯朱永带兵，自己任监军，出征边境，回来后，受到加禄的封赏。王越、陈钺两人也被厌恶汪直的人指责为"二钺"。有一次，一个叫阿丑的小太监演戏，在宪宗面前假装喝醉了谩骂不止，别人说皇上到了，他继续骂；别人说汪太监到了，他立即躲开，说："现在的人只知道汪太监。"阿丑又手持两钺径直走到皇上面前。有人问他拿的是什么钺。阿丑答道："是王钺、陈钺。"后来，汪直谎报军情、冒领军功的事情被东厂的人向皇帝告发了，宪宗自此开始疏远汪直。

成化十七年（1481），汪直和王越被派往宣府御敌，也不召回他，就这样日渐疏远了汪直。后来又把汪直派往南京御马监，西厂也被撤除。他的党羽也纷纷被获罪罢免。

🔹 **锦衣卫木印**

锦衣卫，即锦衣亲军都指挥使司，皇帝的侍卫机构。是明代皇帝为了监视、侦查、镇压官吏的不法行为，特令其掌管刑狱，赋予巡察缉捕之权，从事侦察、逮捕、审问活动。后成为明代一大弊政。

刘瑾列传

刘 瑾，臭名昭著的正德年间"八虎"之一，依靠武宗朱厚照的信任一跃成为"一人之下万人之上"的大太监，权势滔天。他尖利刻薄，不学无术，贪婪爱财，结党营私，打击忠良，将整个正德朝搞得乌烟瘴气，最后被凌迟处死。

▶【刘瑾得志】

刘瑾，兴平（今属陕西）人。他本来姓谈，依靠一个姓刘的宦官才得以进入皇宫，就改成姓刘。在明孝宗时，因罪本该被处死，却有幸避免。之后得以服侍皇太子，就是后来的武宗。武宗朱厚照即位以后，刘瑾掌管钟鼓司。他和马永成、高凤、罗祥、魏彬、丘聚、谷大用、张永等八个人因为服侍皇帝受宠，被人称做"八虎"，其中刘瑾尤其狡猾、心狠手辣。他很崇拜王振，效仿王振每天给皇帝进献各种玩乐的游戏，让皇帝沉迷其中。武宗朱厚照玩得很开心，逐渐宠信刘瑾，让他到内官监总督团营。刘瑾还奏请武宗设置皇庄，逐渐增加至三百余所，极大地损害了京师周围百姓的利益。

正德元年（1506），朝廷大臣知道刘瑾等八个太监整日诱导皇帝吃喝玩乐，大学士刘健、谢迁、李东阳反复劝谏都没有结果。其他更多官员纷纷进谏也丝毫没有作用。十月，户部尚书韩文率领很多大臣再次向皇帝进谏，请求诛杀刘瑾等人。武宗朱厚照不得已，只好派司礼太监陈宽、李荣、王岳等人到内阁和大臣们商议，要把刘瑾等人赶到南京。反复讨论，刘健等人还是坚持杀掉八人。尚书许进说："如果要求这么激进，恐怕事情会有变化"。刘健还是不听。王岳素来正直，本来就厌恶"八虎"，商讨回来就把大臣们的话告诉武宗朱厚照，并坦承大臣们说的话其实是对的。刘健等人计划第二天对"八虎"发动最后的攻击，不料吏部尚书焦芳跑去向刘瑾告密。"八虎"连夜跑到武宗朱厚照面前哭着求情，武宗心软了，刘瑾趁机说："是王岳想要陷害我们，王岳勾结大臣们想限制陛下您的出入，所以先要除掉我们。如果让合适的人来掌管司礼监，这些大臣怎么敢这样逼迫陛下您？"武宗听了很生气，立即命刘瑾掌管司礼监，马永成掌管东厂，谷大用掌管西厂，连夜把王岳等太监发配到南京。第二天大臣们知道形势已经发生了巨大的变化，刘健、谢迁和李东阳等人只好上书辞职。武宗朱厚照照准，唯独留下李东阳，又将焦芳提升入内阁。王岳等人在去往南京的途中也被刘瑾派人刺杀。

【权势日盛】

刘瑾既得志，就将韩文革职，杖责上书挽留刘健、谢迁的十五名官员。更多的官员不断牵连获罪。与此同时，刘瑾的势力也在一天天扩大，他大肆派出密探，查探官员们的小过失就治罪，让人们犯错连改正的机会都没有。他还派宦官到边镇督军。借口大同有军功，他就提拔了一千五百六十多人，让数百人到锦衣卫做官。《通鉴纂要》编成了，他诬陷说编纂的翰林、纂修等官员撰写不严谨，责罚他们，派文华殿书办张骏等改写，然后再提拔他们，甚至连装潢的工匠也授予了官职。他新创一种使枷的办法，很多官员因小错被枷差点丧命。刘瑾很聪明，每次向皇帝奏报事情前，肯定要挑选皇帝玩得高兴的时候去，皇帝一见他就说："有事你看着办，不要总来麻烦我，否则我要你们干什么？"就这样，刘瑾开始了专权独断，不再向皇帝请示。

正德二年（1507）三月，刘瑾召集大臣们跪在金水桥南，宣布本被公

认正直忠诚的数十位大臣为奸党。他还让官员们早上五点上班晚上九点下班，不让他们休息，让他们困倦辛苦。宁王朱宸濠试图谋反，成功贿赂刘瑾同意恢复他的护卫。宁王以护卫的名义招兵买马，成功起兵谋反。刘瑾自己不学无术，每次批阅奏章，都带到自己的府第里，和自己的亲信们讨论决定如何处置。批写的奏章啰唆又没有水平，每次都需要焦芳给润色，李东阳只是点头应承而已。

刘瑾权倾天下，更加肆意妄为，作威作福。有罪犯淹死了，他就治御史匡翼的罪名。他向学士吴俨索贿不成就把吴俨罢官；听信谗言，把御史杨南金免职。朝廷里连公侯勋戚都不敢与他均礼，私下相见反倒自己向刘

十二旒冕·明

古时皇帝的冠冕为十二旒冕，古时诸侯的冠冕为九旒冕。冕冠与冕服、赤舄、佩绶等同时在祭祀等大典时穿用，冕冠由冕板、冕旒、笄、纮、充耳等组成。

瑾跪拜。大臣们给皇帝上的奏章都要先写红本给刘瑾，再写白本给皇帝。人们都称呼他"刘太监"而不称呼他的名字。都察院不小心写错了刘瑾的名字，都察院长官带领属下向他跪着赔罪，他才肯善罢甘休。刘瑾还派人检查边关的仓库、盐务的税收、内宫的库房，一百多位官员因此受到处罚。他还自创了罚没粮食的办法，不顺他心意的他就罚没粮食给边关，开罚款之先河。几十位官员因此家破人亡，妻离子散。

▌【肆意妄为】

这年夏天，有人在御道旁边放置匿名的奏章向皇帝举报刘瑾的不法行为。刘瑾很生气，假传圣旨召集百官跪到奉天门前，他自己站在门旁大声呵斥。等到黄昏又把五品以下所有官员抓到监牢里去。第二天，内阁大学士李东阳向刘瑾求情，刘瑾也知道了匿名奏章是太监的手笔，才把大臣们放出来，但是已经有三个官员死在监牢里。那天天特别热，太监李荣心软给大臣们吃了冰镇西瓜，太监黄伟说了两句实话，就触怒了刘瑾。李荣被幽禁，黄伟被逐往南京。那个时候，东厂、西厂的探子们到处都有，人们连走在街上都担惊受怕。刘瑾还建立了更加严厉残酷的内行厂，用来监视东厂、西厂，太监们有一点小错就必死无疑。他还实行了很多荒唐的政策。比如他把京城里所有的客佣逐走，命令所有的寡妇改嫁，强迫已经去世还没下葬的尸体火葬，百姓们群情激愤，差点造反。都给事中许天锡想要弹劾刘瑾，怕不成功，自己怀里揣着奏章上吊自杀。

刘瑾贪财，官员无论是到京师朝见的，还是到外地为官的，都要给刘瑾丰厚的钱财。给事中周钥到外地巡查回来，因为没有钱给刘瑾送礼而自杀。刘瑾的党羽张彩劝他说："现在天下给您送礼的，肯定都不是自己的财物，往往在京城借钱，回去之

◎ 京剧脸谱：
刘瑾
刘瑾因谋反罪被判凌迟，共被剐3357刀，被他祸害的人家纷纷花钱买下他的肉吃下，以消心头之恨。

后再用国家的钱偿还。您何必因而敛怨，给自己留下祸患呢？"刘瑾觉得很有道理。恰好有十几个官员按照往常的惯例给刘瑾送礼，刘瑾就以贿赂官员的罪名把他们都治罪。他派出十四名官员到各地盘查官府的库房，各地官员纷纷想方设法用来补充亏空，不少人倾家荡产。他还常常大兴冤狱，在道路旁喊冤的人比比皆是。

刘瑾在朝廷里培植亲信。内阁大学士焦芳、刘宇，吏部尚书张綵，兵部尚书曹元，锦衣卫指挥杨玉、石文义等人都是他的心腹。刘瑾还变更国家原本的制度，命令天下巡抚都到京城受敕书，来了就要给刘瑾行贿。延绥巡抚刘宇没有来，就被抓捕到大牢。宣府巡抚陆完迟到了，差点因此获罪，给刘瑾送了厚礼，才被安排"试职视事"。都指挥使之下要求升官的人，刘瑾写几个字"某人授予某个官职"，兵部就必须奉行，连报告皇帝都不敢。边关的将领打了败仗，只要贿赂刘瑾就可以不问罪，甚至有人反倒可以升官。他还派自己的党羽丈量边塞屯兵的田地，诛求苛刻。边军起而反抗，甚至焚毁官署。给事中高涝丈量沧州（今河北沧州）田地，弹劾处罚六十一人，甚至连自己的父亲高铨也弹劾，以此向刘瑾表忠心。刘瑾随意改变国家的科举制度，以自己的好恶增加或者减少各地乡试的名额。因为谢迁的原因，就不让余姚（今属浙江）人在京城做官。武

宗朱厚照大赦天下的时候，刘瑾仍照旧实行严刑峻法。

【多行不义必自毙】

正德五年（1510）四月，安化王朱寘鐇造反，历数刘瑾的罪名。刘瑾才开始害怕，悄悄把造反的檄文藏起来不给皇帝看。他起用都御史杨一清、太监张永为总督征讨安化王。刘瑾专权的时候，往往不答应八虎其余七人请求的事情。张永、谷大用等人都很怨恨他。等到张永出征回来，就想要借机清除刘瑾。杨一清还给张永出谋划策，这更坚定了张永的想法。刘瑾喜欢让人给自己算命，曾经有个算命的说刘瑾的侄孙刘二汉是大贵之命。刘瑾暗喜，暗自收集武器、弓弩，藏在自己家里。张永回师，皇帝赏赐宴席。宴席结束，等刘瑾走后，张永就拿出朱寘鐇的檄文让武宗朱厚照看，趁机还上奏刘瑾十七项不法之事。武宗已经有了醉意，听了张永的意见后，就命令把刘瑾抓起来，并且查封了刘瑾宫内外的府第。第二天上朝，武宗把张永的奏报告诉了内阁，决定把刘瑾贬出京城，贬谪到凤阳（今属安徽）去守陵。武宗亲自去刘瑾家抄家，结果抄到一个伪造的玉玺等很多的违禁物，发现他在宫里常用的扇子里，还藏着两把匕首。武宗这才大怒："这个奴才果然要造反！"最终刘瑾被凌迟处死，抄家灭族。他的死党尽数被杀，内阁三位大学士焦芳、刘宇、曹元等六十多个官员被贬。刘瑾更改的政策全部被恢复。

冯保列传

明 代太监冯保被评论为"既不是一个绝对的好人，也不是一个绝对的坏人，甚至不是一个绝对的男人"。他政治上老谋深算、颇有见地，生活中贪财好货，广收贿赂，而同时身上又带着文人气息的"儒者风度"。

▶【仕途多舛，寻找盟友】

冯保，深州人（今河北深县），不知何时阉割入宫。嘉靖年间，他做司礼监秉笔太监。隆庆元年，提督东厂，兼管御马监事务。那个时候，司礼监掌印太监职务空缺，按照资历，冯保完全可以得到此职位，他也自认为该职务理应为自己所有，但冯保没能获得穆宗欢心，于是他与此职务擦肩而过。而偏偏大学士高拱亦不买他的账，推荐御用监的陈洪来掌印司礼监，冯保心中不悦，从此对高拱怀恨在心。好不容易等到陈洪免除官职，

高拱居然再次推荐孟冲补缺，孟冲只是一名掌管尚膳监的，按照规定，他岂有资格掌管司礼监，爬到冯保头上来？冯保得知此事，心中更是对高拱恨之入骨，欲找机会发泄仇恨。

但是，自己一个人的力量始终是有限的，经过再三思量，最后，他作出了一项重大决定，单打独斗难以实现仕途之梦，何不与张居正结成政治盟友，铲除高拱，以报昔日之仇！而张居正也希望挤兑高拱，坐上正辅的位子，二人一拍即合。冯保乘穆宗病危之机，让张居正秘密草拟遗诏，不巧被高拱撞个正着，高拱当面斥骂张居正："我掌管朝政，为什么你单独跟宦官草拟遗诏？"张居正自知理亏，只得承认错误，于是高拱也更加怨恨冯保，想驱逐他出皇宫，

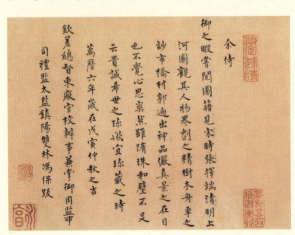

🔴 司礼太监冯保在清明上河图卷上的题跋

二人矛盾进入白热化！冯保处心积虑，心想总有一天可报仇雪恨，登上权力舞台。

【智登权力舞台】

穆宗驾崩，冯保抓住机遇，他找到后妃说了许多孟冲的不是，后妃最后把孟冲的职位授予冯保，冯保终于坐上了梦寐以求的职位。接着，他又假传遗诏"阁臣与司礼监同受顾命"，使自己与内阁首辅高拱、次辅张居正、高仪同为神宗朱翊钧顾命大臣。

隆庆六年（1572）六月，十岁的神宗皇帝朱翊钧登基。在登基仪式上，冯保泰然走上台阶，站立在御座旁边，始终寸步不离，面不改色，满朝文武百官很多人心中非常不满。从此之后，冯保步步高升，深受李太后重用。首先，他由秉笔太监晋升为掌印太监，同时又提督东厂，统管朝廷内外事务，并协助李太后负责小皇帝的教育问题。因为有李太后撑腰，神宗朱翊钧也惧冯保三分，称其为"大伴"，每当要做不合太后之意的事时总是千方百计避开他。

冯保平步青云，这种情势的转变，引起高拱不满，高拱见冯保权力越来越大，便授意六科给事中程文、十三道御史刘良弼等大臣，轮流上奏章诉说冯保的奸邪，提出"还政于内阁"的口号，又组织给事中陆树德等一批大臣上书弹劾他，想定冯保的罪并驱逐他出朝廷。可是，冯保自有对策，他将

❀ 清明上河图
《清明上河图》曾在冯保手中被珍藏，现今图上还有冯保的题跋，冯保之后直到清乾隆之前，《清明上河图》的收藏已无法考证。

奏折藏匿起来，多次与张居正商议将高拱驱逐出朝廷。终于，冯保抓住了高拱的把柄。在穆宗病故后，高拱悲痛不已，曾在内阁中毫无顾忌地说："十岁太子，如何治理天下。"冯保抓住这个把柄向后妃及太子告状，说高拱竟敢公然诋毁太子，认为太子做不了国君。后妃听后大怒，而太子听后脸色也大变，便下旨将高拱革职，回家闲住。不仅如此，甚至是支持高拱的一批大臣也被查办处置。

高拱的离开，冯保总算除了眼中钉，但是他的怨恨仍未消失，又使计谋制造"王大臣事件"，想把高拱永远铲除，可惜这次栽赃却没能得逞，反而为自己沾得了一身污泥！

▶【王大臣事件，惹下祸根】

万历元年（1573）正月，一个名叫王大臣的人，居然假冒太监，来到乾清宫，东厂自然负责处理此事。侍卫将王大臣擒获，投入东厂大牢。冯保乘机施计，想嫁祸高拱，以杀害其全家，于是与张居正密谋思量对策。最终二人决定，派仆人拿好菜招待王大臣，命其袖里藏刀，并且承认是高拱所指使，派其来刺杀皇上。

🔴 寿山石长方印章·明
寿山石是中国四大印章石之一，闻名中外。

岂知，此人胆小如鼠，在锦衣卫都督朱希孝等审讯下，大声疾呼："答应给我荣华富贵，又要严刑拷问我，我哪里认识什么高拱呢？"锦衣卫一听，不敢声张，只是停止拷问。正好此时，都察院左都御史葛守礼、吏部尚书杨博挺身而出，保护高拱，要求将王大臣案由刑部、都察院与东厂共同审理。张居正迫于压力，便私底下规劝冯保，冯保经过深思，消除了杀高拱的念头，他派人用生漆酒让王大臣变成哑巴，并处以死刑。高拱因此免受牵连。王大臣一案不但没有使冯保奸计得逞，反而惹恼了朝中众多大臣，大家都对他诬陷高拱的险恶行径憎恶之极。

皇太后对皇帝很严格，让冯保对其严加管教，而冯保也倚仗太后的势力，多次要挟皇上听己之见。皇上对其越加害怕，每当与小宦官玩耍游戏之时，如逢冯保到来，便说"大伴来了"。有一回，乾清宫管事牌子引诱皇上去别宫游玩，皇帝身上只穿着小袖的短衣，骑着马奔跑，手里还拿着刀，皇上对这些管事牌子疼爱有加。此事被冯保得知，他告知太后，太后召来皇上对他进行严厉责备，并要求他直着腰板跪在地上接受教训，皇上非常害怕。冯保还嘱咐张居正草拟皇上谴责自己的诏书，分发给内阁大臣看，诏书言辞过分贬损自己，十八岁的皇上看完后觉得十分惭愧，颜面全无，也因此对冯保怀恨在心。

【儒者风度，为人称道】

张居正成为首辅，除了与他个人才能密切相关外，也离不开内相冯保的密切配合，张居正服丧还没有满，即出任原职，并拷打吴中行等事，都离不开冯保的鼎力支持。冯保在二人政治联盟中，颇识大体，主动联手，改变了宦官集团与文官集团不断恶斗、内外纷争、虚耗国力的局面，张居正也因此仕途畅通无阻，做出了一番成就，如施行新政"考成法"、"一条鞭法"，主张裁减冗员，增加了国家财政，大明政权一度出现复苏的局面。

作为太子的老师，冯保也常常引用大道理对其进行教育，不敢忘记自己的职责，对待神宗皇帝，既像忠仆，又像严师，时刻督促新皇进步。如当时内阁开白莲花、翰林院有双白燕，张居正将它们进奉给皇帝赏玩，冯保得知后，便派人对张居正说："皇帝年纪还小，不应该用这些稀奇古怪的东西让其贪玩。"此外，冯保也能起到约束其子弟的作用，使他们不敢恣意妄行。京中百姓都觉得冯保此人不错，对其称赞不已！

加之冯保本人有较高文化素养，学识不凡，颇有文人风骨。他精通弹琴，又善书法。皇上曾多次赐给他象牙印章，内刻"光明正大"、"尔惟盐梅"、"汝作舟楫"、"鱼水相逢"、"风云际会"，对他很敬重。

万历十年（1582年），张居正死于任上。冯保不仅失去了张居正这位盟友，在太后还政予皇帝之后，冯保也失去了太后的依靠，加上皇帝之前对冯保积蓄的怨气，冯保注定了仕途败落的命运。皇帝及朝臣借此机会，隐瞒太后，抄了冯保的家产，并将其发配去外地。

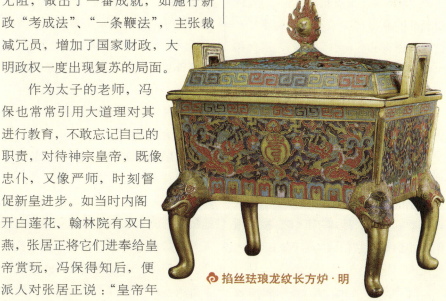

掐丝珐琅龙纹长方炉·明

魏忠贤列传

魏 忠贤，明末大宦官。无数不满他的官员、读书人惨死狱中；无数无耻之徒争相依附他，无数阿谀奉承之辈到处为他修建生祠，耗费数千万民财。他甚至自称"九千岁"，为自己加官晋爵到无以复加的地步。

▶【大权在握】

魏忠贤，肃宁（今属河北）人。小时候是个无赖，经常跟一堆小流氓赌博。赌输了，为躲避小流氓逼债，就愤而自宫，改名叫李进忠，后来恢复本姓，被赐名忠贤。魏忠贤在万历年间入选到宫里，先是在甲字库干活，后来求人调去负责皇长孙朱由校的母亲王才人的膳食，通过奉承魏朝攀上了王安的关系，王安也很赏识魏忠贤。皇长孙的乳母客氏原本和魏朝相好，这就是所谓的"对食"关系，宫女和太监暗中或者公开在一起做假夫妻。客氏后来又与魏忠贤相好。

光宗驾崩，熹宗朱由校继位。魏忠贤和客氏都很受宠。不足一个月，客氏被封为奉圣夫人，他的儿子、弟弟和魏忠贤的哥哥都被授予锦衣卫千户的职位。魏忠贤不久也被安排担任司礼秉笔太监。他本不识字，按照惯例不能到司礼监，因为客氏的缘故才能进入。

天启元年（1621），熹宗朱由校赏赐客氏田地，又给魏忠贤记功。御史劝谏，皇帝不听。等到皇帝大婚的时候，御史毕佐周、刘兰和大学士刘一燝请皇上把客氏迁到宫外，皇帝恋恋不舍，推托说要等到光宗下葬之后再说。另一方面，魏忠贤看准了皇帝对客氏的感情，想要独霸客氏，把魏朝放逐出宫，又设计杀掉为人正直的王安，赶走王安手下的太监。客氏淫荡且狠辣，魏忠贤虽然不识字，记忆力却很好，为人多疑阴毒，喜欢听奉承话，两个人深得熹宗朱由校的信任，气焰日益嚣张。他们依靠众多党羽作威作福，在宫内，没有人敢忤逆他们。熹宗朱由校离不开客氏，不肯放她出宫，无论大臣们怎么劝谏也不听。魏忠贤则想方设法投熹宗所好。他劝皇帝选拔有武功的太监在内宫里造火器为内操，在外悄悄和大学士沈㴶勾结。他每日引诱熹宗朱由校吃喝玩乐。有人弹劾魏忠贤，反倒被熹宗朱由校惩罚。以前神宗朱翊钧在位时间长，政事荒废，奏章经常不给批阅。朝廷大臣逐渐分裂成多个派别，崇尚危言、激论，国本之争，指斥官禁。吏部员外郎顾宪成在东林书院讲学，海内士大夫多附和，"东林党"之名由此而来。等到魏忠贤得势后，反对东林党的人就依附魏忠贤，以抗衡东林党。

【与东林党的斗争】

天启三年（1623）春天，魏忠贤为了稳固自己的地位，将自己的党羽魏广微提拔为大学士。魏党和东林党爆发了第一场互相攻讦的战斗，两方都没得逞。魏忠贤和客氏反而又有封赏。魏忠贤行事更加肆无忌惮。他增加内操到一万人，这些士兵披着盔甲进出，还常欺凌弱小。他甚至篡改诏书赐死光宗选侍赵氏。客氏在宫内为非作歹，她杀掉了有孕在身的裕妃张氏，革掉成妃李氏的封赏，甚至用计让张皇后堕胎，熹宗朱由校此后再没有子嗣。宫里很多宫嫔、太监被客氏杀死。这年冬天，他开始掌管东厂。

天启四年（1624）四月，给事中傅櫆等上疏，诬奏左光斗、魏大中等与内阁中书汪文言勾结。魏忠贤借此株连很多官员。副都御史杨涟非常愤怒，弹劾魏忠贤二十四条大罪。魏忠贤向

韩炉求助不允，只好到熹宗朱由校面前哭诉，请求辞去东厂都督，而客氏等人在一旁为他说情。熹宗朱由校不能分辨忠奸，态度温和地留下了魏忠贤，反而在第二天严词责备杨涟。之后魏大中及给事中陈良训、许誉卿，抚宁侯朱国弼，南京兵部尚书陈道亨，侍郎岳元声等七十多个人，纷纷上奏章揭发魏忠贤的不法行为，熹宗朱由校都不予理会。

经过这次斗争，愤恨的魏忠贤决定把所有和他意见不同的人都杀掉。此后，他动辄杖责大臣，工部郎中万燝因为上疏弹劾被杖责至死，吏部尚书赵南星、左都御史高攀龙、吏部侍郎陈于廷及杨涟、左光斗、魏大中等先后数十人被逐出朝廷。魏忠贤矫诏把自己的党羽安插到朝廷上下要害部位。为打击异己，他的党羽把反对派

❂ 魏忠贤生祠

明末武清侯李诚铭出资为魏忠贤建立的生祠，崇祯即位后诛魏忠贤，改此庙为药王庙。

官僚开列名单。把数百名官员称为邪党，而将阉党六十多名官员列为正人。魏忠贤依照这份名单，更加猛烈地迫害东林党。

【祸国殃民】

那个时候东厂的探子们到处横行，查探的事情无论虚实，都要遭殃。皇亲李承恩是公主的儿子，家里有公主赐给的器物。魏忠贤诬蔑说他私自使用皇家器具，把他处死。太监吴怀贤称赞杨涟的奏章，被人告密，被处死抄家。连民众偶尔说话触及魏忠贤都要被抓判刑，甚至剥皮、割掉舌头，无数人被杀，最后导致人们在街上都不敢说话，只敢用眼神交流。

天启六年（1626），魏忠贤派人抓捕前应天巡抚周起元以及高攀龙、周宗建、缪昌期、周顺昌、黄尊素、李应升等人，高攀龙跳水自杀，其余六人都死在狱中。苏州民众见周顺昌被捕，非常不平，引起骚乱，两个校尉被杀，五个百姓后来也被治死罪。他还命顾秉谦等人编纂《三朝要典》，极力诋毁东林党人。其党羽请求毁掉全国的讲学书院，以彻底断绝东林党人的根基。

当时，朝廷内外所有大权都归魏忠贤掌握。他在宫内有三十多个太监同党左右拥护，朝廷上有文臣崔呈秀、

🔴 **碧云寺**

碧云寺始建于元朝。天启年间，魏忠贤大修碧云寺，想将这块风水宝地当做身后之所。但他作恶多端，自缢之后被分尸悬首，其党羽将他的衣冠葬于墓中，至清代，他的墓被拆毁。

田吉、吴淳夫、李夔龙、倪文焕为他出谋划策，号"五虎"；有武将田尔耕、许显纯、孙云鹤、杨寰、崔应元为他主持杀戮，号"五彪"；有吏部尚书周应秋、太仆少卿曹钦程等，号"十狗"。还有"十孩儿"、"四十孙"等党羽。朝廷上下，从内阁、六部到各地总督、巡抚，遍地都是魏忠贤的私党。

▶【盛极而衰】

为了讨好魏忠贤，所有同党立功都奏报说是魏忠贤的功劳，魏忠贤不断受赏加封进上公，加恩三等。其侄魏良卿被封为宁国公，食禄如魏国公例，加恩锦衣卫指挥使一人、同知一人。全国各地望风向魏忠贤献媚，督抚阎鸣泰、刘诏、李精白、姚宗文等人争相颂德立祠，甚至普通的武夫、商人、无赖也各自为他建祠。魏忠贤的生祠极其华丽精美，挤占民田和房屋，树木被斩伐无数，浪费掉无数民脂民膏。监生陆万龄甚至请求在国子监建生祠，把魏忠贤与孔子并尊。

有人在奏章中歌颂魏忠贤，之后天下效仿，所有的奏章不管事情大小都要歌颂魏忠贤。宗室也不顾羞耻，连篇累牍地奉承魏忠贤。所有上报给皇帝的疏，咸称魏忠贤为"厂臣"而不直呼他的名字。大学士黄立极、施凤来、张瑞图为皇帝代拟圣旨也称"朕与厂臣"。前后赐奖赏敕令无数，诰命都拟九锡文。他甚至还让人代替天子祭天祭祖，于是人们都怀疑他想要造反称帝。

熹宗朱由校喜爱亲自从事木工活，常年不倦。魏忠贤这班阉党就利用他的这一特点，每逢熹宗朱由校兴致勃勃地做木工活计时，就拿出一大堆奏章文件请他审批，故意惹他不耐烦。这时，熹宗朱由校便随口说："我都知道了，你就看着办吧。"就这样，大权便落在魏忠贤手里，使他在朝中久掌权柄，恣意胡来。他每年都要出京城好几次，都坐文轩（羽幢青盖，驾着四匹马的车），还有铙鼓鸣镝的声音相伴，锦衣卫握着刀在周围奔驰，厨子、伶人、随从等跟随的人能达到万人。所过之处，士大夫都要在路边跪拜，称呼"九千岁"，魏忠贤连瞧都不瞧一眼。朝中事无巨细，必须派人飞驰到魏忠贤面前请示，经他认可方能办理。真是朝廷上下只知有"九千岁"，不知有皇帝。客氏在宫里也肆意行事，把后宫搞得乌烟瘴气。

天启七年（1627），熹宗朱由校驾崩。信王即位，就是崇祯帝朱由检。他知道魏忠贤是个大奸臣，暗自戒备，魏忠贤党羽开始人人自危。有嘉兴贡生钱嘉徵弹劾魏忠贤十大罪名，崇祯帝朱由检把魏忠贤叫来，让太监读给他听，恐惧的魏忠贤却无计可施。十一月，崇祯帝朱由检贬魏忠贤出京，路上他听到皇帝要治他罪的消息后上吊自杀，尸体被肢解。之后，客氏也被诛，魏忠贤和客氏的子侄也被诛杀抄家。崇祯二年（1629 年），把魏忠贤定性为逆案，他的党羽也被放逐、诛杀。

崔呈秀列传

明朝的时候，我国历史上出现了一个规模最大、危害最烈的阉党，它的成员都是太监魏忠贤的党羽，包括"五虎"、"十狗"等。而崔呈秀则是臭名昭著、作恶多端的"五虎"魁首，他卑鄙狡猾，很多东林党人都死在他的手中。但是，随着魏忠贤的倒台，这个奸佞小人，也终于走到了末路，结束了其罪恶的一生。

【贪赃枉法，认贼作父】

崔呈秀，蓟州（今河北蓟县）人。万历四十一年（1613）成进士，被授予行人官一职。天启初年（1621），崔呈秀升任御史，巡按淮（今江苏淮安）扬（今江苏扬州）。崔呈秀为人卑鄙狡猾，品行不端。他见东林党权势正盛，请求加入东林党。崔呈秀当时之所以想要加入东林党，只是为了提高自己的政治地位，但其人品为东林党人所不齿，因此被拒绝。为此，崔呈秀怀恨在心，并发誓日后一定要报此仇。

天启四年（1624）九月，崔呈秀还朝。当时，高攀龙担任都御史，他全面揭发了崔呈秀贪污的情况。吏部尚书赵南星建议罚他戍边，诏令将他革职，命其听候查勘。为此，崔呈秀连夜跑到魏忠贤的住处，磕头乞怜，说高攀龙、赵南星都是东林党，他们挟私陷害他，然后他又连连向魏忠贤叩头，痛哭流涕，乞求做魏忠贤的养子。当时，魏忠贤正被朝廷大臣纷纷上书弹劾，此时正想制造事端来排挤那些弹劾他的人，不想崔呈秀主动来投奔他，正中下怀。两人有相见恨晚之感，魏忠贤把他引为心腹，两个人天天一起为此谋划。

【勾结魏氏，迫害东林】

天启五年（1625）正月，给事中李恒茂为崔呈秀讼冤。圣旨便说崔呈秀是被诬陷的，恢复了他的官职。接着，崔呈秀便上疏推荐了张鹤鸣、申用懋等人；而后又上疏请命令京官自陈，由此，革除了一大批清流之士。不久，崔呈秀又开始负责监督三殿工程，魏忠贤便以督工为由，每天到外朝。每到这时，崔呈秀就屏退左右，和魏忠贤密谈，并借机献上了《同志录》等册子，上边所列的乃是东林党人的名单。不久，他又向魏忠贤献上了《天鉴录》，上边所列的都是不依附东林党的人，供魏忠贤作为任用、斥退官员的依据。结果，朝廷之上好人荡然无存。

魏忠贤排挤了东林党人之后，权势炙手可热。之前，魏忠贤曾修建家乡肃宁县城，为了巴结魏忠贤，崔呈秀首先上疏奉承。天启六年（1626）二月，他再次上疏为魏忠贤歌功颂德，奏疏中最后说道："臣并非向太监献媚，现在就算有千万人为此讥讽怒骂我，臣也甘愿承受。"奏疏传出之后，朝野人士哄笑。

当时，崔呈秀受魏忠贤的宠爱，更加贪利，朝中大臣多做他的门下士，以便能够和魏忠贤拉上点儿关系。身为"五虎"之首的崔呈秀，还为魏忠贤铲除那些不依附于魏忠贤的人。即使是他的党羽，也都十分惧怕他。

天启七年（1627）八月，崔呈秀冒领宁远、锦州的功劳，被加封为太子太傅。不久便被加封为少傅，后又被升为兵部尚书，仍兼左都御史，权倾朝野。

不久，熹宗朱由校去世，崇祯帝即位。副都御史杨所修首先上疏，请批准崔呈秀回家守孝，紧接着，御史杨维垣、贾继春极力攻击他，崔呈秀只得请求辞职，皇上依然安慰挽留他。他上了三封奏章，皇上才温语让他回家。后来，人们将崔呈秀和工部尚书吴淳夫、兵部尚书田吉、太常卿倪文焕、副都御史李夔龙并参，并称其为"五虎"，要求将他们处死，陈尸于集市。

当时，魏忠贤已死，崔呈秀知道此次难逃一死，便排列妻妾，摆出奇珍异宝，狂呼痛饮，饮完后便上吊自杀，结束了他罪恶的一生。

🐉 锦衣卫腰牌（局部）

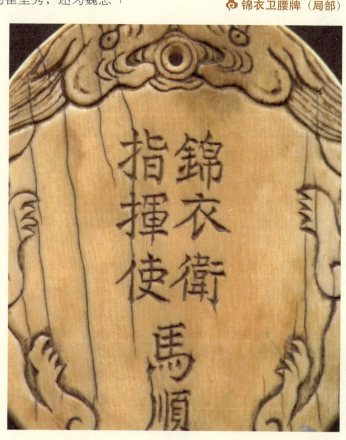

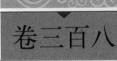

胡惟庸列传

胡惟庸，中国历史上最后一个宰相。自他之后，明太祖朱元璋废除了宰相制度。他起先很受太祖器重，青云直上，成为明朝"万人之上一人之下"的左丞相，后来因勾结李善长等功勋文臣武将，以谋反罪被诛杀。事实上，胡惟庸是否谋反一直是个谜。

▶【官至宰相，骄横跋扈】

胡惟庸，濠州定远（今属安徽）人。他早年在和州（今安徽和县）的时候归附朱元璋，被授予元帅府奏差的官职。之后官运亨通，历任宣使，宁国（今属安徽）主簿、知县，吉安（今属江西）通判，湖广佥事。吴元年（1367），受征召成为太常寺少卿，后来升至太常寺卿。洪武三年（1370），他成为中书省参知政事。再之后，他替代汪广洋出任中书省左丞，成为了中书省实际负责人。洪武六年（1373），右丞相汪广洋被贬为广东行省参政。太祖朱元璋难以找到合适的人选，长时间不安排人担任丞相，中书省的事情就由胡惟庸自己决定。七月，他成为右丞相，后升为左丞相，成为百官之首。

杨宪被诛杀后，太祖朱元璋认为胡惟庸有才能，就非常宠信他，听任他处置一些政事。胡惟庸也非常上进，曾经约束自己谨慎行事，符合朱元璋的要求，皇帝对他越来越宠信，给他的封赏也越来越大。胡惟庸单独担任宰相多年，逐渐开始擅自决定官员的生杀升降，自己首先阅看内臣和外官的各部门的奏章，对自己不利的奏章就藏起来不上报皇帝。各地想要升官的人、善于钻营的人和功臣武将中有失职行为的人，争相走他的门路，送给他的布帛财宝、名贵马匹、玩物之类，数不胜数。大将军徐达曾经在朱元璋面前揭露他的奸诈行为。胡惟庸知道后，非常憎恨徐达，就诱使徐达的守门人福寿想要谋害徐达，被福寿告发。御史中丞刘基也曾经向皇帝说明胡惟庸的缺点。后来刘基生病，朱元璋派遣胡惟庸带着医生去看望刘基，胡惟庸就给刘基下毒。刘基死后，胡惟庸行事更加肆无忌惮。他和太师李善长结交甚密，把自己哥哥的女儿嫁给了李善长的侄子李佑。大学士吴伯宗弹劾胡惟庸，结果反倒险些招致大祸。自此之后，胡惟庸的权势就更大了，行事更加嚣张。

【图谋造反失败】

胡惟庸在定远的旧宅里有一口井，井里有一天突然生出石笋来，高出水面好几尺，阿谀奉承者争相说这是祥瑞的征兆，又有人说胡惟庸的祖上三代的坟上，夜里都有火光照亮天空。胡惟庸听到后更加欢喜自负，认为自己即将成为皇帝，阴谋谋反篡位。陆仲亨和费聚两人因事被太祖朱元璋斥责，很害怕，胡惟庸秘密威逼利诱他们，两个人见胡惟庸掌权，往来密切。一次，在胡惟庸家饮酒，喝得差不多的时候，胡惟庸让仆人退下，告诉他们："我们做的很多事情都是违法的，一旦泄露了，怎么办？"这两

◎ 胡惟庸大狱

胡惟庸被杀，朱元璋罢左右丞相，废中书省，其事由六部分理，另设殿阁大学士作为皇帝顾问。从此中国再无宰相一职。

人更加害怕，于是胡惟庸就把自己的阴谋告诉了两个人，让他们俩在京城外悄悄招兵买马。胡惟庸和陈宁勾结，私自让陈宁在中书省翻看天下军马登记册。他命人收取亡命之徒备用，又勾连李善长、御史大夫陈宁、中丞涂节，秘密招倭，勾结元朝旧臣。事情还未败露，恰好赶上胡惟庸的儿子在街市上骑马，跌落车下死了，胡惟庸报复杀掉了赶车的人。朱元璋知道后很生气，胡惟庸请求送财物给死者家里，皇帝依旧不同意。胡惟庸心里害怕，就与同谋者商议起兵造反。洪武十二年（1379），因为朝贡的事情没有上报朝廷，胡惟庸、中书、礼部互相推诿，遭到了朱元璋的责问。之后胡惟庸又因其他事情被惩罚。洪武十三年（1380），涂节等人告发胡惟庸意图谋反的阴谋，经审问属实，朱元璋将涉案的胡惟庸、陈宁、涂节一起诛杀。

胡惟庸死后，他谋反的实情并没有全部暴露，一直到洪武二十三年（1390），又将牵涉的李善长、唐胜宗、费聚、赵庸等多名功臣肃清，牵连获罪的人达到三万余人。于是编纂了《昭示奸党录》通告全国，告诫自己的臣下，不要像胡惟庸那样。胡惟庸谋反的事情，牵连很广，一直持续了好几年都没有结束。

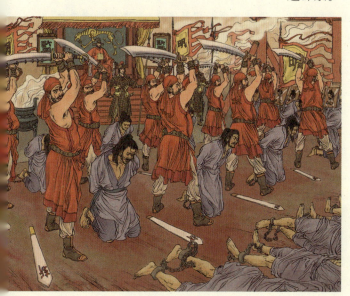

卷三百八

严嵩列传

严嵩，明朝著名的大奸臣。他献媚皇帝，阿谀奉承，撰写青词，成了明朝首辅。利用嘉靖帝的宠信，把持朝政二十年之久，严嵩排除异己、结党营私、陷害忠良、贪污受贿，甚至连边境军队的军饷都敢贪污。二十年权倾天下，换来的则是子孙被杀、自己凄惨离世、万世骂名。

【帝眷日隆】

严嵩，字惟中，分宜（今江西新余）人。个子很高很瘦，眉清目秀，嗓音很高。他弘治十八年（1505）成为进士，任编修。不久回家丁忧，在山中苦读十年，撰写诗文，有些好名声。回到朝廷后，逐渐升任侍讲，主管南京翰林院事务，后又升为国子祭酒。嘉靖七年（1528），严嵩担任礼部右侍郎，奉皇帝命令到显陵祭告，回来后向皇帝恭敬汇报了各种祥瑞之兆，皇帝听了十分高兴。他历任吏部左侍郎、南京礼部尚书、吏部侍郎。

他在南京待了五年后，因万寿节到了北京。恰好赶上朝廷讨论重修《宋史》，内阁大学士请求皇帝留下严嵩以礼部尚书兼翰林学士的身份主管此事。夏言进入内阁后，命严嵩掌管礼部。嘉靖皇帝想在专门供奉皇帝的明堂里祭祀自己的生身父亲兴

献王，之后又想把兴献王改称"宗"，将其神主选进太庙供奉。严嵩和群臣坚决不同意，皇帝很不高兴，写了《明堂或问》批评大臣们。严嵩惶恐，一改自己之前的说法，反倒去支持皇帝。这场被称为"大礼议"的运动结束后，严嵩被皇帝赏赐金币。这之后，严嵩就一门心思专门取悦皇帝，献上《庆

🔴 **烧丹图**

嘉靖皇帝非常崇信道教，好神仙老道之术，一心求长生不老，他到处搜罗方士、秘方，严嵩也通过给嘉靖撰写青词（道教仪式中向上天祷告的词文）而入阁成为宰相。

云赋》、《大礼告成颂》等，嘉靖皇帝十分高兴，还命令把文章写到史书里。很快，严嵩加封太子太保，还跟着皇帝去承天，皇帝给他的赏赐和内阁大臣的一样丰厚，可见严嵩颇受皇帝的宠爱。

严嵩回来后更加骄横。各藩王请恤乞封，都要贿赂严嵩，由严嵩的儿子严世蕃再去打通关节。南北给事、御史上表说到贪污的大臣，第一个就点严嵩的名字。严嵩每次被弹劾，都要向皇帝示忠，弹劾的事情就不了了之。皇帝有时候咨询严嵩，严嵩的话平淡无奇，皇帝肯定要表扬他说得好，借此来让那些想要劝诫的大臣知难而退。严嵩成为进士比夏言还要早，但是地位却比夏言低。最初依靠夏言，对他十分恭谨。有一次准备好宴席请夏言喝酒，恭恭敬敬到了夏言的官邸邀请，却被夏言拒绝。夏言因此认为严嵩确实尊敬自己，也不怀疑他。嘉靖帝信奉道教，夏言对此很不以为然，严嵩却十分顺从，嘉靖帝更加看重严嵩。随后，严嵩进谗言把夏言扳倒，自己成为皇帝最信任的人。

▶【担任内阁首辅】

嘉靖二十一年（1540）八月，严嵩官拜武英殿大学士，执掌文渊阁兼任礼部主事。此时严嵩已经六十多岁了，却依旧身体很壮，不比年轻人差。每天很早，严嵩就到西苑的朝房里工作，从不请假，给嘉靖帝留下了勤勉的良好印象。慢慢地，严嵩就专门在西苑服侍。皇帝曾经专门赏赐他银印，上刻"忠勤敏达"。此时翟銮的资序在严嵩之上，严嵩派人弹劾翟銮。其他的内阁大臣没有权力听皇帝直接指示、替皇帝拟旨，所有的政事都由严嵩掌握。狡猾的严嵩既想要获得其他官员的好感，又要堵言官的口，于是向皇帝请求：今后如果皇帝有旨意，希望能和成国公朱希忠、京山侯崔元及内阁大臣一起朝见。皇帝不同意，但是心里更加喜欢严嵩。严嵩历任吏部尚书、大学士、少傅兼太子太师。

慢慢地，皇帝开始发觉严嵩的专横。皇帝重新任命夏言为内阁首辅，安慰性地加封严嵩为少师。夏言对严嵩的态度很是盛气凌人，经常斥责他的党羽。严世蕃此时担任尚宝少卿，横行霸道。夏言要治严世蕃的罪，严嵩父子到夏言的床前久跪不起求情，夏言才罢休。严嵩知道陆炳和夏言关系不好，就和陆炳交好，来倾陷夏言。他发现夏言不受皇帝宠信后，诬陷夏言，夏言最终被杀。其他的人再入阁，更是不敢和严嵩争锋。严嵩害死了夏言，自己反倒伪装得更恭谨。夏言以前曾被加封上柱国，皇帝也想照例加封严嵩。严嵩辞谢说："这个官职位置高，我承担不起，我们国家虽然在建国初设立了这个官位，左相国徐达是第一功臣，他也只加封到了上柱国。请陛下不要给我这个官位。"嘉靖帝听了很满意，允许他辞掉上柱国的官位，转而加封严世蕃为太常卿作为奖赏。

嘉靖皇帝自信且刑罚苛刻，不允许让别人揭露自己的短处。严嵩因此常常利用这些特点让皇帝生气，皇帝生气了就会处罚人，以此来达到他的个人目的。明朝诸多名将大臣的死都和严嵩有关系。弹劾严嵩、严世蕃的人，前后有谢瑜、叶经、童汉臣、赵锦、王宗茂、何维柏、王晔、陈垲、厉汝进、沈炼、徐学诗、杨继盛、吴时来、张翀、董传策等，很多人被皇帝处罚，其中还有人被杀。

【擅权献媚】

嘉靖帝对严嵩的宠信无人能及，他经常赐给严嵩酒宴，甚至允许年迈的严嵩乘肩舆入宫，而这本是皇室独享的特权。嘉靖皇帝二十年不上朝，发生宫女刺杀未遂的事情后，就到西苑万寿宫居住，不到大内。别的大臣很少能够见到他，只有严嵩经常被叫到跟前询问事情。皇帝下旨，即便是内阁大臣也不知道有什么旨意，严嵩钻这种空子才得以擅权。严嵩没有什么大的才干，唯一擅长的就是献媚皇帝。他看不惯的人，就以考察不合格的名义罢斥，从来没有什么把柄被人抓住，可看出严嵩的狡猾。

蒙古一部俺答进攻京城，写了一封措词傲慢的信，要求明朝入贡。嘉靖帝召集严嵩和李本以及礼部尚书徐阶到西苑商议对策。严嵩毫无办法，推到礼部。徐阶的办法反被嘉靖帝尽数采纳，皇帝自此开始轻视严嵩。严嵩进谗言激怒皇帝，将司业赵贞吉杖责贬官。兵部尚书丁汝夔受严嵩指令，不敢催促将领们作战。等到敌兵退去，嘉靖帝要杀丁汝夔，严嵩怕他把自己供出来，

🔸 **明代丹炉**
世宗朱厚熜在位45年。基本上有一半的时间他不住在宫中，而是住在他专门用来炼丹、斋醮的西苑中。

就告诉丁汝夔说："只要有我在，你不用担心。"丁汝夔临死才知道严嵩把自己出卖了。

大将军仇鸾曾经被人弹劾，投靠了严嵩，做了他的干儿子。后来仇鸾挟寇而受到嘉靖帝的器重，与严嵩关系恶化，两人开始互相攻讦。严嵩多次上疏诋毁仇鸾，皇帝不理会，

仇鸾告发严嵩父子的过错，皇帝反而相信了，遂疏远严嵩。本该严嵩值班，皇帝却几次不召见他。严嵩跟着徐阶、李本到西苑内宫，守门侍卫也不放他进去。严嵩很沮丧，回到家中和儿子严世蕃对着大哭。无奈之下，严嵩勾结正与仇鸾争宠的陆炳，拼命诋毁仇鸾，仇鸾倒台，已经死了也被剥夺官位。严嵩又一次赢得了嘉靖帝的信任。嘉靖帝派自己的龙舟去迎接严嵩，让他在西苑内宫照旧值班。赵文华督察江南抗倭军情，在江南大肆贪污受贿以赠送严嵩，导致民不聊生，倭寇之乱愈演愈烈。胡宗宪诱降汪直、徐海后，赵文华把所有的功劳都推到严嵩身上，说是严嵩的计谋，严嵩靠欺瞒又一次获得赏赐褒奖。

▶【下场凄惨】

多疑的嘉靖帝并没有完全相信严嵩所有的话，有时自己也会独断，或者故意疏远严嵩，以压制严嵩的权势。严嵩父子十分了解嘉靖帝的脾气。如果想为谁求情，严嵩就顺着皇帝的意思拼命诋毁他，绕着弯子让皇帝心软。如果想要诬陷排挤谁，就拼命在皇帝面前先说他好话，然后用话语中伤他，或故意触及皇帝所耻、所讳之事，激怒皇帝。靠着这种方法转移皇帝喜怒，屡屡得逞。很多朝廷大员不得不依附、投靠严嵩。

严嵩掌权时间久了，把自己的同党都安排到要害官位。皇帝慢慢察觉，

开始讨厌他，转而宠信徐阶。有人弹劾严嵩，他穷追不舍想要查出主谋。皇帝虽然将事情搁置，还慰问严嵩，却在心里对严嵩产生了隔阂。徐阶趁机离间皇帝和严嵩的关系。严嵩行事不端，尤其是严世蕃把柄很多，几次三番被皇帝知道。严嵩年老，政务只能依靠儿子来处理，严世蕃又不争气，只知道淫乐，耽误了几次政事后，皇帝就知道严嵩已经年迈不能再处理朝政了。以前皇帝最欣赏严嵩写的青词，他也写不出来了。皇帝更加亲近徐阶。

后来，嘉靖帝听信方士的话，准备放弃严嵩。恰好有御史知道内情，上疏弹劾严嵩父子。皇帝并未把严嵩治罪，但也不听他解释，命令严嵩退休，把他的儿子、孙子发配到边疆，他的党羽也被治罪。但是时间久了，皇帝还是思念严嵩，严嵩投其所好给皇帝献宝，还进献恭贺皇帝的文章，想要让皇帝释放自己的子孙，嘉靖没有同意。

内阁首辅徐阶派人告发严世蕃，说他在边境召集江洋大盗，批评朝政，路人都说他私通倭寇。嘉靖帝将严世蕃诛杀，贬严嵩和他的孙子为平民。又过了两年，严嵩又老又病，寄食墓舍中凄惨死去。

严世蕃列传

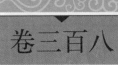

严世蕃是明代著名贪官严嵩的儿子，他借着父亲的光走上仕途。同时，严世蕃也的确成了一个顶级巨贪，正所谓"玩火者必自焚"，严世蕃最终引火烧身，难逃一死。

▶【靠父入仕，为己谋私】

严世蕃长得膘肥体壮，脖子很短，还瞎了一只眼。正所谓"人不可貌相"，别看严世蕃长得这副样子，他却靠着父亲在朝廷的地位走上仕途。后来，由于建筑京师外城有功，严世蕃便由太常寺卿升任工部左侍郎，仍旧掌管尚宝司事务。严世蕃并不是一个草包，他十分精通国家的典籍，对时务更是了如指掌。他曾经说，天下的才子，只有他自己和陆炳、杨博三人，这一方面可见其才华非同一般，一方面又显示出其自负至极。陆炳死后，严世蕃变得更加自负了。

严世蕃彪悍隐贼，他靠着自己的父亲，也当上了高官，仗着自己的父亲有皇帝的宠爱，便贪得无厌地为个人谋取私利。严嵩当上明朝首辅的时候已经六十多岁了，那时的他年老昏乱，早晚还要在大内当值，各部门来回报事情的时候，他总是说："拿去问东楼。"（东楼乃是严世蕃的别号。）一时之间，朝廷政事全部都委托给了严世蕃，当时，九卿以下的大臣十天都见不上他一面，有的大臣从早上等到晚上，依然被撵走。当时的严世蕃可谓是权倾天下，士大夫对他都屏息侧目，而一些不肖之徒更是争相奔走其门，抬着财物贿赂他的人更是络绎不绝。

严世蕃对于朝中和地方官员各个官职的肥瘦险易都十分了解，然后，他按不同的情况收取多少不等的贿赂，真可谓是"一点儿都不能少"。严世蕃还在京城建了自己的府第，占地三四坊，拦水筑坝，还在里边围起了一个占地数十亩的大水塘，搜罗了天下的珍禽奇树，天天拥簇着宾客纵情声色于其中。当时，即便是大官僚或是父辈之人，严世蕃也要强迫他们饮酒，"不醉不罢休"。即便是在母亲去世守孝这段时间，严世蕃依然天天宴饮。此外，他还好搜罗古尊彝、奇器、书画，赵文华、鄢懋卿、胡宗宪之流，凡有所得都会给他送来，或者是向那些富人家索要，不达目的誓不罢休。

【玩火自焚，世蕃伏法】

可惜，好景不长。后来，严世蕃被邹应龙弹劾，明世宗朱厚熜则采纳邹应龙的奏章，将他遣往雷州戍守，但严世蕃还没有到达地方就返回家乡。此时的严世蕃更加不可一世了，他进一步大建亭园，就连他的监工也十分嚣张，见到袁州推官郭谏臣，竟然连礼都不行。

正所谓是"物极必反，盛极必衰"，严世蕃的好日子也总有到头的时候。

御史林润之前就曾弹劾过严嵩的党羽鄢懋卿，为此，他心中忐忑不安，害怕报复。于是，他就和郭谏臣图谋再次揭发他的罪状，而且连同他冤杀杨继盛、沈炼这些事一同上奏。严世蕃听说之后，不但没有惊慌失措，反而十分高兴，对他的党羽说："不要怕，这件案子快要解决了。"

🔴 金盏玉杯·明

司法官黄广升等人先将判决词呈报给当时的首辅徐阶看，徐阶说："你们这些人是不是想要让他活下去啊？"

众人忙说："我们都想置他于死地。"徐阶接着说道："但是，现在你们这么做，不但不会置他于死地，还会让他活下来。因为杨继盛、沈炼二人的罪案，都是严嵩巧妙地利用了皇上的旨意办成的。现在把此案揭露出来，那就等于是暴露皇上自己的过失。

若是这样，遭遇不测的将会是各位，而严公子却可以骑着骏马悠闲地走出都门。"

徐阶的一席话让各位大人恍然大悟，他们纷纷问计于徐阶。于是，徐阶亲自为他们删改这份定罪书，在这份定罪书中，只是提了提罗龙文和汪直是亲家，说他们贿赂严世蕃，为汪直求得官职。严世蕃听从彭孔的建议，认为南昌仓库的那块地有王者之气，他便巧取豪夺，在此建造府第，其建筑规格都是仿照王者等级。同时，他又勾结同族人严典模，侦察非常之事，暗中招聚江湖贼寇、亡命之徒。其险恶用心，路人皆知。罗龙文又招集汪直的余党五百人，并策划严世蕃外投日本，而先前派出去的严世蕃的班头牛信也从山海卫离开队伍向北逃窜，引诱北方鞑靼乘虚而入，准备南北呼应。

徐阶当天就令黄光升等人赶紧将其写成材料，并立即上奏给皇上。

这次，严世蕃听说此事，惊诧地连声说道："这回必死无疑。"

果然，严世蕃迎来了他的"末日"，他被押到市场斩首。后来，严家的全部家产一律抄没充公。在抄家时，竟然获得黄金达三万余两，白银二百万余两，其他珍宝服饰和玩好之物，价值达数百万。

周延儒列传

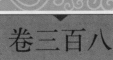

周延儒，年少才高，二十岁就连中会元、状元，文章出众有见地。位及丞相，深受崇祯帝朱由检器重。在官场上几起几落，也实施过利国利民的政策，使得风雨飘摇的大明王朝有过短暂的回光返照。但他的秉性、动荡的局势和腐败的朝廷决定了他最后的命运，崇祯帝朱由检最后还是赐他自尽。死后抄家，还被写入《奸臣传》。

▶【年少入仕】

周延儒，字玉绳，宜兴（今宜兴宜城镇）人。万历四十一年（1613），周延儒会试、殿试连续考第一，即连中会元、状元，名声大震，皇帝授予他修撰一职。那时他才二十岁，年轻有为，一表人才。天启年间，迁为右中允，不久又升任少詹事，掌管南京翰林院事务。崇祯帝即位，又召他为礼部右侍郎。

周延儒生性机敏，善于揣测人心，很能顺皇帝的心意。崇祯元年（1628）冬天，驻守锦州的士兵哗变，督师袁崇焕上疏请求皇帝发给军饷。崇祯帝朱由检紧急召集大臣们在文华殿商议解决的办法，大臣们都建议开内库发粮饷。但是崇祯帝朱由检接任皇帝的时候，大明王朝已经是衰败不堪了，没有多余的款项可以调拨，国库也不充盈，所以崇祯帝朱由检此时犹豫不决。周延儒揣摩崇祯帝的心思，独自进言道："宁远（今绥中县前卫镇和

锦州之间）士兵哗变发给军饷，锦州士兵哗变又发给军饷，每次都这样，那戍边的将士都会效仿。"崇祯帝朱由检问："那你说怎么办好呢？"周延儒说："眼前事态紧急，这一次的军饷是不得不发的，但一定得想个长久之计，防止再发生这样的事情。"皇帝点头称是，降旨责备群臣。过了几天，崇祯帝朱由检又召见周延儒商量对策，周延儒分析："粮饷肯定是粟米最好了，而山海关其实根本不缺粟米，缺的是银子。为什么将士哗变？其中肯定有隐情，依我看来，应该是那些骄横的将官煽动闹事来威胁督师袁崇焕罢了。"原来崇祯帝朱由检担心士兵哗变是对自己的要挟，现在听周延儒这么一说，放下心来。从此崇祯帝朱由检对周延儒更加倚重。

同年十一月，大学士刘鸿训罢官，崇祯帝朱由检命推举接替者。廷臣觉得周延儒声望不够高就没推举他，推举了成基命、钱谦益等十一人。崇祯

帝朱由检一看推举名单上没有周延儒，心中起疑。后来周延儒暗中协助温体仁揭发钱谦益受贿徇私，崇祯帝朱由检大怒，立刻罢了钱谦益的官，推举名单上所有人都一概不用。

崇祯二年（1629）三月，崇祯帝朱由检召周延儒入文华殿秘密商讨，商讨什么外人一概不知，可见周延儒俨然是崇祯帝朱由检的心腹。其间有几名大臣上疏告周延儒的不是，周延儒请求辞官，崇祯帝朱由检当然不会准允。同年十二月，清兵入侵，京师有警，崇祯帝朱由检下旨拜周延儒为礼部尚书兼东阁大学士，参与军机要务。次年（1630年）二月，加封周延儒为太子太保；九月，成基命退休，又拜他为首辅。

【宦海沉浮】

温体仁在崇祯三年（1630）六月也得以入阁为相，他为人奸佞狡猾，讨好皇帝，崇祯帝朱由检对他好感渐长。他表面上对周延儒恭敬奉承，但暗地里却盘算着夺周延儒之位，周延儒还浑然不知。温体仁多次暗中指使言官弹劾周延儒，说周延儒姻亲陈于泰廷对第一，他从中徇私；说周延儒家人横行乡里；说他管理不好下属；说他跟不少官吏私交太好，等等。崇祯五

✿ 南京贡院

江南贡院，又称南京贡院、建康贡院。位于江苏南京城南秦淮河边，毗邻夫子庙，是中国古代最大的科举考场。明代会试（礼部试、礼闱）从仁宗洪熙元年（1425）起，南人、北人分房取中，规定录取名额中，南人占十分之六，北人十分之四，称为南闱、北闱。

年（1632），又有多人弹劾周延儒
包庇视师无功的刘宇烈，弹劾
周延儒收受大盗贿赂。周
延儒也一次次解释争辩，
崇祯帝朱由检虽然没有
立即降罪于他，但心里渐渐起
了变化。崇祯六年（1633），温体仁

又指使宣府太监王坤污蔑周延儒口出狂言，语及皇帝。崇祯帝
朱由检追究，周延儒无奈只得以生病为由，请辞还家。崇祯帝
朱由检批准，并赐给金银绸缎，派人护送。随后温体仁升任他
垂涎已久的首辅一职。

　　但是温体仁辅政期间行事专断，为人专横，阴狠毒辣，
最后被司礼太监曹化淳借钱谦益"诽谤朝政"一案整下台。
崇祯十四年（1641）崇祯帝又起用周延儒，当年九月，周延
儒入京，重任首辅，还加封他为少师兼太子太师，进吏部尚书、
中极殿大学士。

【锐意改革】

　　周延儒被召回朝后，张溥等东林党人有数事与他相约，
他都答应，并说："我应该锐意改革，以此答谢诸位。"周延
儒上任后，对温体仁之辈辅政期间的种种弊政，悉数进行改
革。首先他请求免去漕粮白粮欠户，战祸地区减免当年税收，
苏、松、常、嘉、湖五府遭水灾的地方允许他们明年用夏麦
代替漕粮上缴，释放戍罪以下罪行的犯人回家，重新任命有
才而没有得到重用的人，广泛选拔人才，召回因为进谏而被
降职罢官的大臣。崇祯帝朱由检都欣然答应。

　　周延儒又建议起用德高望重的老臣，释放仍关在牢狱里
的有才能的罪臣，追授已经亡故的大臣。于是能臣为君王所
用，百姓休养生息，国家出现了一时的复苏景象，朝廷内外
都称赞周延儒为贤德之臣。崇祯帝朱由检有一天问到黄道周
这个人，那时候黄道周还戍守在当初被贬谪的辰州（今湖南
怀化市沅陵县），周延儒说："黄道周虽然办事有不太成熟的
地方，但他还是可用之才的。"崇祯帝立即让黄道周官复原职。

　　基于周延儒的改革和建议收到了一定成效，崇祯帝朱由

检比原先更加器重他，大有奉他为济世重臣之势。崇祯十五年（1642）正月初一，皇帝接受百官朝贺，崇祯帝让周延儒面向西方而立，自己面向东方揖拜，说："朕的天下都听先生的。"

周延儒治理小的方面还不错，然而，他是没有什么雄才大略的，而且身为文臣，不懂军事，又比较贪财好利，所以当天下大乱起来，周延儒就没有招架之功了。明朝军队在边境频频惨败，又有李自成打河南，张献忠打湖北、四川，战事四起，周延儒却没有任何解决办法。

【欺君领死】

崇祯十六年（1643）四月，清兵从墙子岭入关，京师告急。明军人心涣散，战斗力弱，又缺乏有能力的将领，被清兵打得溃不成军。清兵一路南下，沿途抢劫掳掠，直到次年三月，才心满意足准备回撤。清兵再次入侵，京师再次进入紧急状态，大臣们人心惶惶，崇祯帝朱由检惊恐万分。此时朝中无人，周延儒万不得已硬着头皮，请缨率师。崇祯帝朱由检仿佛看到救命稻草，惊喜万分，立即下诏褒奖周延儒，还赐他章服、金银和好马，另外拿出大批金帛让他犒赏军士。

周延儒毕竟是文臣，而且完全是被迫带兵，于是他才到通州就不敢走了。他派出的探子打听到清兵满载而归，无心恋战，于是他也放下心来天天与幕僚们饮酒作乐，另一方面他又

天天编假的捷报传回京师。崇祯帝朱由检见到捷报频传，万分欢喜，也不断加以褒奖。四月，清兵带着劫掠的财物都走光了，周延儒打着凯旋的旗号班师回朝。崇祯帝朱由检当然要大大嘉奖，于是加封他为太师、荫子中书舍人，又赐给金银、蟒服。

前首辅薛国观的门人，新受宠的魏藻德、陈演憎恨害死薛国观的吴昌时，而吴昌时又是周延儒起用的重臣，所以魏、陈决意对周延儒赶尽杀绝，为恩师报仇。没几天，锦衣卫指挥使骆养性揭发周延儒假传捷报，崇祯帝朱由检怒不可遏。周延儒见状赶紧自动请求流放戍边，崇祯帝朱由检对他非常仁慈，竟没有责怪他，还说："你为国为民也是尽职尽责的，这个功劳是不能抹杀的，朕现赐你路费黄金百两，你回家去吧。"又对众臣说："周延儒毕竟功劳大罪过少，此事不必再提。"于是周延儒暂时躲过一劫。事后，崇祯帝朱由检在多人上疏的情况下，对周延儒动了杀心，先判周延儒流放，崇祯十六年（1643年），崇祯帝朱由检又传诏，勒令周延儒自尽，查抄其家产。

温体仁列传

温体仁，崇祯年间朝廷首辅，为权力与群臣为敌，为私怨将燃眉外患置之不理，为报复无所不用其极，整日只知搬弄是非，是个误国误民的奸臣。

【朝廷攻讦】

温体仁，字长卿，乌程（今浙江湖州市）人。万历二十六年（1598）成进士，改庶吉士，授为编修，官至礼部侍郎。崇祯初年，他成为礼部尚书，协办詹事府事务。他表面看似恭谨，内则阴毒狠辣、老谋深算。

崇祯元年（1628）冬，皇帝下诏推选内阁大臣。温体仁威望太浅，还不能参与，很受皇帝器重的侍郎周延儒也没有被推选。温体仁揣测崇祯帝朱由检肯定会怀疑，于是上疏弹劾钱谦益受贿、结党，没有资格被推选，此前钱谦益在天启二年（1622）主持浙江会试，用关节语为记号，录取钱千秋，后被人告发，钱谦益也受到责罚。这件事本已定案很久了，但是温体仁重提旧事，很让崇祯帝朱由检心动。次日，崇祯帝朱由检让内阁六部科道官员集中在文华殿，命温体仁和钱谦益都到现场。钱谦益没想到温体仁会弹劾自己，言辞中十分委屈。但是温体仁盛气诋毁钱谦益，他说："我本来不是言官，不能随意弹劾，遇到

廷推，我更应该避嫌不说话的。但是选内阁大臣涉及社稷安危。而且钱谦益结党营私，收受贿赂，满朝大臣没有一个敢说话的。我不忍看到皇上您孤立，所以不得不说。"崇祯帝朱由检早就怀疑有廷臣结党，听到温体仁这么说，十分赞同。但是执政的内阁大臣都说钱谦益无罪，吏科都给事中章允儒尤其积极为钱谦益辩护："温体仁其实是热衷权力，如果钱谦益有错，为什么他等到今天才揭发？"温体仁说："我当初只是小官员，今天揭发钱谦益，也是为了朝廷要慎重用人。像章允儒这样的，肯定是钱谦益的同党。"崇祯帝朱由检大怒，命礼部把钱千秋的卷子拿来看后，责备钱谦益，感慨地说："如果没有温体仁，我几乎就犯下错误了。"章允儒被捕下狱，诸大臣也被严词责备。争辩的时候没有一个人帮助温体仁，只有周延儒上奏说："廷推，名义上很公平，但是实际主持的人也就一两个人，其他人都不敢说话。一旦说话，徒然给自己惹祸。并且钱千秋这个案子本就

已经有定论，不必再询问大臣们了。"于是崇祯帝朱由检当天就把钱谦益罢官。很多官员都被牵连。

【入阁成首辅】

不久，温体仁被弹劾贿赂官员以逃避商人诉讼，并且在杭州给魏忠贤建生祠等罪名。崇祯帝朱由检命令浙江巡抚核实。第二年春天，温体仁又被弹劾娶娼妓、收受贿赂、夺人家产等诸多不法的事情。温体仁请求辞职说："因为钱谦益的缘故，攻击我的人很多，但是没有一个人为我辩护，我的孤立由此可见。"崇祯帝朱由检再次召集大臣们对质，温体仁和九华、赞化两人辩论很久，最后攻击这两人都是钱谦益的私党。崇祯帝朱由检信以为真，他把大学士韩爌等召到内殿，说大臣们不知道为国家操劳，只知道挟私报复，应当重罚。温体仁再次以辞职要挟崇祯帝，崇祯帝温言慰问。知情官员上奏朝廷说钱谦益是自首的，不能再处罚。温体仁又上疏说当初的证词都是钱谦益自己搞出来的。当时审理钱千秋一案的左都御史曹于汴等官员对此深为不满。他们联名上疏："臣等亲自审理钱千秋一案，旁观和听到的人达到数千，不是一个人能够随意掩

饰歪曲的。温体仁是在欺骗皇上，以达到自己升官的目的。"温体仁见势头不妙，转而说这些人是"朋党"，最终钱谦益被杖责。温体仁后又因私人恩怨和大臣们坚持对抗，无论如何都不肯偃旗息鼓。崇祯帝朱由检以为他在朝廷里孤立无援，更加支持他。不久，周延儒进入内阁，第二年六月，温体仁以礼部尚书兼东阁大学士，也实现了入阁的愿望。

温体仁入阁之后，更加嚣张。闵洪学代王永光成为吏部尚书后，排除异己，得到了温体仁的包庇。御史史塈、高捷及侍郎唐世济、副都御史张捷等都被收作温体仁的心腹。温体仁忌妒周延儒的官位在他之上，就预谋

⚫ **白釉象耳瓶和五彩象耳瓶·明崇祯十二年**

扳倒他。钱龙锡受袁承焕的案子牵连，要被判死刑，钱龙锡求情，周延儒说皇帝盛怒难以解救，温体仁则撒谎说皇帝并不是很愤怒。钱龙锡的友人因此疏远了周延儒。周延儒被罢免后，廷臣厌恶温体仁做内阁首辅，想要召回曾经和周延儒一起入阁的何如宠。何如宠说："君子和小人不并立，如果我不到朝廷里，温体仁还要顾忌我好好主政的。"不久，温体仁顺利成为内阁首辅。

【朋党为患】

温体仁受皇帝恩宠，更加嫉妒骄横。他想要推荐的人，都要秘密让人先提出，自己再去支持。想要陷害谁的时候，都要先故意假装宽厚，再说

🔴 崇祯通宝

崇祯年间铸行的崇祯通宝，种类繁多，计有百余种，是明朝钱币最复杂的时期，也是中国古代货币史上最复杂的时期，其中小平钱复杂的背文、版别更加体现了崇祯钱制的混乱性。

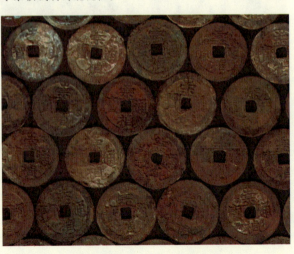

出犯崇祯帝朱由检忌讳的事让崇祯帝生气。崇祯帝朱由检往往被他转移了注意力，一直没有发觉。姚希孟本来是讲官，因为才望升为詹事。温体仁讨厌他，就用他假冒武生的事情，将他夺职去掌管南院。礼部侍郎罗喻义本来很有声望，因为给皇帝的文章中说到"左右未得人"的话，温体仁认为是在讽刺自己，就要让他去掉，罗喻义坚持不从。温体仁亲自弹劾他说："今日罗喻义讲进规例太过简单，让他更改他也不同意，这样我这个内阁首辅不能做百官的首领。"崇祯帝朱由检命令吏部商议，尚书闵洪学等趁机说："皇帝圣明，不需要罗喻义多言。"罗喻义被免职。魏忠贤遗党日夜盼望温体仁能够推翻逆案，攻击东林党。恰好吏部尚书、左都御史空缺，温体仁秘密让侍郎张捷推举牵涉逆案的吕纯如，试探皇帝的反应。言官哗然，崇祯帝也十分不高兴。温体仁自此不敢再进言起用逆党，也更加愤恨反对派。

温体仁为了自己的利益，在朝廷中党同伐异，已经到了一种近乎疯狂的地步。文震孟因为讲《春秋》讲得好，进入内阁。温体仁不能阻止，就派出特务每天守着刺探他的过错，又派人弹劾，直到将文震孟赶走。明朝末年，各地农民起义，朝廷准备

设立五省总督，兵部侍郎彭汝楠、汪庆百不敢去，温体仁就庇护他们，不再设立五省总督。起义军进犯凤阳（今属安徽），温体仁也不同意让淮抚、操江移镇凤阳（今属安徽），义军大兵进犯，皇陵被焚。有人弹劾温体仁只知道受贿庇护自己的同党，致使皇陵被焚，温体仁就借了个由头上奏要将其免职，文震孟反对，也被逐走。温体仁还是很不满意，又将和文震孟关系好的庶吉士郑鄤陷害下狱。温体仁把持朝政数年时间，因为入阁前和大多朝廷大臣结怨，不敢过于肆意妄为，自己廉洁、谨慎表现给崇祯帝朱由检看。但是当时，清兵在京师附近蹂躏百姓，扰乱中原，边境荒芜，百姓的生活日渐困苦，他从未能献上一个建议。

【失败被逐】

在政事上碌碌无为的温体仁，整日忙于和政敌作对。诚意伯刘孔昭弹劾倪元璐，给事中陈启新弹劾黄景昉，都是按温体仁的指示做的。礼部侍郎陈子壮曾经当面指责温体仁，不久以议论宗亲藩王的事情忤逆皇帝旨意的名义下狱，官位也被剥夺。和温体仁关系好的、和他做同党的都是庸才，尸位素餐。温体仁自己毫无所长，只知道向崇祯帝朱由检献宠。他醉心于排斥异己，打击政敌，感觉到自己树敌太多，恐怕会招致别人报复。为了不给别人留下把柄，凡是他呈给皇帝的上疏，以及内阁拟定的有关文件，

全部不存入档案，企图毁灭罪证。在温体仁辅政期间，上疏弹劾他的人不计其数。这些人不但没有扳倒温体仁，反而引火烧身，有的被罢官，有的被流放，甚至有人被当场杖击而死。

多行不义必自毙，温体仁最终难逃倒台的命运。钱谦益被张汉儒告状，说他在乡里结交了一帮朋党，整日散布怪论、诽谤朝政。为报复钱谦益，温体仁借机逮捕了钱谦益等人。钱谦益觉得冤枉，向司礼太监曹化淳求救。张汉儒知道后泄露给温体仁。温体仁自恃有皇帝的宠信，密奏给了崇祯帝，并要求处置曹化淳。没想到崇祯帝把温体仁的密奏让曹化淳看了。曹化淳十分恐慌，就毛遂自荐，要求亲自主持审理钱谦益一案。曹化淳不久就弄清了事情的原委和内幕，他报告给崇祯帝，崇祯帝这才知道在朝廷内已形成了一个以温体仁为首的"朋党"。恰好又有人弹劾温体仁，崇祯帝朱由检就把张汉儒等立即枷死。温体仁一看势头不对，就装病在家，以为皇帝肯定要安抚他、挽留他。不料，崇祯十年（1637年）六月的一天，温体仁正在吃饭，皇上圣旨下，令削去温体仁官职，让他回乡。温体仁被吓得手中汤匙都掉在了地上。

回到老家后不到一年，温体仁便一命呜呼了。他死后，崇祯帝朱由检还觉得十分可惜，追赠太傅，谥"文忠"。温体仁死后不到六年，李自成攻破北京城，明朝灭亡。一代权相如此作为，实属罕见。

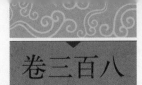

马士英列传

马士英，南朝弘光朝内阁首辅。崇祯帝朱由检吊死煤山，马士英和名臣史可法拥立新君，极力抵抗清军。史可法在扬州（今江苏扬州）战死，马士英也抵抗到最后一刻，最后被杀。

▶【官场起伏】

马士英，贵阳（今属贵州）人。万历四十四年（1616）与怀宁（今属安徽）人阮大铖一起乡试中举，三年后，他又中了进士，被授予南京户部主事。天启年，他任户部郎中，历任严州（今属浙江）、河南（今属河南）、大同（今属山西）知县。天启五年（1625），他被擢升为右佥都御史，担任宣府（今河北宣化）巡抚。到宣府刚一个月，他就贪污公款，拿去贿赂朝廷官员，被镇守太监王坤揭发。最后被判守卫边境，后来流落到南京。那时阮大铖也因牵涉到魏忠贤逆案，被罢官赋闲很长时间，为躲避农民起义逃到了南京。两人关系很好。

阮大铖在南京（今江苏南京）和很多人结社议论朝政。东林党人图谋让周延儒做内阁首辅，并秘密筹集政治资金。阮大铖企图与东林消除敌对关系，就献金万两帮助周延儒。后来周延儒果然做了内阁首辅，想要报答阮大铖，遭到了东林党人强烈反对。阮大铖说既然我不行，那就提拔我的

好友吧。马士英得以东山再起。崇祯十五年（1635年），马士英担任兵部右侍郎兼右佥都御史，总督庐阳、凤阳（今均属安徽）等处军务。保定总兵官刘超起兵造反，马士英等人奉命讨伐。崇祯十六年（1636年），马士英屡败叛军，围困刘超。刘超本来和马士英认识，就向他投降，马士英假装同意。刘超出来见面却不肯卸去佩刀，马士英笑着说："你既然想归顺朝廷，怎么还用得着这样啊？"亲手上前卸下刘超的兵刃。随后他悄悄把刘超的部下遣散，失去部下支持的刘超被送往朝廷，凌迟处死。崇祯年间，全国各地都有人起兵造反，马士英几次剿灭起义军，颇有功劳。

崇祯十七年（1637）三月，京师被李自成攻破，崇祯帝朱由检在万寿山自缢身亡。南京（今属江苏）的大臣们听说消息，仓促间商议重新拥立皇帝。福王朱由崧、潞王朱常淓都在淮安（今属江苏）躲避战乱。按照伦常顺序，本来该立与崇祯帝朱由检血缘关系更近的福王为皇帝，但是文臣

们怕福王当皇帝后，或许会追究之前的案子，如果潞王被立为皇帝就不会有这种问题了，文臣们还能向新皇帝邀功。前礼部侍郎钱谦益、兵部侍郎吕大器、右都御史张慎言、詹事姜曰广等人极力坚持拥立潞王，前山东按察使金事雷縯祚、礼部员外郎周镳也来积极游说各方官员。

【拥立有功】

此时正在凤阳（今属安徽）督军的马士英并不同意拥立潞王，他秘密和操江诚意伯刘孔昭、总兵高杰、刘泽清、黄得功、刘良佐等人勾结，公开写信给参赞机务兵部尚书史可法，说如果按照伦序，应该立福王。史可法犹豫不决，召集大臣们商议。马士英趁机带兵迎接福王到了江上，打了群臣一个措手不及，大臣们不敢再反对。福王能够监国，马士英的功劳最大，他也一跃成为朝廷中最有权力的大臣。

福王监国时，推选内阁大臣，刘孔昭想入阁，被史可法以没有前例阻拦。马士英借机成为东阁大学士兼兵部尚书、都察院右副都御史，和史可法、户部尚书高弘图一起成为内阁大臣。史可法等人本来还想让马士英依然在凤阳（今属安徽）督军，马士英大怒，反逼迫史可法去淮扬督军。马士英留下辅佐朝政，掌握兵部，权力之大，无人能比。不久，马士英因功加封太子太师。九月，因江北历年战功加封少傅兼太子太师、建极殿大学士，他的儿子也被荫封为锦衣卫指挥金事。之后他不断被加封，从少师到太保。

那时，大半国土都已经沦丧，边关将领骄横跋扈，意图不轨。马士英为人贪财、

◎ 南明官印

弘光政权存世短暂，弘光官印在南明几个年号中是最稀少的。

卑鄙，且没有长远战略，执意任用阮大铖，只顾挟私报复，以权谋私，国家处于崩溃的边缘。阮大铖这样的奸臣被重用，而吕大器、姜曰广、刘宗周、高弘图、徐石麒这样的有才之士因为和马士英关系龃龉，先后被罢官。马士英独掌大权，在内宫靠田成等太监，在外结交勋臣刘孔昭、国弼、柳祚昌，镇将刘泽清、刘良佐等，对阮大铖言听计从。魏忠贤的同党也都被马士英起用，朝政混乱，贪污贿赂横行。马士英在朝廷中枢对明军的节节败退无计可施，每天就忙着铲除正直大臣、扶持奸党。满朝文武用魏忠贤谋反案件攻讦阮大铖，阮大铖就用"顺案"反击，因为李自成立国号为顺。顺案牵扯到朝廷中无数大臣，甚至连史可法这样的高官也被弹劾。大臣人人自危。

🪙 **永历通宝**

南明桂王朱由榔在广东肇庆称帝时铸。此钱版式多种，可分四等。永历帝在西南坚持十六年之久，于1662年被吴三桂父子绞死于昆明，故永历钱传世颇多。

【祸乱朝政】

张缙彦是兵部尚书，曾归顺李自成，李自成兵败后他又表示效忠了朝廷，就立刻被官复原职，总督河北、山西、河南等地的军务，可便宜行事。其他投降的人，只要贿赂也能官复原职。很多本来是平民老百姓、衙役的人只要能贿赂也能成为所谓的"大帅"。路人都说："职方贱如狗，都督满街走。"赏罚混乱至此。

清兵攻到宿迁、邳州（今均属江苏），不久退兵。史可法告知马士英，马士英却大笑不止。有人问他为什么发笑，马士英说："你认为真的有这样的事情吗？不过是史可法看到年底了，将领们需要表功，耗费的军费需要核算，他是想要邀功的。"侍讲卫胤文督军战败。卫胤文为了逃避处罚，揣摩马士英的心意，弹劾史可法督军不力、给部队增加负担等罪名。马士英很高兴，把他提拔成兵部右侍郎。史可法被分权，更加无法施展拳脚。

马士英在朝廷肆意妄为，不顾社稷安危，挟私报复，打击异己。各地将领对马士英也十分不满。左良玉拥兵湖广，接到监国福王的诏书，不肯跪拜接受，被监军逼迫接了诏书。他又派承天守备何志孔、巡按御史黄澍到南京，秘密查探朝廷的动向。黄澍当面向福王弹劾马士英的不法罪行，还说他接受张献忠属下的重金贿赂，应当斩首。何志孔也弹劾马士英欺下瞒上等罪名。马士英跪着请求福王处分自己，黄澍举笏不停拍打他的后背说："我宁愿和你这样的奸臣一起去死。"马士英大喊冤枉，福王只是摇头，长久沉默。马士英一方面假装要告病离开，另一方面悄悄贿赂福王身边的太监田成等人向福王求情。田成哭着跟福王说："您如果不是马士英的原因也不能成为监国。如今赶走马士英，就会背上忘恩负义的罪名。如果马士英走了，还有谁能念着您呢？"于是马士英被挽留下来。

【内讧误国】

马士英畏惧左良玉，便释放了何志孔，命黄澍迅速返回湖广。有一个叫刘侨的人，以前被判守卫边境，重金贿赂张献忠，被张献忠封为锦衣指挥使。等到左良玉收复失地，刘侨在黄澍的追捕下乔装改扮逃走，转头去贿赂马士英。刘侨官复原职，黄澍反被降职逮捕。黄澍藏在左良玉军中，左良玉为保护他，命令部将闹事，要闹到南京（今属江苏）索要粮饷。马

士英和左良玉最终闹翻。

苦守半壁江山的大明朝此时又闹出了假太子案。有人冒充太子，被人识破抓到监牢中，老百姓却认为太子是真的。供词公布，人们更加议论纷纷了，都说马士英等奸党诱导福王灭绝人伦，竟然要杀掉太子。黄澍劝说左良玉起兵清君侧，左良玉先是上疏请求留下"太子"，指责马士英等是奸臣，以声讨马士英"清君侧"的名义起兵。

马士英为求自保，把江北的兵马撤到西面抵挡左良玉。大臣们劝他别撤去江北的防守，否则清军来攻无法自保。马士英大怒斥责："你们这些东林党，借口防清兵，是不是想要纵容左良玉进攻南京呢？清军到了，我们还能进贡议和，左良玉来了，你们这些人还能做高官，我们君臣就只能死了。"他固执己见，江北的防守更加薄弱。左良玉途中病死，他的儿子率兵到了南京（今江苏南京）附近的时候，大清兵马也已经攻破扬州，进逼南京（今江苏南京）。即使是这个时候，阮大铖、刘孔昭等人还在谎报军功，以骗得封赏。

五月三日，福王逃走。五月四日，马士英带着福王的母亲、妃子，由四百名士兵保卫，逃到浙江，一直逃到杭州（今浙江杭州），几日后，才知道福王已经被擒。潞王拒绝马士英让他监国的请求，带着众人向清军投降。马士英先后投奔鲁王、唐王都不被接纳。第二年，他被俘处斩。

李自成列传

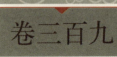

李自成，号闯王。趁着明末天下大乱，李自成率领流民起兵，以均田免税为口号聚集各地饥民，最终逼得崇祯帝朱由检吊死在景山，亲手埋葬了腐朽的大明朝。李自成还没来得及坐稳江山，清军大举入关。李自成失败，不知所终。

▶【闯王崛起】

李自成，米脂（今属陕西）人。他的父亲李守忠，开始没有儿子，到华山祈祷后，就梦到有神灵告诉他说要把破军星下凡做他的儿子。不久，李自成出生。李自成小时候给地主牧羊，长大后在银川（今属甘肃）做驿卒。他擅长骑射，斗狠无赖，几次犯法，被知县晏子宾逮捕，要判他死罪，他侥幸逃脱做了屠户。天启末年，魏忠贤的党羽乔应甲担任陕西巡抚，朱童蒙为延绥巡抚，贪财却不管盗贼，盗贼开始盛行。

崇祯元年（1628年），陕西闹大饥荒，因军队缺军饷，固原（今宁夏境内）官兵抢劫州府的银库。各地一时之间都兴起农民军。有安塞（今属陕西）人高迎祥是李自成的舅舅，和饥民王大梁聚众造反，高迎祥自称为闯王、大梁自称为大梁王。崇祯二年（1629），三边总督杨鹤奉旨围捕他们，这支起义军损失惨重。崇祯三年（1630），农民起义军越来越多，崇祯帝朱由检还是不同意赈济灾民，起义军开始越滚越大。崇祯四年（1631），李自成率众投靠高迎祥，号闯将。五年（1632），农民起义军在山西辗转作战，明军继续镇压。六年（1633），起义军在山西、河北等地遭到明军的强力镇压，多股起义军被击溃，其余的集中起来转战河南。七年（1634），李自成率领手下将领用计从

◈ 李自成像

闯王李自成兵败南撤后神秘地从历史的视野中消失了。虽然目前学术界较多人赞同闯王"九宫山兵败被杀说"、"夹山寺禅隐说"两种猜测，但史学界几经推敲仍觉疑点重重，未有定论。

延绥巡抚陈奇瑜手下巧妙逃脱，连克巩昌、平凉、临洮（今均属甘肃）、凤翔（今属陕西）等地，被官兵败于陇州（今属陕西），李自成和高迎祥从终南山（今属陕西）中转出。八年（1635），与各路农民军首领聚会荥阳（今属河南），商议如何抗拒明军。李自成建议各支起义军分兵定向听天命。之后他转战江北、河南，又攻入陕西，烧毁多座重镇，在宁州（今甘肃宁县）埋伏杀死明副总兵艾万年等，总兵曹文诏大怒，追击李自成中伏战死。官兵紧追不舍，其他起义军出关，只有高迎祥和李自成留在陕西。李自成的属下高杰和李自成妻邢氏私通，怕被杀，带兵投降官兵。李自成、高迎祥兵败与张献忠会合，攻下陕州（今属陕西）后分兵逃走。九年（1636），李自成率兵路过自己的家乡，秋毫不犯，反留下金银。

▶【势不可当】

九年（1636）七月，在高迎祥被俘遇害后，李自成被推为闯王，他带领起义军采取声东击西、避实击虚的战法，连下阶州（今甘肃武都）、陇州（今陕西陇县）、宁羌（今宁强）。十年（1637），进军四川，在昭化（今属四川）、剑州（今四川剑阁）、绵州（今四川绵阳）等地屡败明军，明总兵侯良柱在广元（今属四川）战死。这年冬天，他围攻成都（今四川成都）七日未能攻下。十一年（1638）春天，在梓潼（今属陕西）迎战明军失利。

在潼关（今属山西）野外遭明军伏击，李自成率领的将卒伤亡惨重，逃亡的更多，他自己仅仅率部将刘宗敏、田见秀等十八骑藏在山中。张献忠投降，李自成势弱。有人传李自成已经死了，明军就更加安心了。

十二年（1639），张献忠又造反。李自成和张献忠合兵，后发现张献忠图谋杀掉他，离去。明军将李自成围困在大山中，他试图自杀被劝，他手下的很多将领也都投降了官兵。李自成属下刘宗敏原是蓝田（今属陕西）的锻工，非常骁勇，这个时候也想投降。李自成带着他到了一座庙中，四下看过又叹气说："人们都说我会成为皇帝，你现在就占卜试试吧，如果不吉，你砍了我的头去投降吧。"宗敏答应了，三卜三吉。宗敏回去就把他的两个妻子杀掉，告诉李自成："我死也要跟随您。"很多军中勇士也杀了自己的妻子、儿女，誓死也要跟随他。于是李自成把自己的辎重全部烧毁，轻装到了河南。河南大旱，数万饥民跟从李自成，不久攻下宜阳、永宁、偃师（今均属河南）。

十三年（1640），李自成在卢氏（今属河南）得到李岩、牛金星、宋献策等谋士相助。他采纳了李岩的意见，不随意杀戮，以收买人心。李岩还编造童谣"迎闯王，不纳粮"煽动饥民，每天都有越来越多的人来投靠李自成。

十四年（1641），李自成围攻洛阳（今属河南），有士卒策应起义军破城，福王朱常洵被杀。福王世子朱由崧独身一人逃走。起义军从后园弄出几头鹿，与福王的肉一起共煮，名为"福禄宴"，与将士们共享。不久李自成率军围攻开封（今属河南）七天七夜未能攻克。罗汝才、袁时中和李自成会合，一共拥有二十万人马。

【建立政权】

李自成实力大增，崇祯帝朱由检专门命人围剿。李自成遣精兵在途中伏击转移的明军，明军阵形大乱溃逃，总督傅宗龙被杀，李自成顺势攻下襄城、南阳、邓州（今均属河南）等十五座城池，新任总督汪乔年与副将李万庆被杀于襄城（今属河南）。开封（今河南开封）再次被李自成围困。崇祯十五年（1642），李自成第三次围住开封（今河南开封），决堤黄河冲毁开封城，城内百万户只有两万多人逃生。

这一年，清军再次入关，京师告急。李自成趁着大明自顾不暇，一路向北攻城略地。崇祯十六年（1643），李自成自号奉天倡义大元帅，号罗汝才代天抚民威德大将军。三月，李自成杀掉罗汝才。他在襄阳大封功臣，设立官爵，激励将士们英勇作战。李自成还在自己占领的各个城池派守军和将领，各地起义军没有不听从他命令的。这个时候，当初聚齐商讨大事的十三营农民起义军只剩下了张献忠和李自成，而李自成的实力远远超过张献忠。张献忠在武昌建立"大西"政权。十月，李自成攻破潼关（今属

陕西），杀死督师孙传庭，西安守将投降，陕西全省被占领。崇祯十七年（1644）正月，李自成在西安（今属陕西）称帝，以李继迁为太祖，建国号"大顺"，改元永昌，改名李自晟。他册立文武百官，整顿大军，准备东征占领京师。

崇祯十七年（1644）二月，李自成东征北京，过汾河，攻克太原（今属山西），巡抚蔡懋德战死。他又派兵到大名、真定（今均属河北），向北出击。他攻下大同（今属山西），巡抚卫景瑗、总兵朱三乐战死，代王被杀，至此代藩（今山西北部）宗室基本上被杀光了。他又攻克宣府（今属河北）、居庸关，明朝官吏姜瑞、王承胤、唐通，太监杜之秩纷纷来降。三月十三日李自成火烧昌平（今属北京），京城派往昌平（今属北京）的探子全部投降，京城驻守的兵马也全部归降，明朝至此已经无药可救。

【埋葬明朝】

三月十七日深夜，守城太监曹化淳率先打开城门，李自成入城。三月十八日深夜，崇祯帝朱由检到煤山，望见烽火烧亮了天空，感慨自己的子民受苦了。深夜他把儿子们送出去后，杀掉了自己的女儿，逼皇后自尽。三月十九日清晨，鸣钟召集百官，没有一个大臣来。崇祯帝朱由检带着太监王承恩在煤山自缢，被李自成"礼葬"。李自成入住紫禁城。大顺军进城之初京城秩

序尚好，店铺营业如常。但从二十七日起，大顺军开始拷掠明官，四处抄家，称之为助饷，刘宗敏制作了五千具夹棍，城中恐怖气氛逐渐凝重，人心惶惶，李自成手下士卒抢掠，大臣武将骄横奢华，杀人无数。四月十三日，由李自成亲率十万大军奔赴山海关征讨吴三桂。

驻守山海关将领吴三桂奉诏援京城，半路京城陷落，他开始犹豫不决。李自成抓了他的父亲招降他，他不肯，抓了他的爱妾。吴三桂大怒，逃回山海关。李自成率十多万大军攻来，吴三桂投降大清。李自成二十万人被吴三桂和清朝摄政王多尔衮两军联手击败。主将刘宗敏受伤，急忙命令大军撤退，起义军大乱。四月二十六日，李自成逃回京城，仅三万多兵马。四月二十九日，兵败的李自成在北京称帝，企图改变自己的命运。他将皇宫劫掠一空后放火焚烧，第二天逃往西安，由山西、河南分两路撤退。七月，李自成渡黄河退到西安（今属陕西）。由于南明朝廷的建立和李自成的节节败退，很多投降大顺的原明朝将领复投南明或清朝，李自成疑心日盛，妄杀李岩等人，起义军人心涣散。

顺治二年（1645）二月，清军以红衣大炮攻破潼关（今属陕西），李自成舍弃西安，逃到襄阳（今属河南）、武昌（今湖北武汉市）等地。他本想和驻守武昌的明朝总兵左良玉联合抗清，结果左良玉去南明朝廷"清君侧"征讨马士英，并在途中病死。李自成守武昌，部将逃的逃、降的降，大军一击即溃。他不得不退守九宫山（今属湖北），为乡民所杀。

🌀 李自成进北京

李自成进入北京后，受到京城老百姓的热烈欢迎。但农民军始终没有适应从打天下到坐天下的转变，一系列措施丧失了民心，入京仅42天之后就被迫撤出北京。

张献忠列传

张献忠，与李自成齐名的明末起义军将领，两人将明朝搞得天翻地覆。他的人生同样充满传奇，如入川屠蜀、江中沉宝等。

【起兵造反】

张献忠，延安（今属陕西）人，明万历三十四年（1606）出生。他小时候曾读过书，后在延绥（今属陕西）镇从军。因犯法本该被斩，主将陈洪范看到他相貌奇特，为他向总兵官王威求情，被释放，从此逃走。

崇祯三年（1630），陕西各地爆发了农民起义，张献忠占据米脂（今属陕西）起兵，自称为八大王。崇祯四年（1631）冬天，洪承畴做了陕西总督，张献忠和罗汝才向官兵投降。不久，张献忠再次造反，和其他起义军一起在山西转战，后来到了河北、湖广等地。此时，起义军也没有首领，遇到官兵就各自为战，胜了就继续突进，败了就逃亡山谷。官兵追杀也不知道追的是哪路义军。起义军们或分或合，东奔西走，势头日渐强盛。

崇祯八年（1635），十三家起义军在荥阳（今属河南）会合，商议抗击官兵的事情。商议的最终结果是分兵各安天命。张献忠开始和高迎祥一起起兵造反，李自成只是高迎祥的属下，不敢和张献忠相提并论，此时两人已经可以平起平坐了。两军一起向东进攻，连破河南、江北各城池，在凤阳（今属安徽）将皇陵焚毁。后来高迎祥、李自成向西进军，张献忠自领起义军向东进军，攻陷庐江（今属安徽）等多座城池后，转而向西，转战千里，打破了官军企图在中原围歼义军的图谋。不久他回到关中（今属陕西），后屯兵灵宝（今属河南），与高迎祥会合后又分兵。分兵后张献忠连遭败仗，逃到陕西与兵部尚书洪承畴统率的官军进行了几次战斗。洪承畴手下的大将，如艾万年、曹文诏等人都被义军斩杀，官军损失惨重。义军转战河南。

崇祯九年（1636），张献忠等人率两万多人进攻襄阳（今属湖北），震惊湖广。后又纠集几路义军顺江东下，从小路进犯安庆（今属安徽）惨败，后逃入湖广。那个时候河南、湖广共有十五家起义军，张献忠最为足智多谋，其次就是罗汝才。

【归顺后反叛】

崇祯十一年（1638）春天，张献忠知道自己的恩人陈洪范在熊文灿手下做总兵，就派人重金贿赂陈洪范，准备投降。刚愎自用的熊文灿拒绝了手下趁机抓张献忠的主意，接受了张献忠的归降。归降后他占据谷城（今属湖北），向朝廷要求十万人的粮饷，熊文灿不敢决定。官兵趁着其他多支起义军会聚南阳（今属河南），大败义军。起义军大多投降，只有李自成逃到山中。朝廷以为反贼已经被剿灭干净了。

五月，张献忠再次造反，其余十三家投降的义军也全部造反，只有王光恩不同意。造反后的张献忠设下埋伏，打败追击他的左良玉。崇祯十三年（1640），张献忠在枸坪关（今属湖北）被左良玉击败。张献忠率部突入四川，入川途中，在玛瑙山（今属四川）又受到夹击，伤亡惨重，连自己的妻妾都被擒获。张献忠仅剩下千余骑跟随，退居兴安归州（今属四川）山中，实力大大被削弱。兵部尚书兼督军杨嗣昌和左良玉意见不合，张献忠派人重金行贿左良玉，左良玉围而不攻。张献忠趁机收拢残部，靠着山民的支持，逃出兴安（今属四川），和罗汝才会合。张献忠又利用杨嗣昌和四川巡抚邵捷春的矛盾，集中兵力，猛攻新宁（今四川开江）。张献忠虽然也是失败不久，但士气旺盛，立马江岸，如果有不奋勇向前的就杀掉，

官兵一触即溃。起义军渡江后，屯兵万顷山（今属四川）。义军突破官兵防线后，进入了四川。入川后，张献忠尽量避免与官军打阵地战，而采取"以走制敌"的策略，快速运动，把官军搞得顾此失彼，腹背受敌，疲于奔命。崇祯十三年十二月，督军的杨嗣昌看起义军无法被消灭，故技重施，招抚并分化起义军。他宣布赦免罗汝才罪，归降者都可以授以官职，唯独不赦免张献忠，擒获张献忠者能赏万金、封侯爵。

崇祯十四年（1641）正月，在四川转战了近半年的张献忠率领的义军在开县黄陵城（今属四川）被官军追上，义军以逸待劳大获全胜，参将刘士杰、游击郭开被击毙，官军将士死伤过半。

【武昌称王】

张献忠率军出四川，直奔湖广。他亲自带领轻骑兵一夜奔驰三百里，攻下襄阳城（今属湖北）。襄王朱翊铭及多名官员被杀，他也接回了自己的妻妾。然后张献忠又攻陷樊城、当阳（今均属湖北）等地，举着伪造的左良玉的大旗，四月攻下泌阳（今属河南），六月攻打郧阳（今属湖北）不成，攻下郧西（今属湖北），数万人归附张献忠。本来张献忠很畏惧和左良玉交战，多次胜利后他开始骄傲，八月，左良玉在信阳（今属河南）大败张献忠，数万人投降。张献忠本人也受了伤，连夜向东逃走。追兵被

大雨阻路，他才侥幸逃走。连遭败绩的张献忠走投无路，投奔了已经合兵的罗汝才和李自成。李自成要收他做手下，他不同意，李自成要杀他，被罗汝才劝住。罗汝才悄悄资助张献忠五百人马让他离开。路上张献忠不断纠集义军，重新率领大军，但仍旧宣称以李自成为首领。

崇祯十五年（1642），张献忠率会合后的义军，攻陷舒城、六安（今均属安徽境内），攻克庐州（今安徽境内），知府郑履祥被杀。又接连攻下无为、庐江，在巢湖（今属安徽）训练水军。紧接着又打败了总兵官黄得功、刘良佐的官军。这场胜利大大震惊了整个江南。秋天，张献忠领导

的义军被刘良佐率兵击败，张献忠率部逃往蕲水（今属湖北）。其他人向北投奔李自成。不久张献忠重新攻下太湖（今属安徽），左良玉为避开李自成，率兵东下。张献忠乘机攻占黄梅（今属湖北）。

崇祯十六年（1643）春天，张献忠率部攻下广济、蕲州、蕲水（今均属湖北）。攻入黄州（今属湖北），他杀妇女去填平沟壑，随即攻下汉阳、武昌（今均属湖北）。张献忠将楚王朱华奎关在笼子里沉到了江底，将楚王宗室全部杀掉。武昌城内二十岁以下十五岁以上全部被征为兵，其余人

明代张献忠攻城雕塑群，位于重庆渝中区通远门城墙旁。

全部杀掉，江上满是浮尸，江里的鱼鳖都无法食用。随后，张献忠在武昌称"西王"。

【称帝抗清身死】

此时正在襄阳（今属湖北）的李自成听说这个消息，又嫉妒又生气，写信指责张献忠。左良玉重新领兵攻来，西王手下的官吏大多被擒杀。张献忠退向岳州、长沙（今均属湖南），原来归附的三府重新反正，张献忠逼攻岳州（今属湖北）。准备渡过洞庭湖的张献忠卜卦说不吉，渡江途中果然狂风大作。愤怒的张献忠连同千余艘大船和妇女一起点燃，火光冲天。继而，张献忠攻陷长沙、衡州（今均属湖南），吉王、惠王、桂王被迫逃亡永州（今属湖南）。张献忠将桂王府木材全部拆除运到长沙（今属湖南）建造自己的皇宫，自己带兵追杀三位藩王。三位藩王一直逃到了广西。张献忠攻下永州、宝庆、常德（今均属湖南），随后攻入江西。有人给张献忠献计去攻取吴越，张献忠害怕左良玉，决定去四川。

崇祯十七年（1644），张献忠接连攻城略地，重庆、成都全部沦陷，瑞王、蜀王全部身死。此时，李自成已经退回西安（今属陕西），福王也在南京被立为皇帝，大清兵马还没有攻来，张献忠就在成都称帝，改元大顺，以蜀王府为皇宫，改名成都为西京，分封文武大臣。

张献忠黄脸、高个子、老虎一样的下巴，人们称他黄虎。

他性格狡诈，嗜好杀人，一天不杀人，就忧愁不开心。他欺诈说开设科试选拔人才，集中在青羊宫，全部把他们杀死，那些笔墨就堆成了坟山。在中园活埋成都的百姓，杀掉分属各卫的士兵九十八万人。又派遣四个将军分开去屠杀各府县，称为草杀。伪官朝见君主拜伏，唤猛犬几十只进宫殿，猛犬所嗅到的人，拉出去把他斩掉，称为天杀。又创造活剥皮方法，皮没有剥去而先死的人，用刑的人犯死罪。将士用杀人多少来论功的高低次序，共杀男女六万万有余。

他又用方法迁移锦江，把水弄干了挖掘它，深达几丈，埋下金银财宝要用亿万来计算，然后挖开河堤放进流水，称之为水藏，说："不被以后的人所拥有。"当这时，曾英、李占春、于大海、王祥、杨展、曹勋等军队一齐兴起，所以张献忠杀戮的手段更加严酷。

顺治三年（1646），张献忠焚毁宫殿从成都（今四川成都）逃走，后被清军所杀，年仅四十岁。

川中从遭到张献忠的作乱后，众多城邑内的杂树已可合抱，狗像猛兽虎豹一样吃人肉，咬死人就丢弃离去，不全部吃掉。百姓逃到深山中，穿草衣采野果吃时间长了，遍身都生毛。

张献忠已经被杀死，孙可望、艾能奇、刘文秀、李定国等溃败窜入川南，杀掉曾英、李乾德等，后来都向永明王投降了。

白话精编二十四史

● 第十卷

明史

【特邀审校】

刘德麟

【文图编辑】

樊文龙

【文字撰写】

李华

【装帧设计】

罗雷

【美术编辑】

刘晓东

【图片提供】

Fotoe.com